人間の学としての民法学

1

構造編：規範の基層と上層

大村敦志
Atsushi Ohmura

岩 波 書 店

はじめに　　v

はじめに──民法学の可視化のために

1　(民)法学とは何か──．

それは，「(民)法」[1]に関する学問である．法学部でこれから(民)法を学ぼう
という学生たちは，漠然とそう思っていることが多い．法学を学んだ経験のな
い一般の方々も同じようなイメージを持っているに相違ない．では，「(民)法」
に関する「学問」とはいかなる学問か．さらに問われた人は困惑する．高校ま
での教育課程においては「(民)法学」を学ぶ経験がないことからすれば[2]，こ
れは自然なことである[3]．

それは，「民法」に関する「学説」の集合体であり，法律や判例と区別され
るものである．法学部で民法を学んだ現在及び過去の学生たちは，そう答えれ
ば一応の答えになるだろうと考えるかもしれない．なかには，ここに法学と理
系の諸学問の違いがあると指摘する人も現れるだろう．では，「民法学説」と
はいかなる性質の言説か．そう問われると，明確な答えはなかなか返ってこな
い．「民法」の教科書や講義では「民法学説」とは何かということまで教えら
れるわけではないことからすれば，そう思ってしまうのにも仕方がないところ

---

1)　本書は「民法学」に関するものであるが，本書を読んでいただければ「法学」とは何かについ
ても一定の理解を得ることができる(そのことを暗示するために最初のパラグラフでのみ「(民)法
学」という表記を用いた．以後は必要に応じて，「民法学」「法学」を使い分けるが，程度の差はあ
れ互換性は維持される)．本論中でも述べるが，専門分化が進む以前には法＝民法であり，法学＝
民法学であったからである．歴史的に見ると，法学における民法学の位置は，医学における内科学
の位置に類似すると言えるかもしれない(川喜田愛郎『近代医学の史的基盤(上下)』〔岩波書店，
1977〕を参照)．

2)　高校では，日本国憲法は別格として，民法も含めてかなりの数の法律が教えられている．しか
し，法律の存在とその全部または一部の内容にごく簡単に触れられているに過ぎない．科目として
も，戦前には「法制経済」という科目が存在したが，今日では「政治経済」という科目はあるもの
の「法律」に関する科目は存在しない(ただし，新科目「公共」がスタートすれば，多少事情は異
なってくる)．

3)　国語(文学)，日本史・世界史(歴史学)，外国語(語学)という科目があるとしても，必ずしもそ
れらを対象とする学問が教えられるわけではないが，これらを対象とする学問の意義について考え
る契機にはなろう．もっとも，本論でも述べるように，これらの科目における対象と研究との関係
自体が問題になりうる．

がある.

日本に来たのはなぜか──.

民法専攻の留学生たちにこう問うと,日本の「民法」を学ぶためという答え
が返ってくるはずである.なぜなら,彼らの出身国の民法と日本の民法は同じ
ではないから.

では,日本で行われている「民法」の「研究」についてはどう思うか.この
問いに対する答えは,おそらく二つに分かれる.少数の人々ははっきりと,
「日本」の「民法研究」には関心はないと答えるだろう.私たちは「日本」の
「民法」を学びに来たのだと.彼らはいろいろな「民法」があることは当然の
前提にしているが,いろいろな「民法研究」がありうることは暗黙裡に否定し
ている.他方,大半の留学生は困惑する.そして,「民法研究」に,日本の,
中国の,韓国の,台湾の……といった違いがあるのだろうかと自問する.彼ら
はより進んだ「民法研究」のために日本に来るが,その「民法研究」に国籍な
いし地域性があるという意識は希薄である.そもそも「民法」と「民法研究」
も明確には区別していない.

同様の現象は,文系の諸学問にも見られるに相違ない.対象の個性が観察の
特性を導くという発想は一般に乏しいのではなかろうか.

2　本書は,主として次の2種類の読者を想定した「民法学」入門である.
すなわち一方で,①民法を学んだことのない人々(法学部の新入生や理系の教
養を持つ人々)に対して,他の学問とは区別される「民法学」の特色を示すこ
とを目的としている[4].他方,②日本の民法学に関心を持つ(持ちうる)人々
(外国からの留学生や日本の文系研究者)に対して,他国のそれとは区別される
「日本の民法学」の特色を示すことを目的とする[5].あわせてまた,「民法」と

---

4)　同じ目的で執筆したものとして,大村『民法総論』(岩波書店,2001)があるが,同書は法学部で
一通り(日本の)民法を学んだ学生を想定したものであった.これに対して,本書は(日本の)民法を
学んだことのない学生を主たる読者として想定している.同書が内的観点に立つものであるとする
と,本書は外的観点に立つものであると言ってもよい.なお,同書の基礎をなす私の研究は大村
『法典・教育・民法学』(有斐閣,1999)に収録されている.また,やはり内的観点から民法研究の
具体的指針を示すものとして,大村敦志・道垣内弘人・山本敬三・森田宏樹『民法研究ハンドブッ
ク』(有斐閣,2000)がある.
5)　留学生に対して「日本の民法(家族法)」の特色を示すものとして,大村『民法改正を考える』
(岩波新書,2011),同『家族と法』(左右社,2014)がある.

区別される「民法研究」が存在することも示したい[6].

　本書の第1部「構造編・規範の基層と上層」は①に対応し，第2部「歴史編・文明化から社会問題へ」は②に対応する．実際のところ，第1部は2015年度後期に東京大学教養学部で1年生を対象に開講した演習（受講者の多くは法学部進学希望者であった）をもとに，第2部は2016年度前期に東京大学法学政治学研究科で留学生を対象に開講した演習（留学生以外に学部学生や他大学の大学院生，さらに助教なども参加した）をもとに，それぞれ執筆したものである．

　もっとも①②のほかに，③民法を勉強したことがあるという人々（法学部・法科大学院の学生・修了者や各種の法律実務家），さらには，民法研究を現に行っている人々（日本人の大学院生や若い世代の大学教員）にも手にとっていただくことを密かに期待している[7]．これらの人々は程度の差はあれ，民法学がいかなるものかを体感しているはずである．しかし，改めて意識化・言語化して考えてみたことはない，あるいは，考えてはみるが容易にはイメージがつかめないという人も少なくないだろう．

　これは二つの問題とかかわっている．一つは，<u>民法学者の職分をどう捉えるか</u>という問題である．もう一つは，今日，<u>民法学と他の法学との違いをどこに求めるか</u>という問題である．いずれも根本問題であるがゆえに難問であり，現代日本の民法学者の間でも，必ずしも共通の理解が成り立っているわけではない．本書はこれらの問題について，これまでの考え方を示すとともに，私自身の考え方を示すものでもある．

　3　本書の表題はもちろん和辻哲郎『人間の学としての倫理学』（岩波全書，1934）をふまえたものである．和辻は同書において「人間（じんかん）＝人と人

---

6)　「民法」について概観するものとしては，これまでに大村『生活民法入門』（東京大学出版会，2003），同『民法のみかた』（有斐閣，2010），同『広がる民法1 入門編』（有斐閣，2017）を書いた．最初のものは一般向け（日常生活との関係で民法を位置づける），次のものは法科大学院未修者向け（民法の基本概念を整理する），最後のものは法学部新入生向け（法を法以前・法以外のものと関連づける）のものであったが，最後のものは本書第1部と通底するものとなっている．

7)　これらの方々には，本書の基礎となっている私の研究をまとめた大村『性法・大学・民法学』（近刊予定），同『民法のかたちを描く』（近刊予定）や本書と共通の問題意識に立った大村敦志・小粥太郎『民法学を語る』（有斐閣，2015）も参照いただきたい．

viii　　はじめに

との関係」という理解に立っていたが，「人と人との関係＝社会」と捉えるならば[8]，「人間の学としての民法学」は「社会の学としての民法学」となる．社会に関する諸学との関係で民法学を位置づけるには，この「社会の学」としての民法学という観点が有用であろう．本書の第 1 部「規範の基層と上層」は社会＝法／規範という観点に立ち，複数の層（制定法と生きた法，継受法と在来法，法規範と判決，裁判規範と行為規範そして法学と法）を分析の対象とするものとなっているが，これは「人間＝社会の学としての民法学」を目指すものである．他方で和辻は，同書によって西洋の模倣ではない「日本の倫理学」へと踏み出したが[9]，「人間＝人文（人が織りなす文／彩）」と捉えるならば[10]，「人間の学としての民法学」は「人文の学としての民法学」となり，「日本の民法学」の特色に焦点をあてる視座を示すことになる．本書の第 2 部は「人間＝人文の学としての民法学」の試みであるが，19 世紀から 20 世紀に至る「日本の民法学」を「文明化から社会問題へ」という図式（21 世紀の初頭については，さしあたり，人格化・人権化という標語があげられよう．もっとも，次に述べる「人間」との関係も含めて，検討すべき点は多い）によって理解するものとなっている．

　さらに，「人間の学としての民法学」にはもう一つの含意がある．以上の二つの視点を総合すると，「人間はその環境に応じて社会（という二次的環境）を創りだして生きる存在であり，かつそうした存在であることを認識できる」という見方が導かれる．これは「人間」というものに対する洞察の基礎になる（その意味では未分化で，しかし，時代時代の専門的な知見からの刺激を受けた総合的な）見方であるが，これを「人文学・人間学(humanities/humanisme)」と呼ぶならば[11]，本書は「民法学」の入門書であると同時に，「人文

---

8)　民法学者としては，穂積重遠がギールケに依りつつ，この考え方に立っていた（穂積『親族法』〔岩波書店，1933〕1-3 頁）．

9)　和辻の同書は本書第 2 部の究極の目標である．なお，本書第 1 部が目標としたのは森嶋通夫『無資源国の経済学――新しい経済学入門』（岩波全書，1984）である．

10)　ヴィダル・ド・ラ・ブラーシュ『人文地理学原理』（飯塚浩二訳，岩波文庫，1970，原著，1922）にいう「人文(humaine)」は，このような意味であろう．なお，「文」の意味につき，佐藤健二「読む対象としての〈文〉／知る方法としての〈文〉」UP502 号(2014)も参照．

11)　同様の観点に立ちつつ，ドイツの「人間学」を基礎に総合的な考察を展開するものとして，小林直樹『法の人間学的考察』（岩波書店，2003）がある．なお，同書は「人間の学としての法律学」

学・人間学としての民法学」を目指す試論でもある．今日，こうした民法学が必要であると考える理由を示すのは，本論全体の課題であるが，その概要は「第2部補論」や「あとがき」でも略述する．

　4　本書は日本の民法学を検討対象とするが，他の学問領域との異同に焦点を合わせた第1部では共時的(構造的)な考察が，日本の経験に注目する第2部では通時的(歴史的)な考察が，それぞれ中心となる．しかしながら，第1部・第2部を通じて，従来の研究を検討しながら話を進める点は同じである．この点について，次の3点をあらかじめお断りしておく．

　第一に，本書において従来の研究を取り上げるに際しては，まずテクストそのものの一部を掲げ(授業の際には規格化をはかり，どのテクストも8頁としたが，本書に収録する際には不要な部分を若干省略した．なお，「text 1-1」という表示は「第1部の最初のテクスト」という意味である．同一書籍から何か所かを切り取る場合には「α」「β」のように表示し，「引用部分α」「引用部分β」と呼ぶ)，その研究の概要や一般的な評価を示した上で，本書の観点からの検討と位置づけを行う．実際の演習においてもこのような検討を行っており，本書はその成果に基づいている．このような検討の進め方は人文学の領域では普通のことだが，直接には本書第1部が前述の通り，東京大学教養学部の演習の枠内で行われたことに由来する．すなわち，この演習は同学部の前期課程展開科目「社会科学ゼミナール」の一環として開講されたため，特にテクストを読み解きながら考えるというスタイルを採ったことによる．第2部に対応する演習でも，留学生に日本語のテクストを読んでもらうという観点から，第1部と同様に具体的なテクストを掲げることとした．

　結果として全体を通じてテクストの引用が多くなっており，一般の読者にとってはやや煩わしいかもしれない．テクスト引用部分はレイアウトを変えてあるので，本書の論旨のみをまず追いたいという読者はこの部分を飛ばして一読することも不可能ではない．しかしながら，できれば多少とも研究書や論文の実際のテクストに触れてもらうことによって，日本民法学の具体的な成果を学

───────────────

という表現をすでに用いているが，同書が「人間」に「社会」「人間」の二つの意味を負わせるのに対して，本書が「社会」「人文」「人間」の三つの意味を負わせている．

ぶ端緒を開くとともに，私自身の見解の当否を批判的に吟味する際の手がかり
としていただきたいと考えている．さらに進んで，テクスト部分を中心に置け
ば，私の考え方に対する賛否にかかわらず，本書を用いて大学院における民法
学方法論の授業を行うことができるはずである．授業があってもなくても，大
学院生や若い世代の研究者には，引用されたテクストをじっくりと読み，必要
に応じて原典に当たることを強く推奨しておく[12]．

第二に，取り上げたテーマ，著者とその著書の選択は，当然のことながら私
自身の判断による．民法学概論ないし日本民法学史に関しては，標準的な先行
研究ないし概説書は存在しないと言ってよい[13]．本書とは異なる観点に立てば，
選ばれるテーマや先行研究も当然ながら異なってくる．私自身は本書によって，
民法学一般と日本の民法学について知っていただくことができると考えている
が，これはあくまでも私の観点からの一つの試みであり，従来の成果を穏当に
取りまとめた標準的な概説書を提供しようというわけではない．

第三に，本書は分量の関係で，第1部を収めた「構造編」（本書）と第2部を
収めた「歴史編」の2冊に分けて刊行されることとなった．著者としては2
冊を通じて読んでいただくことを期待しているが，前述した本書成立の由来か
らも理解されるように，それぞれを独立に読むこともできる．そうした利用の
仕方がありうることも考慮に入れて，「はじめに」「あとがき」は同じものを各

---

12)　このようなタイプの書物として，本書が念頭に置くのは，ブルデュー，シャンボルドン，パス
ロン（田原・水島訳）『社会学者のメチエ──認識論上の前提条件』（藤原書店，1994）である．

13)　大村・前出注4(2001)のほか，古くは廣浜嘉雄『私法学序説』（改造社，1926），近年では星野
英一『民法総論』（有斐閣，合本版，1983），広中俊雄『民法綱要 第一巻総論』（創文社，新版，
2006）がある程度であろう．いずれも興味深いが，通説を形成しているというわけではない．大
村・小粥（前出注7）に相当するものとしては，末弘厳太郎ほか『日本の法学』（日本評論社，1950)
がある．モノグラフィーはいくつかあるが，主なものは本論で取り上げる．ここでは，本論で直接
は取り上げないが興味深いものとして，水本浩『現代民法学の方法と体系』（創文社，1996），原島
重義『法的判断とは何か──民法の基礎理論』（創文社，2002）のみを挙げておく．外国文献につい
ては省略するが，フランス語では Jestaz(Ph.) et Jamin(Ch.), *La doctrine*, Dalloz, 2005, Audren
(F.) et Harpelin(J.-L.), *La culture juridique française. Entre mythes et réalités XIXe-XXe siècles*,
CNRS éd., 2013, 英語では Gordley(J.), *The Jurists, A Critical History*, Oxford Univ. Press, 2014
のみを掲げておく．なお，戒能通孝『民法学概論』（日本評論新社，1956）は，表題からすると「民
法学」を論ずるもののように見えるが，その内容は「民法」の概論である（民法の入門書としては
優れた内容のものであり，星野英一『民法〈財産法〉』〔放送大学教育振興会，1994〕とともに，大
村・前出注6〔2017〕執筆の際に影響を受けた）．

冊に掲げることとした.

　本書の目的・構成・方法に関する説明は一通り終えたことにして(ここまでの話に関する細かな補足や留保については，必要に応じて注を見ていただきたい)，さっそく本論(第1部)に入ることにしよう.

xiii

目　次

はじめに――民法学の可視化のために

序　章　いま，なぜ民法学か？――対象の性質と現在の課題

第1節　民法か民法学か――英語・英語学と対比して　3

第2節　ポスト司法制度改革の民法学――いま何が起きているのか？　12

第1章　社会と規範――基礎研究としての民法学

第1節　規範学としての民法学――デュルケム社会学と進化経済学　23

第2節　モデルとしてのローマ法　41
　　　　――19世紀のドイツと21世紀の日本

第3節　外国における法学革新の影響――法社会学と法の経済分析　56

第4節　日本民法学の成果　73
　　　　――「所有権法の理論」と「近代法における債権の優越的地位」

第2章　規範と適用――応用研究としての民法学

第1節　法的推論――「民法における論理と利益衡量」　89

第2節　「解釈論」の位相――「近代法のあり方」と「祈りの心」　108

第3節　判決と法規範――正義と法秩序の間で　124

第4節　法規範の形成――立法学・法政策学の系譜　139

結　章　再び，いま，なぜ民法学か？
　　　　――環境の変化と目的の再定位

第1節　社会学・マネジメントとの関係――新しい科学学派は必要か？　153

xiv　目　次

第2節　「人間＝社会」と民法学——誰のための民法学か？　　168

補　論　**教養とメチエの間で**——学際から「能際」へ　　179

付　録　189

あとがき——「民法学」を諦めない　191

索　引　197

1
構造編：規範の基層と上層

序 章

いま，なぜ民法学か？──対象の性質と現在の課題

第1節　民法か民法学か──英語・英語学と対比して

I　テクストの提示

text 1-1　中島文雄『英語の構造(上下)』(岩波新書，1980)

α

はしがき

　わが国の英語教育では，いわゆる「五文型」なるものを用いて，英語の基本的な構造を教えている．しかしこの五文型がいかに不完全なものであるかは，少しでも英文法を知る人にとっては明らかなことである．それは次のような定式で表わされる．

　　(S＝subject，V＝verb，C＝complement，O＝object)

　　1　S＋V　　　　　(Dogs bark.)
　　2　S＋V＋C　　　(John is a student/He is tall.)
　　3　S＋V＋O　　　(Cats catch mice.)
　　4　S＋V＋O＋O　(He called me taxi.)
　　5　S＋V＋O＋C　(He called me a fool.)

　これらが基本文型であるとされるが，現実に行なわれている多種多様な文を，この五文型のどれかに分類しようとすると，たちまちいろいろな困難に当面する．第一，S(主語)，O(目的語)，C(補語)というのは文構成素の機能を表わすものであり，V(動詞)は構成素の種類を表わす名称である．上の定式ではどのような構成素がどのような機能をもつのか明示されていない．また五文型には，英語構造の重要な構成素である前置詞句が位置を与えられていない．従って *He is in the garden* という基本的な文がどの文型に入るのかわからないし，*He called a taxi for me* は，第三文型なのか第四文型と関係があるのか，はっきりしない．

　五文型はあまりに単純であるから，これをもっと詳しくする試みもある．A. S.

Hornby は *A Guide to Patterns and Usage in English* において動詞中心に文型を考え，基本的な動詞型(verb pattern)を 25 にわけ，さらにそれを 69 に下位区分している．しかしこれですべての場合が説明できるわけではないし，また分類の規準にも問題がのこる．根本的な問題は，英語の構造を説明するのに，いくつの文型を認めたらよいのか，一体文型の数は有限なのかということである．

文構造の研究に際し，多くの用例を収集し，それを分類して帰納的に文型を発見しようとする方法には原理的な問題がある．言語は与えられた用例で尽されるものではなく，絶えず話者の言語活動によって新しい用例が生み出されるものである．与えられた文を分類して文型を見出すという方法では，文型をすべて捉えるというわけにはいかないのである．

人間には言語を使う能力が具わっており，言語活動はこの能力の発現にほかならない．人間は誰でも自国語を話すことができる．何か人に伝えたいことがあれば，それを文の形にして発言することができる．文をつくるには適当な語をえらび，これを一定の仕方で統合するのであるが，その統合の仕方についての自覚はない．誰にでも自国語の文法は直観的にわかっているのであるが，文法研究者でないかぎり，それを反省して説明することはできない．いわば人間の頭の中には自国語の語彙と文法が入っていて，それで文を生みだすことができるのである．語彙の大小は人によって大きな差があるであろうが，文法という装置の方は，基本的なところでは同じであると考えられる．この文法がどういうものであるか，それを意識の表面に出して記述するのが学問としての文法である．これは Noam Chomsky が彼の *Syntactic Structures*(1957) 以来提唱している変形生成文法(transformational generative grammar)の文法観である．これは従来の，言語を与えられたものとして帰納的に文型を発見しようとした文法研究に対し，言語の創造性に着目した新しい研究態度であった．

そういう文を生み出す装置としての文法が，どうして記述できるのか．文を生み出すはたらきは恣意的なものではなく規則的なものである．その規則性に着目すれば，文法を規則の体系として記述できるはずである．

言語は日常生活のあいだに自然に発達したもので，計画的に作られたものではない．文法といっても論理的な意味分析に対応するような精密な装置ではなく，かなり自由に類推作用による比喩的転用を許すものである．自国語話者ならば誰でも使える装置であるから，そんな複雑なものではないと考えられるが，それでいて無限の事象に応じて無限の文を生み出すことができるのは，基本的規則の拡充や，同じ規則を繰返し適用することによるものである．

（はしがき i 頁～iv 頁）

β　**I　基本構造**

　　（1）　The man put his suitcase on the ground.

という文があるとする．英語を学んだ者にとっては，これが「男はスーツケースを地面においた」という意味であることはすぐわかるが，それは単語の意味と文の構造がわかっているからである．語義のことは今は措く．問題を文の構造にかぎっていうと，この文は 8 語から成っている．しかしこの文の構造を見るのに，いきなり八つの構成素(constituent)に分析する人はないであろう．最終的には単語に分析されるにせよ，そこまで行くには順序がある．文(S)の構造を説明するには，まず *the man* という名詞句(NP)と以下の動詞句(VP)と，二つの構成素にわけるのが，第一着手であろう．そして動詞句はさらに *put* という動詞(V)，*his suitcase* という名詞句(NP)，*on the ground* という前置詞句(PP)にわけられる．前置詞句はさらに *on* という前置詞(P)と *the ground* という名詞句にわけられ，最後に *the man/his suitcase/the ground* という名詞句が，それぞれ *the/his* という限定詞(Det)と，*man/suitcase/ground* という名詞(N)にわけられる．この分析を図示すれば(2)のようになる．

　　（2）

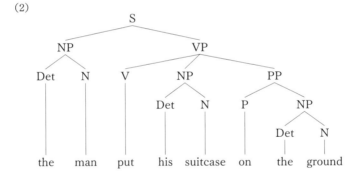

この分析の過程を S を生み出す展開の規則として定式化すれば，次のようになる．

　　（3）　1．S→NP VP
　　　　　2．VP→V NP PP
　　　　　3．PP→P NP
　　　　　4．NP→Det N

このように S をまず直接の構成素である NP と VP とに展開することから始めて，順次にそれをさらに下位の構成素に展開して行き，最後に単語の連鎖を得る．単語は文の直接の構成素ではなく，文の直接の構成素は句であると考えるのである．文の構造が単語を単位にしているように見えるところでも，構造的には句から成っているのである．たとえば(1)の文に代名詞や副詞を代用して

(4) He put it there.

としても構造に変りはない．この構造はやはり

(5)

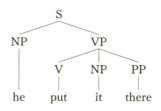

であって(2)と全く同じである．ただNPやPPが1語から成っているというだけのことである．VPそのものが，下に述べるように1語のこともある．

　(3)の規則は文構成素の相対的位置(語順)を明示すると同時に，各構成素の機能をも表わしている．すなわちS→NP VPという規則は，NPが文の主語(subject)でありVPがその述語(predicate)であるということをも表わしている．(主語，述語というときの「語」は単語ではなく，機能単位をさすものと理解していただきたい．次に出る補語も同様である．)同じNPでも *the man* は主語，*his suitcase* は他動詞の目的語 (object)，*the ground* は前置詞の目的語であるが，このことは *the man* がSに直接支配されるNP，*his suitcase* がVPに直接支配されるNP，*the ground* がPPに直接支配されるNPということで明示されている．それからPPの機能は[V NP]の意味を完結させるための補語(complement)であるということができる．例文の *put his suitcase* は，これだけでは意味が完結せず *on the ground* を補語として要求している．述語動詞(predicate verb) *put* を中心に主語，目的語，補語という文法的機能が認められる．これらの機能(function)は述語動詞の意味により多様でありうるが，そこには類型的な構造上の意味が見出される．それは例文に見られるように，主語は動作主，目的語は動作をうける対象，補語は動作に関係ある場所規定ということである．例文は物理的な動作を表わしているので，その構造的意味がそのまま当てはまるが，次のような心理的な活動を表わす文においても比喩的には生きている．

(6) John put an idea into his wife's head.

ここでは主語の活動が(1)の場合とはちがうけれども，同じように主語，目的語，補語の構造として理解される．同じ構造が比喩的にさまざまの場合に転用されることは，言語表現においては極めて普通のことである．限られた言語手段で森羅万象を表現しうるのは，このような比喩的転用によるものである．　　　　　　　　　　(1頁〜4頁)

II　テクストの文脈

中島文雄(1904-1999)は英語学の泰斗．text 1-1 の『**英語の構造(上下)**』は，チョムスキーの生成変形文法の考え方に従って，英文法(英語の統語法)の構造を示そうとしたものである．この試みの背後には，従来の英文法が十分に英語の構造を捉えていないという問題意識がある．text 1-1 においては簡単な「はしがき」に続き，直ちに「基本構造」に関する説明が現れ，以後，具体的な構造に関する説明が続く．

英語学者(英文法の研究者)にとってはチャレンジングな作品であろうし，上級の英語学習者ならば，各所に自分が学んだ英文法を見直すような指摘を見出しうるであろう．しかし，初学者にとっては決して面白い読み物ではない．この本を読むことによって英語学や英文法に関する理解が深まることはあるとしても，英語が直ちにできるようになるというものではない．

英語に関する書物はたくさんあるが，その多くはある種の実用性を標榜している．これに対して text 1-1 は，英文法の認識を目標に掲げる点で一貫している．その意味で「英語」と「英語学」の違いを知るのにはよい本であると言える．なお，著者には，『日本語の構造——英語との対比』(岩波新書，1987)という本書の姉妹編もあるが，こちらは，「英語との対比」によって日本語の特色を指摘するとともに，独自の日本語文法を提示する思考過程が示されており，より読みやすいものとなっている．

III　テクストの検討

1　英語・英語学と民法・民法学を対比する

読者のほとんどは中学校・高校で英語を学んだ経験を有するだろう．しかし学んだのは英語であって，英語学だとは思っていない．法学部の卒業生のほとんどは大学で民法を学んだ経験を有する．では，彼らは学んだのは民法であって，民法学だとは思っていないのだろうか．この点は答えが分かれうる．法学部で学ぶのは民法か民法学か．この問題を考えるには，民法と民法学との関係を明らかにする必要がある．

8   序章　いま，なぜ民法学か？

　ところで，英語と英語学はどのような関係に立つのだろうか．また，英語学はどのような学問なのだろうか．この点を考えることを通じて，民法と民法学の関係を考えるための手がかりを得ることができるのではないか[14]．text 1-1は，このような観点から選ばれたものである．まずは引用部分を読んで，中島の英語学の特色がどこにあるのかを考えよう．

2　中島文雄の英語学の特色

　引用部分αからは，チョムスキーの生成変形文法には三つの前提があることがわかる．一つは，言語能力は人間に普遍的に備わっているが，その現れ方は言語によって異なるという前提である．もう一つは，文法のルールは一定の数に限られており，人間はこの限られたルールを使って無限の文を創り出せるという前提である．そして最後の一つは，母語話者は自然に（無意識のうちに）文法を習得するという前提である．以上から，共通の枠組によって，各言語につき文法を抽出することができるが，これを行うのが言語学の役割であるという帰結が導かれる．

　以上の考え方に基づき，引用部分βでは，英語（あるいは言語）の「基本構造」が示される．それは，（英）文法の基本単位は語句であり，語順は文中における語句の機能を表すというものであり，また，一つの構造は「構造上の意味」を持ち，これを利用することによって多様な表現が可能になるというものである．

　引用部分αβを読むと，著者が，①対象レベルの英語とメタレベルの英語学を峻別していること，②文法の変化よりも文法の構造を重視していることがわかる．また，③英文法を提示するに際して，諸説の検討等を行わず（少なくとも提示せず）自らの見方のみを示していることにも注意する必要がある．このように示された英語と英語学の関係を念頭に置きつつ，民法と民法学の関係を考えると，そこから何がわかるだろうか．

---

14)　言語と法とを対比して，その間に共通性を見出すというのは，特別な見方ではない．たとえば，ドイツのグリム兄弟は言語学者であり，かつ，法学者でもあった．谷口幸男ほか『現代に生きるグリム』（岩波書店，1985），堅田剛『法のことば／詩のことば――ヤーコプ・グリムの思想史』（御茶ノ水書房，2007）などを参照．

なお，文法は規範性を持つこと，言語はコミュニケーションの道具であること，言語は変化するものであることなどを考慮に入れると，この比較には，たとえば，生物と生物学，天文と天文学などに見られるような自然と自然科学との比較とは異なる要素が見出されることに留意する必要がある．私たちが学ぶのは生物学・天文学の成果であり生物や天文そのものではない．あるいは，生物学・天文学を通じて認識された生物・天文を私たちは学ぶ．ところが，英語や民法に関して言えば，英語学や民法学ではなく英語そのもの・民法そのものを学ぶということも十分に可能である．ただし，その場合に，英語や民法を効率的に学ぶ技法はないわけではない．こうした英語・民法の「技法」と英語学・民法学による「研究」とはどのような関係にあるのだろうか．英語・英語学と民法・民法学とを対比しながら，考えてみたい．

3 英語・英語学と民法・民法学との異同

共通点としてほぼ異論がないのは次の点だろう．第一に，英語学も民法学も対象を理解するために体系化・抽象化を行う知的な営みである．第二に，英語も民法も構造の理解だけでは使いこなすことはできない．相違点としては，第一に，英語と英語学は切断されていて英語学者は英語に影響を与えることはできない(少なくとも非常に難しい)が，民法と民法学とは明確に区分できず，民法学なしに民法はありえない，言い換えれば，民法学者は常に民法に働きかけていることが指摘できる．

意見が分かれうる点もある．一方で，英語は自然に使える・誰でも使えるのに対して，民法は人工的なものである・習得が必要であるという見方もある．これに対しては，言語も法も自然に発生するものであるという見方が対置される．反対に，どちらも自然には習得できないという見方も可能である．この点は，言語・法として人工性の高い文語や制定法を想定するか，自然性の高い口語や慣習法を想定するかによって，見方が分かれることになる．言語も法も根幹の部分は自然に習得されるが，そうでない部分もあるということになろう．

英語学には歴史的要素がない(法学では歴史が重要である)とか，英語学は言語・人間の言語能力のみに着目している(法学は法以外の歴史的背景や社会との影響関係を含む)という対比もなされうるが，ここで英語学の特徴とされて

10 序章 いま，なぜ民法学か？

いるのは『英語の構造』の特徴であり，必ずしも英語学全体の特徴であるとは言えない[15]．法学においても歴史を捨象し，社会との関係を視野の外に置く考え方はありうるし，現に存在している．

4 自己言及する法学

法学には習得・実用のための側面がある．また，対象に働きかけるという側面もある．すなわち，法は法学なしには学習しにくい．また，法学の成果が法の一部をなしているところがある．さらに言い換えるならば，言語学習の場合にも，語学（文法）の助けは有益であるが，必須というほどではない．また，英語学者は英文法を認識するだけで，自ら新しい文法を提案しこれに従うべしと主張することは考えにくい．ところが法学者は，法はこのようにあるべしと主張することが少なくない．

もちろん，語学の場合と同じく純粋に認識を目的とする法学も存在する．それゆえ，法学においては法の内にあって法に関与する法学（実定法学）と法の外にあって法を観察する法学（基礎法学）とを区別することが可能である．さらに言えば，実定法学の中にも記述的（整理的）な側面と批判的（実践的）な側面とが含まれていることを知っておく必要がある．以上からわかることは，法学の特殊性は実定法学が存在する点（特に法学説自体が法の生成に参加している点）に求められるということである．

英語を学ぶとは，対象たる英語そのものを（英語学の成果である英文法の助けを借りて）学ぶことであり，英語学の成果が英語学習の対象となることはない（英語とは別に，英語学そのものを学ぶことはありうる）．これに対して，民法を学ぶとは，対象たる民法そのものに加えて，民法研究から導かれた，民法に関する研究者の「意見」――これを「学説」と呼ぶが「教説（教理・教義）」

---

15) 法学との関係では，他にもたとえば，ラテン語の遺産（小林標『ラテン語の世界――ローマが残した無限の遺産』〔中公新書，2006〕）や19世紀における比較言語学の誕生（風間喜代三『言語学の誕生――比較言語学小史』〔岩波新書，1978〕）とローマ法の遺産や19世紀における比較法学の誕生との対比が興味深い．より最近の研究動向としては，白井恭弘『外国語学習の科学――第二言語習得論とは何か』（岩波新書，2008）や西村義樹・野矢茂樹『言語学の教室――哲学者と学ぶ認知言語学』（中公新書，2013）が法学学習や法的思考との関係で参照可能なものとなろう．本書に続く次の課題としたい．

と呼んだ方がわかりやすい[16]——を学ぶことが必要になる．これも民法の一部と考えるならば，法学部では民法を学ぶことになるが，これも民法学の一部と考えるならば，法学部では民法と民法学を学ぶということになるわけである．

---

16) ここでの「学説」はフランス語で言うと，théorie ではく doctrine である．この言葉は宗教（特にキリスト教）においては教理ないし教義と訳される．このことが示すように，法と宗教との間にも密接な関連性が見出される．とりわけ，経典の解釈と法典の解釈は「解釈」という点において同一の基盤を有する．

12   序章　いま，なぜ民法学か？

第2節　ポスト司法制度改革の民法学
―― いま何が起きているのか？

I　テクストの提示

text 1-2　ダニエル・H・フット（溜箭将之訳）『裁判と社会―― 司法の「常識」再考』(NTT出版，2006)

α　**理想と現実との隔たり**

　比較対象の認識に関しては，理想と現実との隔たり，というもうひとつの問題を指摘することもできる．この問題には，さらに四つのレベルがある．ひとつ目は（政治家や法学者，あるいは憲法や法令の前文の唱える）法の理念である．二つ目は憲法，法律，条約，条例，規則等を含む成文法である．三つ目は（判例法，慣習法等を含む）不文法である．そして四つ目は法の実際の働きである．それぞれのレベルとの間に相当の差がある．

　合衆国の刑事分野における適正手続(due process)や平等原則(equal protection)を例にとろう．リベラル系の学者の法学のテキストを読むと，すべての被疑者・被告人に当然に与えられる人権の保障が理想高く謳われている．憲法や法律まで目を向けると，人権保障の理念が掲げてあるものの，表現が曖昧であるなどして，具体的内容がはっきりしないことが多い．そこで，具体的な内容を知るために，さらに判例法を調べる必要が当然に出てくる．しかし，もっとも重要なレベルは最後の，法の実際の働きである．そこまで視野を広げると，理想と現実との大きな隔たりがみえてくる．いくら憲法や判例に権利の保障が唱えられても，実際の働きを調べてみると，いまだ警察や検察という刑事当局による裁量に大きく委ねられている上，制度の実際の働きの上では，被疑者や被告人の貧富の差が歴然とした影響を及ぼしていることが分かる．つまり，有名な元スポーツ選手のO・J・シンプソンのように，ドリーム・チームと呼ばれる最強の弁護団を採用するだけの資力のある被疑者・被告人にとって，合衆国における適正手続の保障はまさに法の理念に近いものである．逆に，お金のない被疑者・被告人にとっては，その立派な権利保障は絵に描いた餅に過ぎない場合がある（ちなみに，1965年にミシガン大学ロー・スクールのイェール・カミサル教授がこうした貧富の差の現状を詳細に紹介した．その論文が反響を呼び，改善の道を切り開く要因となったが，40年たった現在，貧富の差はまだ大きい）．そしていくら判例を調べても，こういった現実や法の実際の働きは浮かび上がってこない．

法の実際の働きを正確に理解することは，法社会学の長年の中心的な課題である．合衆国において，先駆的な役割を果たした法社会学者のロスコー・パウンドは，1910 年に，「紙の上の法」(law in books)と「法の現実の作動」(law in action)との区別を明確にし，後者に着目することの重要性を指摘した．同じ時期，法社会学の先駆者オイゲン・エールリッヒ(オーストリア＝ハンガリー帝国)は，「生ける法」という言葉を使い，成文法と判例法に加えて，慣習や集団の規範のような，社会において実際に遵守される規則に着目する必要性を唱えた．「生ける法」とは，大変広い概念ではあるが，やはり法の実際の働きを重視したものである．

　比較対象を正確に理解するためには，右の四つのレベルすべてを把握する必要があるだろう．比較対象の国の理想しか取り上げないのであれば，自分の国の現実ではなく，むしろ自国の理想を比較対象にするのが本来の筋であろう．そうしなければ，結果的に違う性質のものを比較してしまうこととなる．

　しかしながら，先の原則は必ずしも守られていない．むしろ，最初の二つのレベルだけを重視する研究や報道が目立つように思われる．有力な学者の著作も，法の理想の説明や憲法ないし法令の条文(そしてその解説)を中心に取り扱うものが多い．また，違うレベルを比較対象とするものも少なくない．中には，自国の現実と対象国の理想とを比較するものが目立つ．もっとも，こういうことが起きるのは，決して日本だけではないことも付言しておこう．合衆国においても，他の国の法制度を紹介する研究や報道において，似たような現象がみられる．

　こういったことが起こる理由は主に二つほどあるように思われる．まず，現実問題として，解説や法令は容易に入手できる上，比較的分析しやすい．それに比べれば，判例や慣習法の入手や分析は，自国の場合でさえ，相当面倒である．判例は比較的入手しやすいが，同じ条文を扱った判例が多く，特殊な事情が絡むこともあるため，分析するのは難しい．慣習法は，そもそも入手自体が難しい．他の国の判例や慣習法となると，さらに難しい．そして，法の実際の働きというレベルになると，調査分析はまさに至難の業である．

　同時に，比較の研究が最初の二つのレベルに集中し，そして自国の現実と対象国の理想とを比較する傾向が強いのは，研究・利用の目的によることもある．よくみられるパターンとして，研究者(または報道者)が自国の現実をよく知っているが，その現実には問題があると思っている場合がある．改善のために外国のモデルを参考にしているわけである．その目的達成のためには，法のなまなましい実際の働きよりも，法の立派な理念，憲法の荘厳な表現，そしてきれいに整理されている法令の条文を調査したほうが有益である．日本において，こうしたパターンがよくみられる．日本の法や制度の改善の必要性を主張するために，研究者や団体のみならず，官庁が意図的に

14　序章　いま，なぜ民法学か？

外国の法令・判例・法制度を紹介することが多い．そういった場合，外国の現実ではなく，その理想を紹介する傾向が強い．刑事政策における適正手続の例に戻ると，日本のなまなましい現実と合衆国の立派な理想とを比較すれば，日本のほうが劣ってみえるに決まっている．

　もっとも，逆の場合もある．つまり，自国の制度の良さをアピールするため，自国の制度の立派な理想像と対象国の制度の醜い実際の働きとを比較するケースである．

　ただし，日本の場合，別な理由もあるように思われる．すなわち，日本において，成文法のレベルまでだけを比較対象とすることは，比較研究の妥当な方法として法解釈学においては広く受け入れられているようである．それに対して合衆国の場合は，少なくとも判例のレベルまで調査しないと，比較法の研究として高く評価されないだろう．その違いは，法制度の基本的考え方に関連するようである．つまり，判例法の伝統の強い英米法の制度において，判例を調査するのは当然視されている．そして60年代以降，合衆国のロー・スクール教育において，法社会学，法と経済学，法と心理学等のような研究の台頭に代表されるように，法の実際の働きを重視する傾向が強くなったので，研究においてそのレベルまで目を向けるべきだと考えられるようになってきた．　　　　　　　　　　　　　　　　　　　　　　　　　　　　（9頁〜12頁）

β　　ヘイリーもアッパムも述べているように，法制度とは主にエリートによって創られるものである（「エリート」といったときにヘイリーやアッパムの念頭にあると思われるのは，官僚や政治家や財界の指導者らを中心とした，社会の上流階層である．本書でも，「エリート」という用語を原則としてこのような意味で用いることにする）．訴訟を抑制するような制度的要因——たとえば，弁護士や裁判官の数の少なさ，提訴手数料の高さ，訴訟から調停や行政手続へ紛争を誘導するような仕掛け——を説明するために「伝統的日本文化」がしばしば持ち出される（いわば建前として）が，真の理由（いわゆる本音）は，一般の日本人よりも，エリートの態度にある．日本のエリートたちは，このような手段によって訴訟を抑えようとしてきたのであり，それに沿った法制度を築き，これを日本文化で説明することで正当化してきたのだ，とヘイリーとアッパムは言う．これに対し棚瀬は，エリートが社会に対し一方的に押し付けることにも限度があり，社会からの強い要求が満たされないと，エリートといえども法制度を改正せよという強い圧力を受ける，と論じた．棚瀬は，交通事故の事例によってこれを示そうとしている．そして，交通事故紛争の裁判外の解決手続きがさまざまに用意されているのは，被害者の求めに十分な対応がなされたからだと指摘する．

　被害者による救済を求める声に対する対応としては，ここまでみてきた事例から多くの例を挙げることができる．行政府による公害補償制度があり，同様のものが今日

アスベストにも導入されようとしている．立法府によって製造物責任の証明の負担が緩和され，雇用差別に関する紛争では調停制度が，個別的労働紛争には労働審判制度が設けられ，また株主代表訴訟においては提訴手数料が軽減された．しかし同時に，ここでの事例は，法制度や法制度の大枠を支配するエリートによる対応が限られたものだったことも示している．交通事故の分野では，裁判所が大量の事件で圧倒されそうな事態に対し，裁判所は，きわめて迅速に対応した（同様のことは，第六章で扱う破産の分野でもみられる）．そして公害の分野では，公害被害の大きさに世論の批判的な視線が集まると，裁判所と立法府は，これまたすばやく対応したのだった．しかし，アスベスト，製造物責任や雇用関係事件にもみられたように，エリートの対応は多くの場合，後手後手に回る．1985年の当初の雇用機会均等法や製造物責任法にもみられるように，エリートはいやいやながら対応しているかのようにみえる．彼らは喫緊の課題に対応するものの，改革運動を抑えるに足りる程度で，改革を主張する人が望むよりもかなり限定的な対応である．そして，株主代表訴訟にみられるように，エリートは，救済手段や新たに与えられた権利の及ぶ範囲を後から制限することによって，改革を押し戻す場合もある．

　ここ数年，日本では大規模な改革が進み，その影響が法制度のさまざまな面に及び，先のエリートの対応を超えるような成果が出ている．改革内容の多くは，2001年6月に出された司法制度改革審議会の意見書に盛り込まれたものである．民事紛争に関わる改革に絞っても（裁判員制度の導入など刑事司法に関するさまざまな改革はとりあえずおく），以下のような改革がなされた．法曹人口は今後大幅に増やされる予定である（2001年の司法試験合格者が約1200人だったのが，2010年には約3000人に増える）．弁理士や税理士がその専門分野において弁護士とともに訴訟事務を行うことが認められた．民事訴訟における法律扶助が拡大され，各県のいわゆる法テラスを通した法律相談も拡充された．証拠開示手続の拡大などの民事手続の改革もなされた．行政訴訟制度において訴えの利益の拡大，証拠へのアクセスの拡充，仮差止めの拡大などさまざまな改革がなされた．新たに仲裁法が制定された．ADR手続きが拡張された．あらゆる新規の訴訟（民事・刑事ともに）が二年内に完結するよう努力すると確約がなされた．知的財産問題の専門性に対応するため，知的財産を専門に扱う高等裁判所が設立された．そして，先に述べたように労働審判制度が設立された．

　こういった改革には，原告側弁護士，消費者団体などが長年にわたって主張してきた制度が含まれている．したがって，こういった改革は，立法府や行政府が世論の要求に応じて，司法制度へのアクセスや，被害者に対する迅速かつ実効性のある救済などを実現したものだ，といいやすい．しかし，財界その他のエリートによるサポートがなければ，これほど広範にわたる改革が一度に達成されることはなかっただろう．

16　序 章　いま，なぜ民法学か？

改革の成功には，さまざまな要因が関わっている．しかし私の考えるところでは，成功の鍵になったのは日本の財界の指導層における立場の変化だった．これまで，日本の産業界のトップは，弁護士の大幅な増員など訴訟へのアクセスを拡大する政策には反対の姿勢をとってきた．訴訟によってビジネスの競争力が阻害されることを恐れていたと思われる．しかし，国際化の進展もあってか，産業界の立場は変化してきた．合衆国など諸外国での経験から，産業界のトップは，紛争を解決したり，事前に計画を練り将来の紛争を予防したりといった，弁護士の果たす役割の価値をよりよく理解するようになった．さらに産業界のトップは，一般的なビジネス上の助言をしたり，交渉などで取引を支えたり，政府の規制について助言をしたりといった，法律専門家のもつ幅広い役割についても，理解を示すようになってきた．さらに，財界の人々や少なからぬ数の政治家は，改革審の打ち出したもうひとつの基本的目標に対しても支持を表明した．それは，規制緩和と「過度の事前規制・調整型社会から事後監視・救済型社会への転換」である．法曹専門家の強化と裁判制度へのアクセスの向上は，こういった目標を達成するために欠くことのできないものとされた．こういった理由から，財界等のエリートが司法制度に対する広範な改革を支持するようになった．改革の実現を可能にしたのは，一般市民の要求にこたえる必要性が認識されたというよりも，このような支持が集まったことである．

　改革が可能になった経緯はどうであれ，こういった幅広い改革の結果，ADR 手続きを通じた訴えが増加するだけではなく，さらに訴訟件数が増大するものと思われる．多くの論者は，このような数字が増えたことをもって，日本社会が変化を遂げた——すなわち，より敵対的で，より訴訟好きで，より法的思考が強くなった——ことの証拠とみなすことだろう．こういった評価に，一片の真実が含まれていることは間違いない．しかし，これは日本社会に突然にして急激な変化が生じたというわけではない．むしろ，変化はある一連の流れの一部なのである．深刻な経済不況が長期化したのに伴い，訴訟率は近年の改革を待つまでもなく，すでに増加しつつあった．さらに，多くの改革が，ものによっては何十年も前にもさかのぼるような，長年の懸案に対処したものだったことには，注意する必要がある．　　　　　　　　　　　　（118 頁～121 頁）

II　テクストの文脈

　著者の**ダニエル・H・フット**（Daniel H. Foote 1954-　）は東京大学教授，法社会学者．特に，司法制度に強い関心を持ち，司法制度改革に際しては，アメリカの経験を伝えて，これを推進する役割を担った．**text 1-2** の『**裁判と社会**』

は「司法の『常識』再考」という副題が示すように，「日本人の訴訟嫌い」「日本の裁判所の消極主義」などといった常識を見直すことを通じて，日本社会において裁判が果たす(べき)役割について再考を促そうというものである．

「日本人の訴訟嫌い」は川島武宜『日本人の法意識』によって世界中に知られるようになったテーゼであるが，その後は，アメリカの研究者たちからの反論が現れた．「日本の裁判所の消極主義」については，すでに田中成明『裁判をめぐる法と政治』が1970年代における変化に注意を促していた．著者はこれらの先行研究をも考慮に入れた上で，日本の司法制度の前提となっている制度的要因・政治的要因を摘出する．また，法社会学者らしく断片的な印象論・体験談にとどまることなく，広い領域を視野に入れて多様なデータを紹介している．

本書に続いて『名もない顔もない司法——日本の裁判は変わるか』(NTT出版，2007)が出版されているが，現時点で著者が司法制度改革をどのように評価しているのかを聞きたいところである．たとえば，民事訴訟の新受事件数は2006年から2009・2010年に向けて増加したが，その後減少に転じて2014年には2006年と同水準になっており，その数は司法制度改革以前よりも少ない．また，周知のように鳴り物入りで始まった法科大学院の受験者は減少の一途を辿っている．

III テクストの検討

1 司法制度改革の内容と背景

ここでいう「司法制度改革」は司法制度改革審議会意見書に基づくものであるが，同審議会は1999年から2001年にかけて開催された．同審議会の意見書は，①(刑事では)裁判員制度の導入のほか，(民事では)②法曹人口の増大，③法律扶助・法律相談の拡大，④民事手続・行政訴訟手続の改革，⑤ADR(裁判外紛争処理)の拡張，⑥知財高裁や労働審判制度の新設などを課題に掲げた．

このうち②のために，2004年には法科大学院制度が創設された．また，④の延長線上に実体法の改正も進められ，民法との関係では，2006年に一般法人法や新信託法が制定されたのに続き，2009年からは債権法改正作業がスタ

ートした. 紆余曲折があったものの[17], 2015 年に国会に提出された改正法案
は 2017 年に国会を通過して, 2017 年 6 月 2 日に公布された.

今日における民法学について考えるには, 司法制度改革との関係を無視する
ことはできない. というよりも, 現在の民法学は「ポスト司法制度改革の民法
学」と呼ぶべき特徴を備えるに至っている. それがどのような特徴であるかは,
本書第 1 部を通じて明らかにしていきたいと考えている. text 1-2 を選んだ
のは, 改革が始められた背景事情をフットの説くところに従って示しておきた
いと考えたからである[18].

2 比較の対象

引用部分 α では, 日米比較にあたっての方法的な留意点が示されている. 特
に, 理念と現実とが比較されるといった比較対象のずれ, アメリカ法学に見ら
れる法の機能重視の傾向が指摘されている. いずれも貴重な指摘である. もっ
とも, 次の 2 点について留意しておく必要がある.

第一に, フットは, 日本における比較研究は法律制度の比較に留まるものが
多く, 機能的な比較には至っていないとし, その理由を日本法が大陸法の国で
ある点に求めている. 大陸法とはローマ法を起源とする法であり, フランスや
ドイツのほか, オーストリア・スイス・イタリアなどヨーロッパ大陸の国々の
ほとんどがこれに属する(そのために「大陸法」と呼ばれている). 確かに, こ
れらの国々では法律が重要であり, 機能的な比較は十分に行われているとは言
いがたい. もっとも, 戦後アメリカ法学の影響を受けた日本民法学は, 機能的
な比較に熱心である.

第二に, 司法制度改革の後, 日本では比較法的な研究は次第に退潮しつつあ
るように見えることを挙げておかなければならない. 民法学の研究論文では依
然として外国法研究が活発になされているが, 機能的比較法は必ずしも浸透し
ておらず, 制度レベルでの比較でよしとする傾向が見られなくもない.

---

17) 民法(債権法)改正に対する反対論として, 加藤雅信『迫りつつある債権法改正〔完全版〕』(信山
社, 2015)がある.

18) 司法制度改革に関する文献は多いが, ほかに, 井上達夫・河合幹雄編『体制変革としての司法
制度改革——日本型意思決定システムの構造転換と司法の役割』(信山社, 2001)を挙げておく.

3 訴訟嫌いの神話を越えて？

　フットは引用部分βで，日本人の訴訟嫌いは文化的な要因によるのではなく制度的な要因による，すなわち日本のエリートたちは訴訟を抑えるための制度作りをしてきており，改革の要求に対してはいやいやながら対応してきたという認識を示した上で，「ここ数年，日本では大規模な改革が進み，その影響が法制度のさまざまな面に及び，先のエリートの対応を超えるような成果が出ている」としている．

　しかし，フットによれば，改革が実現したのは世論の要求に応じたからではなく「日本の財界の指導層における立場の変化」があったからであった．従来，財界は「訴訟へのアクセスを拡大する政策」に反対してきたが，「規制緩和」「事後監視・救済型社会への転換」の推進のためには裁判制度へのアクセスの向上が必要であることを理解するようになったというのである．そして著者は，改革の結果「訴訟件数が増大するものと思われる」としたが，実際にはそうはならなかった．その原因は今後問われなければならない．

4 司法制度改革の結果

　司法制度改革によって訴訟数が増加することは，はたして望ましいことであるのか．当然にはそう言えないのではないかとも考えられる．しかし，これに対して，訴訟を行うことによって完全に権利が実現できると考えることもできる．この点について考えるにあたっては，そもそも欧米人＝訴訟好き，日本人＝訴訟嫌いという図式には注意が必要であること，裁判外の手続では裁判では認められないことが認められることもあることなどを確認しておかなければならない．その上で，訴訟数を増加させること自体に価値があるわけではないとしても，日本の訴訟数は少なすぎることは確認しておかねばならない．

　法科大学院に関して言えば，日本より5年ほど遅れてこの制度を導入した韓国では，法科大学院を設けた大学では法学部を廃止することとされた．アメリカ式をモデルとするならば，むしろ法学は大学院段階で教育すべきだと考えるのが自然で，むしろ日本がなぜ法学部を温存したのかを考える必要がある．その理由としては，①大陸法の修得には時間がかかり法科大学院だけでは不十分であること，②社会を支える人材として狭義の法律家にならない法学部卒業

20   序章 いま，なぜ民法学か？

生が必要であることなどが挙げられよう[19]．

　ところで，司法制度改革において市民の法的素養の向上はどのように扱われているのだろうか．この点については，裁判員制度導入との関係で司法教育の必要が示されたが，最終的には「法教育」の重視という形に変わったことが重視されてよい[20]．もっとも当初は，広報に力が入れられていたこともあって裁判員制度の認知度は高かったが，最近では，裁判員になることを拒む人が増えてきていると報じられている．法教育が十分でないこともその一因であろう．

5　民法学への影響

　民法学にとっては，司法制度改革のうち法科大学院制度の導入と民法（債権法）の大改正が大きな意味を持つ．前者は発足後 10 年を経て，大きな困難に直面している．すなわち，一方で司法試験合格率の低下（これ自体は発足当初から予想されていた），他方で予備試験の人気（ファスト・トラックとして予想を大幅に超える受験生を集めている）が相まって，法科大学院の受験者が総数として減り続け，2013 年にはついに予備試験受験者数を下回るに至り，2014 年には法科大学院を廃校する大学が 20 校に達した．後者についても 2014 年が大きな節目となった．すなわち，法制審議会における審議の終盤，同年 8 月に要綱仮案のとりまとめにあたって，中間試案までは維持されていた今回の主要な改正提案のほとんどが削除されることとなったのである[21]．

　その結果として，好むと好まざるとにかかわらず試験対策中心の授業に舵を切らざるを得ない法科大学院が増加し，法学教育においては学説よりも判例（さらには，歴史や比較よりも実定法）という傾向が顕著になりつつある[22]．また，民法改正に関しては，「解釈論から立法論へ」という当初の動き[23]は，最

---

19)　日本の法学部が狭義の法律家養成のみを目指してきたのではないことにつき，大村「現代日本の法学教育」同『法典・教育・民法学』（有斐閣，1999）．

20)　日本の法教育の歴史やその理論的基礎づけにつき，大村『法教育への招待——法学から見た法教育』（商事法務，2015）．

21)　中間試案・要綱仮案は，法務省のウェブサイトで閲覧できる．

22)　法科大学院の現状については様々な議論があるが，ここでは米倉明『法科大学院雑記帳——教壇から見たロースクール 1・2』（日本加除出版，2007，2010），広渡清吾『知的再生産構造の基盤変動——法科大学院・大学・学術コミュニティーの行方』（信山社，2009）だけを挙げておく．

23)　法学界の立法に対する関心の高まりを表すものとして，井上達夫ほか編『立法学の再構築 1〜

終的には，「革新よりも現状維持を」という結果に帰着した[24]．これらの動き
が，司法制度改革以前の民法学とは性質の異なる民法学を生み出している．今
日の民法学（ポスト司法制度改革の民法学）を理解するためには，以上の状況変
化を認識しておく必要がある．

　しかしながら，短期的な変化を過大に評価するならば，民法学という学問の
特色を見誤ることにもなりかねない．以下の第1章・第2章ではより長期的
な観点に立って，あるいは時間的な要素は捨象して，社会の学としての民法学
の特色を明らかにしておこう．その上で，現在，私たちが直面する問題につい
ては，結章で改めて検討することとしたい．

　3』(ナカニシヤ出版，2010)がある．
23)　法学界の立法に対する関心の高まりを表すものとして，井上達夫ほか編『立法学の再構築1〜
　3』(ナカニシヤ出版，2010)がある．
24)　現状をふまえた解釈論・立法論の方向性を提示するものとして，大村「債権法改正後の解釈
　論・立法論——進化・結合・多元」安永・鎌田・能見古稀『債権法改正と民法学』(商事法務，近
　刊)．

第1章

社会と規範——基礎研究としての民法学

第1節　規範学としての民法学
——デュルケム社会学と進化経済学

I　テクストの提示

text 1-3　デュルケム(宮島喬・川喜多喬訳)『社会学講義——習俗と法の物理学』(みすず書房, 1974)

α　**第一講　職業道徳**

　習俗と法の物理学の目標は，道徳的法的諸事実の研究にある．これらの事実は，制　裁^{サンクシオン}をともなう行為準則からなっている．〔この〕科学が自らに課している任務は，以下のことの探究にある．

　㈠　これらの準則が，歴史的にはどのようにして形成されてきたのか．すなわち，それらを誕生させた原因，およびそれらが達成する有益な目的は何であるのか．

　㈡　それらが社会において機能している様式．すなわち，諸個人によって実践されている様式．

　じじつ，われわれの今日の所有観念がどのようにして形成されてきたのか，したがってどうして法律により規定された条件の下で盗奪が犯罪になるのかを問うことと，所有権を保護する準則が遵守されたりされなかったりするのはどのような条件によるのか，つまり社会によって盗人が多かったり少なかったりするのはなぜなのかを確定することとは，別のことである．しかしこの二つの問題は，異なってはいても緊密に結びついているので，研究のさいには切り離せないであろう．準則の確立をもたらした諸原因と，それをして，数に多少はあれ，人びとの意識を支配するにいたらしめる諸原因とは同じものではないが，それにしても相互に確認・照合しあう性質をもっている．それゆえ，発生の問題と機能の問題は研究の順序の問題だということになる．この理由からして，習俗と法の物理学が用いる方法には二種類ある．一方には比較歴

24　第1章　社会と規範

史学と比較民族学があり，われわれを準則の発生に立ちあわせ，その諸構成要因を別々に示したあと，それらを漸次組み合わせてみせる．第二には比較統計学があり，個人意識に対して右の準則がもつ権威の相対的な大きさの測定や，この権威の大小を生む諸原因の発見を可能にする．もちろんわれわれは，ひとつひとつの道徳上の問題を，実際に双方の観点から論じうるわけではない．というのは，統計的な情報がたいていは手許にないからである．そうだとしても，完璧を期す科学はこの二つの問題を自らに課さねばならないとのべておくことは意味なしとしない．

　研究の目標をかく定めるならば，すでにそのことによって，この科学の諸部門が決定される．道徳的かつ法的事実——われわれは，もっと手短かに，簡単に道徳的事実と呼ぶことにしよう——とは，制裁をともなう行為準則である．すなわち，制裁が，この種の事実すべての一般的特徴をなす．人間的秩序の他のいかなる事実も，この特性を示すことはない．なぜなら，制裁とは，われわれがすでに定義したかぎりでは，人びとがこの言葉を濫用して，不節制は病気によって制裁をうけるとか，受験生は不合格によって裁かれるとかいわれるときのような，たんに人間のなす一個の行為によって自然にひきおこされる結果のすべてではないからである．制裁は，なるほど行為の一帰結ではあるが，行為それ自体から生じるものではなく，その行為があらかじめ定められた行為準則にかなうか否かによって生じる帰結である．盗奪は罰せられる．そしてこの罰が制裁である．だが制裁は，盗奪があれやこれやの事物の操作であるがゆえになされるのではない．所有権を裏づける抑止的な反応は，盗奪，つまり他者の所有権の侵害が禁止されているからこそ生じる．盗奪が罰せられるのは，もっぱらそれが禁じられているからである．われわれがもっている所有観念とは異なったそれをもつ社会を想定してみよう．そうすれば，今日では盗奪と考えられ，かくなるものとして罰せられる行為も，こうした性格を失い，罰を与えられなくなるだろう．それゆえ制裁は，行為が同一のままであったとしても消滅しうる以上，行為の内在的な本性にかかわるものではないことになる．それは，この行為がそれを許可したり禁止したりする準則ととり結ぶ関係に，完全に規定されている．だから，こうした理由からして，法と道徳の準則のすべては制裁をもって定義されるのである．　　　（35頁〜36頁）

β　　また，われわれは同じく，事物のうちに起源を有する諸権利が，それらの事物の宗教的な性質に由来していることをすでにみてきた．この点にもう一度立戻る必要はない．このように，人間もしくは実在の状態から派生する道徳的・法的諸関係はすべて，その存在を，人間主体あるいは物的対象に内在する一種独特のある力に負っているのであって，この力はそれに対する畏敬を人びとに要求する．しかし，この種の力は，いったいいかにしてたんなる意志の諸傾向のなかに宿ることができようか．ある事物

や，この関係を実際に実現すべく拘束しうるようなある関係を意欲するという事実の
うちに，なにが存在するのか．なにが存在しえようか．多少でもこの点について考え
てみるならば，同一の目的についての二個の意志の同意はその各々の意志に対して強
制的な性格をもつという考え方には，すでにきわめて進んだ歴史的発展を前提とする
法的斬新さがひそんでいることがわかろう．かくかくしかじかの仕方で振舞おうと私
が決意したとき，私はつねにこの自らの決意に依拠することができる．けれども，二
個の異なった主体から発する二つの決意がなぜ，たんに両者の同意だけによって，関
係づけのより大きな力となりえようか．聖なる存在とみなされる人物の前に立ちどま
るとき，私がかれに負っている諸特性と，したがってかれの強いる畏敬とのゆえに，
私がかれに触れたり，あるがままのその状態を変質させたりすることを差し控えると
しよう．これほどわかりやすいものはない．同じような状態におかれている事物につ
いても同様のことがいえる．けれども，意志の行為である決意というものは，いまだ
ひとつの可能性にすぎない．そもそも，それはなんら実現されたものではなく，なん
ら実効のあるものでもない．まったく観念的なものにすぎない，あるいは，少なくと
もいまだ観念的なものでしかないあるものが，いかにして右のような意味で私に義務
を課することができようか．そのためには，意志そのものには分析的には内在してい
ない強制力をわれわれの意志作用に与えるような，あらゆる種類の要因がここに介入
したにちがいないと予想される．要するに，契約の法理念，そして契約関係のそれは，
直接に自明のものであるどころか，もっぱら人為の工夫をかさねて構成されたものに
ほかならない．

　事実，社会が，純然たる，状態にもとづく法の最初の段階を超えるにいたり，そこ
に新しい法を付加するにいたったのはごく緩慢な過程にすぎない．それはもっぱら，
前者を順次変形することによって後者に徐々に接近していったということである．そ
してなお，この進化はさまざまな異なった道を通じて達成されたのであるが，その主
要なものを示せば次の通りである．

　新しい制度が旧いそれをモデルとして出発し，もっぱら徐々にそれから離脱して，
その固有の性格を自由に発達させていくというのは一般的原則である．契約法は，個
人の状態を変更するという機能をもっていた．とはいえ，このような効果を実現させ
るために，人はまず，状態にもとづく法をモデルとしてこれを考えることからはじめ
る．獲得され，実現された状態に相応して人びとを結合させるところの諸関係は，そ
の状態によって規定されている．これらの関係は，それらの人びとを相互に尊敬すべ
き存在たらしめるある特性にかれらがかかわりをもつようになることから生じる．よ
り厳密にいえば，同一の氏族，同一の家族に属する全成員は，同じ血肉を共有してい
ると考えられているために，相互に対してさまざまな義務を負っているのである．も

っとも，肉体的同一性が，それだけで，ある道徳的な効力をもっているというわけではなく，血液はこれと一体となるある神聖な原理ののりものであって，同じ血液を分有することは，同じ神とかかわりをもつことであり，同じ宗教性を分有することであるということである．そのため，養子縁組の儀礼はしばしば当の養子の血管にその集団の血液の数滴をそそぎこむことによって行なわれる．以上のごとくであるとすれば，人びとが自らの状態以外のものから生じる関係，すなわち意欲された関係を創造しようとする必要を感じたとき，かれらが自分の眼でみたもののみに形どってそれらを着想したことは，まったく自然であった．生来の結びつきの存在しない異なる二人の個人または二個の集団が，ある共通の仕事のために結合することに同意するとしよう．その約束により双方が結びつくために，あらゆる義務の源泉とみなされるあの肉体的同一性を実現しようとする．すなわち，両者の血液を混ずるのである．たとえば，二人の契約当事者は，その手をひとつの壺のなかに入れ，血を少々流し，その数滴を互いに飲みほすのである．R・スミスが「血の契約」Blood Covenant と命名し研究した儀礼がこれである．その本質と，普遍性というものは今日よく知られている．この方式によって，両当事者は，相互に対して義務を負う存在となった．この関係は，ある程度まで両者の意志の結果として生じたものであり，すでにそれは若干の契約的要素をおびていた．けれども，それは，すべての効力を獲得するために契約的関係の形式をとったというにすぎない．実際には，二人の個人は，あたかも各々の属していた自然集団のそれに類するような絆にもとづく，一種の人為的集団を形成したのである．なお，これとは異なる手段によって同じ結果に到達することも可能であった．食物は血液をつくり，生命をやしなう．したがって同じ食物をとること，それは同じ生の源泉につらなることである．同じ血液をつくることである．最古の宗教からキリスト教にいたるまでのいっさいの宗教において，食物の共同のはたした大きな役割はここに由来する．同一の神にかかわるために同じ聖なる物を共同で食する．このことだけで人びとは互いに結ばれる．こういう次第で，二人の契約当事者は，同じ杯を乾し，同じ料理を食し，あるいは食卓を共にすることによってさえ，同様に結ばれるのである．同じ杯を共に乾すということは，いまだに多くの婚礼の慣行にもみとめられる．共に飲むことによって契約を誓うという慣行が，それ以外の起源に発しているとは思われない．手を打ち合わせるという慣行も同様である．

　以上の例においては，生じつつある契約的関係のモデルとなったのは，人びとのおかれている状態に由来する諸関係である．しかし，実在の状態に由来する諸関係もこれと同じ目的のために用いられた．ある事物を必要とする場合に，それについて私の有する権利および義務は，その事物の状態，その法的状態によって規定される．もしもそれが他者の世襲財産のうちに含まれていれば，われわれはそれを尊重しなければ

ならない．にもかかわらず，もしもそれが私の財産のなかに入りこんでくるならば，それを返還するか，もしくはその等価物を返還しなければならない．このことをみとめた上で，ある交換を行なうことを欲している二人の個人あるいは二つの集団を想定し，ある事物を別の事物または一定額の金銭と交換する場合を考えてみよう．当事者の一方は，その事物を引き渡す．そのことだけで，これを受けとる側は，ある義務を約することになる．すなわち，それと等価のものを返還するという義務である．以上が，もっぱら事物の実際の引渡しによってなされる，いわゆる要物契約と称されるものの起源である．さて，この要物契約が，ローマ法，ゲルマン法とともに，古いフランス法のなかでもはたしていた重要な役割は知られている．のみならず，そのさまざまな痕跡は，今日の法のなかにすらきわめて明瞭に残されている．なぜなら，抵当の慣行はここに由来しているからである．その交換される物件そのものを与える代りに，たんにその価値の一部分，もしくは別の対象を与えるということが行なわれた．それが無価値のものでことたりてしまう場合も少なくない．麦わらや手袋がゲルマン法においては用いられていた．その物件が受けとられると，受けとった者は，相手方に対して債務者となる．時がたつにつれて，物件の引渡しの動作だけでもすむようになる．

　しかし，「血の契約」にしろ要物契約にしろ，それらは厳密な意味での契約ではないことがわかる．というのは，この二種の場合においては，その義務は，合致した意志の効力から結果しているものではないからである．合致した意志だけでは，契約当事者を結びつけるのに無力なのであろう．それ以上に，それらの意志があるひとつの状態——人間の，もしくは事物の——を背後にもっていることが必要なのであり，右のように形成された関係を生みだす原因をなすのは，実際には，そのような状態なのであって，契約された意志ではない．それら「血の契約」の後，私が私の契約者に対して義務を有し，かれも私に対して義務を負うとすれば，それは，なされた合意のためではなく，むしろ実現された例の儀礼によってかれと私とが同じ血液を共有していることを知るからである．要物契約においては，受領した物件の価格を私が支払わなければならないのは，私がそれを約したからではなく，むしろその物件が私の財産のなかに移行したからであり，それが以後そのような法的状態のなかにおかれるようになるからである．以上すべての慣行は，厳密な意味での契約とは異なる方法によって，契約とほとんど同じ結果に到達する手続である．なぜなら，もう一度くりかえせば，契約を構成するもの，それは現存する意志によって確認される合意だからである．さて，いまこのばあい，それ以上のなにものかが必要となっている．すなわち，法的結果を生じるような性質をそなえた事物もしくは人間のある状態が，直接的に前もって形成されていなければならない．このような媒介物が存在するかぎり，契約はそれ自体独立したものではない．

28　第1章　社会と規範

　厳密な意味での契約にいっそう人が近づいていくのは，もうひとつの道を通じてである．諸意志が関係をとり結ぶには，もっぱら相互の合意が条件となる．この合意は，言葉によって交される．ところで，言葉とは実在的な，自然的ななにものかであり，実現されたものであり，人びとはこれに対してある宗教的な力を与えることができ，その力によって，言葉はそれを発する人びとを拘束し，互いに結びつける．それゆえ，そのような宗教的形式にしたがい，宗教的諸条件において言葉が発せられれば，それで足りる．そのことだけで言葉は神聖なものとなる．言葉に以上のような性格を付与するひとつの方法は誓約であり，すなわち神への祈願である．これにより，神は交された契約の保証者となり，その結果このように契約が交されるやいなや，なんらの契約履行の根拠によって外部的に実現されないときでも，契約は，あの周知の重々しい宗教的罰の脅威の下に，拘束的なものとなっていく．たとえば，各契約者は，かれ自身を拘束するようなある言葉と，契約を履行しなかったばあいに下る神の呪いを思いうかばせるような，ある文言を発するのである．そして，あらゆる種類のいけにえや呪術的儀礼がしばしばこのように発せられた言葉の強制力をなおいっそうつよめている．

　以上が，形式的な要式契約というものの起源である．その特徴は，何ぴとも逸脱をゆるされない所定の正式な文言にしたがって当事者が契約を結ばないかぎり，契約は結ばれないとする点にある．契約を結ばせるもの，それはこの文言なのである．この表徴のうちに，人びとは呪術的・宗教的な文言のある本質的な性格をみとめる．法的文言というものは，宗教的形式主義のひとつの継承物にほかならない．所定の順序に配列されたひとつの言葉がある道徳的な影響力をもち，言葉がちがっていると——たんに別の順序でこれが発せられる場合にも——その力を失うとき，それらの言葉がある宗教的な意味をもっていること，もっていたこと，そして，その特別な威力を宗教的原因に負っていることが明らかとなる．なぜなら，事物と人間にたいしてかかる作用を及ぼすものは，宗教的な言葉を措いてほかにないからである．とくにローマ人たちについていえば，あるひとつの事実が，契約がその起源においていかに宗教的性格をおびていたかをものがたっているようである．それが神聖金 sacramentum の慣行である．二人の契約当事者がその各々の権利や義務の性質について合意に達しないとき，その係争の深さに応じて，ある額の金銭を神殿に寄託した．これが神聖金である．敗訴した者はその寄託した金額をも失った．すなわち，神に対する罰金をもって罰せられるということである．そしてこのことは，当人のなした企てが神に対して犯された罪であると考えられていたことを意味する．それゆえ，神は，契約のなかに現存していたのである．

　いまや，契約の観念の出現がいかに遅々たるものであったかが明らかとなる．「血

の契約」，要物契約は真の契約ではない．要式契約はこれにより接近している．というのは，そこにおいては，現存する諸意志が聖なる文言を伴う言葉によって合意するやいなや，契約は神聖なものとなるからである．しかし，その場合ですら，契約に道徳的価値を直接に生じさせるのは，意志の合致ではなく，用いられたその文言である．この正式の手続が欠ければ，契約もありえない．次の講義では，現状にいたるまでに契約法の経なければならなかった別の諸段階をみてみることにしよう．

（220 頁〜225 頁）

text 1-4　青木昌彦(谷口和弘訳)『コーポレーションの進化多様性——集合認知・ガバナンス・制度』(NTT 出版，2011)

α

3.2　社会ルールのヒューリスティクス

いうまでもなく社会秩序は，厳密な意味で均衡状態にあるということは決してない．内生的な働き・実験，外部ショック，進化的適応・選択などに服しているのが常である．他方で社会は，完全な混沌状態にあるわけではなく，一時的な危機に直面したときを除けば，極度の不安定状態にあるということもない．標準状態の下で人々は，社会の組織化の仕方について何らかの一般観念を共有しているが，このことは，たとえ社会の組織化の仕方の多くがいくつかの側面で望ましいものでないとしてもあてはまっていよう．私は，社会のそうした安定性を均衡現象として把握するという課題を出発点としたい．簡単に，以下のように社会ゲームの有効なルールとして制度の概念化を試みよう．すなわち，

　制度とは，社会ゲームがくり返しプレイされ，またそうプレイされるべき，仕方についての共通認識されているパターンである．

この概念化にかんして，次章でゲーム理論，知識論にもとづいた厳密な正当化を試みる．ここでは，こうした概念化が暗示する制度の重要な特性のいくつかをヒューリスティック(発見論的)に指摘するにとどめよう．そこで，さっそく図 3-1 を参照するが，その左右のボックスは，それぞれ順に，個々のプレイヤーの次元，彼らの相互作用——ゲームのドメイン——の次元を表しているのにたいし，上下のボックスは，それぞれ順に，行動次元，認知次元を表している．左下のボックスからはじめよう．社会ゲームにおいてはどのプレイヤーも，他者による選択の可能性，自分自身の選択

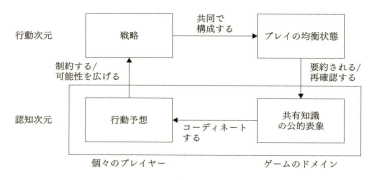

図 3-1 プレイの共通認識パターンとしての制度

にたいする他者の反応について何らかの予想(belief)を形成しなければ，自分自身の行動目標(いろいろな形をとりうる利得)を有効に実現できない．彼らは，こうした予想をどのように形成するのだろうか．まず注意しておく必要があるのは，別段の特定化を与えない限り，本章のみならず他章でも，ゲーム理論の「行動予想(behavioral belief)」という意味で「予想(belief)」という言葉を用いるが，その意味は，他者の行動・期待についての期待(expectations)，もしくはより広義には，社会ゲームのプレイの状態についての期待であって，規範的な信念・「価値」――人々が，正当性を持つと感じる行動，かくあるべきだと信じている物事――という意味ではない．これら 2 つの予想概念の関係については，次章で簡潔に議論する．

こうした行動予想は，いかにして内生的に形成されるのだろうか．この問題は，デビッド・ルイス(David Lewis)がはじめて言及した有名な無限後退問題(Lewis 1969)を想起させる．あるプレイヤーが行動を選択するのには，他の複数のプレイヤーの行動を推論しなければならないが，他の複数のプレイヤーの行動は，彼らが当該プレイヤーの行動についてどのような期待を形成するかにかかっており，この期待は，彼らの期待にかんする当該プレイヤーの期待について彼らがどのような期待を形成するかにかかっている，などといった連鎖が無限に続くことになる．だが当面は，実際にこのジレンマはどのように解決されうるか，という問題はさておいておく．それぞれのプレイヤーは何らかの形で自分の予想を形成し，それにしたがって行動する(左下のボックスから左上のボックスへの動き)と仮定しよう．

社会においてプレイヤーは共同で「プレイの状態(the state of play)」を生み出しているが，それは彼らによる行動選択のプロファイルとして定義される(左上のボックスから右上のボックスへの動き)．しかしすべてのプレイヤーは，実際にプレイの状態の詳細について熟知しうるわけでもなければ，関心を持っているというわけでも

ない．1人のプレイヤーの認知能力は完全ではないため，他のプレイヤーのある種の
選択をそれ以外のプレイヤー選択と区別できないことがあるし，あるいはこうした区
別が自分の目的にとって無関係である，などといったこともありうる．だが，進化し
つつあるプレイの状態についての際立った特徴は，すべてのプレイヤーにとって関連
があり，アクセス可能な仕方で，何らかの社会指標（たとえば，公的出来事，社会的
シンボル，フォーマルな合意，明文化されたルール，特定の公的機能を持つ既存の組
織など）によって要約・表象される（右上のボックスから右下のボックスへの動き）と
仮定しよう．またプレイヤーは，これら一連の社会的認知カテゴリーに加え，彼ら自
身の認知から自らの行動予想を形成する（右下のボックスから左下のボックスへの動
き）と仮定しよう．

　こうした循環プロセスが何らかの形で安定するようになり，動き続けるプレイの状
態の際立った共通特徴を要約する安定的な公的表象（public representations）が創発す
ると想像しよう．こうした社会表象は，それをつうじてすべてのプレイヤーがプレイ
の状態について知るのに加え，他のプレイヤーがそれを知っていることをもすべての
プレイヤーが互いに知ってもいる，という意味での共有知識（common knowledge）を
表す．プレイヤーが，この共有知識にもとづいて対称的な推論を試みるならば，社会
ゲームのプレイの仕方にかんしての個々のプレイヤーの予想は，細部に違いがあるだ
ろうが，その際立った特徴については予想を分かち合う（share）ことになろう．さら
に，こうして生成される共有予想は，進化するプレイの状態について同一の際立った
特徴を再生産していくのに寄与するであろう．このような形で共有される予想は，あ
る限られた範囲内で個々の選択に変動が生じたとしても頑健性を示す．というのも共
有予想は，変遷し続けているプレイの状態の要約表象以外の何物でもないからである．
私は，社会ゲームの自己拘束的ルールの本質，端的にいいかえれば制度として，公的
表象をつうじる共有知識と予想の安定的な結合に注目したい．

　したがって，社会ゲームのルールないし制度は内生的に構築され，均衡特性を持つ
がゆえに自己拘束的（self-enforcing）となる．たとえば，経済取引の規制を意図した制
定法のように，ゲームのドメインの外部で意識的にデザインされるフォーマル・ルー
ルも，プレイヤー間の共有予想を生成するのに仲介機能を果しうるだろう．だが，プ
レイヤーの認知・予想・インセンティブをつうじて生み出される実際のプレイの状態
において，デザインされた制定法が内生的に再確認されないならば，そうしたフォー
マル・ルールは，立法府が意図したプレイの状態を生み出さない．また自己拘束的な
社会ルールは，たとえ内生的に構築されたとしても，それぞれのプレイヤーの観点か
らすると，個別には直接コントロールすることができない外生的な実在のごとくにみ
えるだろう．このような社会ルールはそれ自体，個々のプレイヤーによって制約的

32　第1章　社会と規範

(constraining)とみなされるであろう．というのも，彼らはそれを無視することによって便益を得ることはできないからである．だが実際には，そうした社会ルールは可能性の拡大(enabling)という役割も同時に果していよう．限定的な認知能力しか持たないプレイヤーにしてみれば，そうしたルールは，他者がどのようにプレイする可能性が高いかについて，彼らが持つ知識を補い，彼らがうまくプレイするのを支援する役割を果しうる．
(88頁〜91頁)

β
3.4　コーポレーションを埋め込む社会的交換
3.4.1　社会規範にかんする第三の道

　経済分析との関連で社会規範のような社会的構築物を扱う際，2つの代表的な社会科学的アプローチが伝統的に存在してきた．二分法とも呼ばれうる第1のアプローチは，社会規範は経済分析にとって無関係か，せいぜい外生的なものにすぎないと考える．ポール・サミュエルソン(Paul Samuelson)は，数十年にわたって君臨した新古典派経済学の概念的分析枠組を設定した1947年の嚆矢的著作のなかで，「多くの経済学者は合理的な行動を扱うか，もしくは合理的でない行動を扱うかという基準によって，経済学を社会学から区別する」(Samuelson 1947, p. 90)と誇り高く主張したが，この主張には，経済学は社会規範とは一切無関係だ，という含みがあった．だがNorth(1990)が，新制度派経済学の嚆矢的著作において，社会規範が経済パフォーマンスの重要な決定要因の1つとして重要性と関連性を持つことを強調して以来，経済学者は社会規範という概念を経済分析のなかに組み込むことに関心を持つようになった．たとえば，Ostrom(2005)は，Harding(1968)が定義した共用地の悲劇に相当するいわゆる「社会的ジレンマ」は，個人が規範を内部化することにより解決できると論じた．だが規範は，経済分析にとって与件のままに残された．たとえばそれは選好関数の外生的パラメータとして扱われ，その起源については経済学の領域外(おそらく社会学)で説明されうるものとみなされた．

　しかし奇妙なことに，新古典派経済学だけでなく，パーソンズ・パラダイムに代表されるような，かつては影響力を誇ったいくつかの社会学理論においてすら，社会的価値は家庭教育，正規の学校教育，宗教教育などの社会化プロセスをつうじて個別に内部化されるべき準外生的実在として扱われてきた(Parsons 1951)．しかし，より深い，意味あるアプローチは，社会規範，社会慣行を人々の社会的相互作用をつうじて内生的に生成され，維持されるものとしてとらえ，そのプロセスを分析の焦点とすることだろう(たとえば，Berger and Luckmann 1966 による現象論的アプローチ，DiMaggio and Powell 1983, 1991 による新制度派社会学，Ullman-Margalit 1977, Bicchieri 2006，その他によるゲーム理論的アプローチを想起されたい)．内生的視点と

でも呼びうるこうしたアプローチによく似た視点は，経済学にも存在する．

　Kandori(1992)や他の研究者たちは，社会規範を任意の数の取引主体がプレイする多数の取引ゲームの均衡結果として特徴づけた．共同体のメンバーのあいだで，囚人のジレンマ型の取引ゲームをプレイすべく順次に2人ずつマッチングが行われていくが，彼らは，次々と出会う取引相手による過去のプレイについて，少なくとも部分的な記録をどうにか知りうるとする．社会規範は，「ごまかし」た者，およびごまかした者に制裁を課す(いわゆる「メタ規範」Axelrod 1986)ということをしない者にたいする制裁の可能性にかんする集団共有(均衡)予想と同定され，それは実際のプレイの経路上ではごまかしが生じるのを抑制するとされる．しかし注意すべきは，このアプローチによれば，「社会」規範は経済取引ゲームのドメインの内部で構築されるということである．すなわち制裁は，過去にごまかしの経験を持つ者との取引の拒絶を意味する．結果的に，ごまかしと制裁の連鎖が伝染してしまう可能性を，ごまかしにたいする適度の寛大さによって抑えなければ，社会規範のメカニズムをもってしても取引の消滅という事態につながってしまうこともある．したがって，このアプローチから導出される1つの重要な洞察は，すべての規範がパレート改善的なものだとは限らないということである．規範のなかには，すべての主体の利得を劣化させるものも含まれるかもしれない．

　同様の精神にもとづいて Greif(1994, 2006)は，マグリブの商人のあいだで行われていた長距離取引で不正が生じるのを規制する文化的予想について，有名なモデルを構築した．彼の研究には，1つの重要な革新的成果が含まれている．彼は史料分析に依拠しながら，プレイの経路からはずれた部分ゲームの共有予想(すなわち，商人共同体による社会的排除をつうじてごまかしにたいする制裁が発動されるという期待)は，これら商人のあいだで生成していた密な社会構造と彼らが共有していた歴史的遺産(したがって，「文化的」予想と表現される)のために信憑性を持ちえたのである．社会的カテゴリーは，規範を均衡として維持するうえで重要な役割をはたす．

　規範を均衡共有予想とみなすこれら一連の合理主義的構築物は，数多くの意味深長な含意を持っており，私も本質的にこうした議論の道筋をたどる．しかし，経済取引ドメインの内部に限定される形で内生的に生成する規範が，経済分析にとって関連性のある唯一の規範だということにはならないだろう．たとえば共用地のケースのように，関連性のあるドメインからプレイヤーを技術的に排除できないとすれば，ハーディング流の「悲劇」(すなわち過剰利用)が生じる可能性に対処しうる社会規範が，進化を遂げることはないのだろうか．このとき，法規制，財産権の設定が唯一の解となりうるのだろうか．これらの問題は会社部門にも多いに関連している．たとえばコーポレーションは，生産活動を展開していくうえで大気，水，その他の自然環境といっ

34　第1章　社会と規範

たグローバル・コモンズから便益を享受している重要な受益者であると共に，その生産物の消費は，消費者が認識しているか否かにかかわらず，自然環境に甚大な影響を及ぼしている．自然環境にたいする社会的関心と整合するよう会社行動をコントロールするには，公的規制に頼る以外にないのだろうか．コーポレーションは，いわゆるCSRプログラムにたいしてますます関心を抱くようになっているが，CSRプログラムは，単なる慈善事業，利益のための偽装工作，地球にやさしくない諸活動への批判をかわすための策略，もしくは株主利益と相反する過剰コンプライアンスにすぎないのだろうか．あるいは，株式会社と他の社会的存在とのあいだの社会的交換には，生産的かつ社会的に便益をもたらすものがありうるのだろうか．

　これらの，そして他の社会問題を扱うために，ここでは第三の道を採用しよう．つまり，経済取引ゲームのドメインと社会的交換ゲームのドメインの双方を明示的に考え，これら2つのゲームを連結するということである．それはいわば，交換の社会的側面と経済的側面をまず分離し，新たな視点にもとづいてこれらを再び結合するということである．プレイヤーのグループは経済取引ゲームと社会的交換ゲームの両者をくり返しプレイし，それぞれのドメインは交換手段（行動選択），利得のタイプといった点で相違があるが，各プレイヤーは，双方のドメインにおける自分の行動にたいして他者が選択しうる反応を推論し，（物質的な）快楽主義的利得と（社会的な）感情的利得のバランスを実現すべく，2つのドメイン間で自分の戦略をコーディネートすると仮定しよう．こうして経済取引ゲームと社会的交換ゲームは，戦略的に連結されることになり，経済取引ゲーム単体では戦略的に存立しえないいくつかの選択が，ある形態の社会的相互作用の支持を受けることにより存立しうるようになる．

　以下では社会的交換ゲームにかんして，慣習的な経済取引ゲームから区別できるよう，その最も基本的な形式を概念化する作業からはじめよう．すでに述べておいたように，この2つのタイプのゲームの形式は，プレイヤーの意図（すなわち彼らの利得の性質），ゲームのテクニカルなルール，プレイの手段といった点でそれぞれ異なっている．さらに，個々の行為主体が将来的な便益のために蓄積する個別的な社会関係資本と，社会関係資本の個々の蓄積をつうじて生み出される社会規範，スティグマ，社会的地位の差異化などといった社会レベルでの均衡結果とを区別する．これら2つの概念は，互いに密接な関係を持ってはいるものの，概念的には相互に区別する必要があるが，しばしば混乱が生じ，文献では「社会資本(social capital)」という概念自体が適切かどうか，をめぐって論争がまきおこることもある．　　　　（120頁〜124頁）

第1節 規範学としての民法学 35

II テクストの文脈

text 1-3 の著者・**デュルケム**(Émile Durkheim 1858-1917)は，社会学の創始者（少なくとも制度化の中心人物）．ボルドー大学，後に，パリ大学で社会学講座を担当した（それ以前には社会学講座は存在しなかった）．text 1-3『**社会学講義**』は 1950 年になって刊行された講義ノートであり，副題が示すように「習俗と法」に対するデュルケムの見方をよく示すものである．

訳者の宮島喬は，text 1-3 でデュルケムが扱う「問題は，大衆民主主義の到来と産業上の諸利害の複雑化という新たな状況のもとで，いかにして民主主義を合理的に機能させるか，その条件はなにか，である．そのための実践的提言が，職業集団を中心とした二次的集団の形成であり，国家 − 個人の中間の空白へのそれらの挿入である」，すなわち「産業社会に公正な秩序を導入するための再組織化の探求という点にある」とする（訳者あとがき 280 頁，282 頁）．確かに，宮島らが発見した第三共和政のイディオローグとしてのデュルケム像[25]を構成するために，text 1-3 をこのように読むことは可能であろう．

しかし，こうした実践的提言に対する評価から離れて，デュルケムが習俗と法（＝規範）をどのように捉えているのか，という理論的な観点に立つならば，宮島が指摘するのとは別の側面に注意することが求められることになる．

text 1-4 の著者・**青木昌彦**(1938-2015)は比較制度分析というアプローチを切り開いた経済学者[26]．text 1-4『**コーポレーションの進化多様性**』では会社組織を典型とするコーポレーションが発展し多様な形に分化してきた過程を考察している．一方で，組織内における「集合認知」のシステムに注目してコーポレーションを五つの形に分類している．他方，企業が組織体であるという集合的な側面と合理的主体の集合であるという個人主義的な側面は必ずしも矛盾しないことをゲーム理論に依拠しつつ説明している．さらにコーポレーションには単なる経済組織としての側面にとどまらず社会関係資本の蓄積を行うとい

---

25) 宮島喬『デュルケム社会理論の研究』（東京大学出版会，1977）などを参照．

26) 著書として，『現代の企業』（岩波書店，1984），『日本経済の制度分析』（筑摩書房，1992），『比較制度分析に向けて』（NTT 出版，2001）など．

36 第1章 社会と規範

う政治や社会関係に関わる側面があることも指摘している．最後に，以上のような理論的考察をもとに日本のコーポレート・ガバナンスについて一定の解釈を示している．

text 1-4 の特色は，認知科学やゲーム理論などを用いて学際的なアプローチをとる点にある[27]．これによって青木は，株主支配という理念，プリンシパル・エージェント関係，法的起源論などコーポレーション分析の際に用いられてきた諸言説への問題提起を行っている．青木は近代経済学の主流派を批判するラディカル・エコノミストとして出発したが[28]，同様の出自を持つ経済学者の中に，今日，青木と同様のアプローチを展開する有力な論者が見出されるのは興味深い現象である[29]．

III　テクストの検討

1　法と社会の関係

「社会」を認識する学として法学をとらえる場合には，法と社会の関係をどうとらえるかが問題になる．この問題を考えるにあたっては，法学以外の学問領域の研究者たちが法をどのように見ているかが参考になる．とりわけ参考になるのは，19世紀末に誕生した社会学の法に対する見方と20世紀末以降著しい発展を遂げようとしている新しい経済学[30]の見方である．

そこで提示されているのは，「(広義の)社会にとって法とは何か」という問題である．すなわち，社会の構成要素としての法(より広く規範)の位置づけが試みられている．上記の「(広義の)社会にとって○○とは何か」の「○○」の部分には「法」のほかに「経済」「政治」「(狭義の)社会」などが入りうる．こうした視点は，法学以外を含む諸学が，「社会の学」として協働していくため

---

27)　この点を明確に打ち出したものとして，青木『青木昌彦の経済学入門――制度論の地平を拡げる』(ちくま新書，2014)．
28)　青木昌彦編著『ラディカル・エコノミックス』(中央公論社，1973)．
29)　ボウルズ『制度と進化のミクロ経済学』(NTT出版，2013)，ギンタス『ゲーム理論による社会科学の統合』(NTT出版，2011)，ボウルズ，ギンタス『協力する種――制度と心の共進化』(NTT出版，2017)など．
30)　制度派経済学，進化経済学，行動経済学などの諸潮流．

に必要不可欠な視点であろう.

2 規範的事実＝制裁を伴う行為準則

text 1-3 の引用部分 α の冒頭でデュルケムは,「道徳的法的諸事実」(規範的事実)は「制裁をともなう行為準則」からなっているとし, これらの準則の形成過程, その原因・目的, そしてその機能(諸個人による実践のしかた)を明らかにするという目標を掲げている.「規範(＝制裁を伴う行為準則)と諸個人の実践の関係」, これが彼の「習俗と法の物理学」(規範学)の目指すところなのである. デュルケムは上記のような目標を掲げた上で, 規範的事実の特徴をなす制裁につき, それが「その行為があらかじめ定められた行為準則にかなうか否かによって生じる帰結」であることに注意を促す.

こうしてデュルケムは, 規範(＝制裁を伴う行為準則)を事実として把握して, その発生史的検討に向かう. デュルケムによれば, 行為準則は特殊な義務と一般的な義務に分けられる. text 1-3 はこの分類を反映して, 職業道徳・市民道徳を扱う前半部分と一般的な人間道徳を扱う後半部分に分かれる. そして, 後半部分では「殺人」(人格と密接にかかわる),「所有権」,「契約」が取り上げられる. まさにこれらは,「民法」の基本要素(社会の構成原理)である. 言い換えれば, デュルケムは民法の基本要素の形成過程を事実として探求しようとしているのである. この点において text 1-3 は民法学に大きな示唆を与える.

3 契約観念の変遷(進化)

text1-3 の引用部分 β では,「契約」に関する考え方の(初期の)変遷(進化)が辿られている. 法律用語で言えば, 要物契約・要式契約から諾成契約が現れるまでの過程が素描されている. ここで重要なのは「契約の法理念, そして契約関係のそれは, 直接に自明のものであるどころか, もっぱら人為の工夫をかさねて構成されたものにほかならない」(220 頁)という理解である. 別のところで著者は,「契約制度は原初の昔から存在していたどころか, ごく新しく出現し, とりわけごく最近発達をとげたものにすぎない」(217 頁)とも述べている. 契約はなぜ拘束力を持つのか, その起源は宗教的なものに求められている. 意思の合致などではない. では, 契約の拘束力はいかなる役割を果たすのか. こ

38　第1章　社会と規範

の点については，著者が「契約の制裁の本質は……両当事者に対して，かれら
が獲得した諸権利の完全な実現を保証することになるのである」(242頁)と述べ
ていることを指摘しておこう．

4　ゲーム・プレイ・制度

text 1-4 の引用部分 α は社会ゲームのルールとしての「制度」の特性を提
示している．青木は「制度」を次のように定義している．「制度とは，社会ゲー
ムがくり返しプレイされ，またそうプレイされるべき，仕方についての共通
認識されているパターンである」．青木によれば，社会においてプレイヤーが
共同で生み出すプレイの状態についての特徴が社会指標として要約・表象され
公的表象が生まれる．この公的表象を通じた共有知識と予想が安定的に結合し
て生じるのが「制度」であることになる．その意味で「制度」は内生的に構築
される．また，その均衡性ゆえに個別のプレイヤーを制約すると同時に彼らの
認知能力を補う特性を持つため可能性の拡大にも寄与するとしている．

引用部分 β で，青木は社会規範とコーポレーションの関係について論じる．
この問題に関しては，経済分析にとって社会規範は無関係(サミュエルソン)ま
たは外生的なものである(ノースほか)とするアプローチと，社会規範を制裁に
関する集団共有予想として把握し，経済ドメインにおける取引ゲームから生じ
る内生的なものであるとするアプローチ(神取やグリーフなど)とがある．青木は
方法論的に後者を支持するとした上で，経済取引ゲームのドメインと社会交換
ゲームのドメインを結合することにより，コーポレーションがプレイする社会
ゲームの範囲を拡張することを試みている．

5　自己拘束的な制度とフォーマル・ルール

text 1-3/1-4 は，いずれも「制度」に関するものである．二つのテクスト
は異なる時代に異なる学問領域から発信されたものであるが，重要な点で重な
り合っている．青木の制度観の根幹をなすのは，反復を通じた生成と共通認識
に基づく安定性であるが，これらはいずれもデュルケムの議論の中に見出しう
るものであった．二人の著者は(法を含む)規範的事実とはこのような意味での
「制度」にほかならないと考えている．

第 1 節 規範学としての民法学 39

　ここで注意すべきなのは，彼らの言う「制度」とは，一般に「法制度」(たとえば，教育制度・社会保障制度など)と言う場合の「制度」と完全には一致しないということである[31]．法制度は，青木の言う「ドメインの外部で意識的にデザインされるフォーマル・ルール」にあたるが，「制定法が内生的に再確認されないならば，そうしたフォーマル・ルールは，立法府が意図したプレイの状態を生み出さない」とされている．他方，「自己拘束的な社会ルールは，たとえ内生的に構築されたとしても，それぞれのプレイヤーの観点からすると，個別には直接コントロールすることができない外生的な実在のごとくに」みなされることが指摘されている．

　青木の言う(フォーマル・ルールでない)内生的な社会ルールにあたるのは日常用語で「慣行」「習慣」と呼ばれるものである．たとえば，エスカレーターに乗る際に，右側ないし左側を開けるというルールはフォーマル・ルールではない．しかし，「くり返しプレイされ，またそうプレイされるべき，仕方についての共通認識されているパターン」であると言えるだろう．これをフォーマル・ルールによって変えることが試みられてはいるが，必ずしも成功していないのは十分に内生化が進んでいないからである，ということになる．

6 「社会の学」の共通対象としての「制度」

　「制度」(ルール)は社会(マスとしてのプレイヤー)の認識と深くかかわりつつ変化・生成を繰り返している[32]．制定法(フォーマル・ルール)は直ちに「制度」を変えられるとは限らない．他方，個人(個々のプレイヤー)が「制度」に働きかけることは全く不可能というわけではない．様々な「社会問題」は問題として認識されることによって，社会の認識を変化させていくし，小さな実践や革新が徐々に広がり，社会の認識を変えていくこともある[33]．ゲーム理論はこのような「制度(社会規範)」と表裏一体の関係にある「社会認識」の形成過

---

31)　「制裁」もまた，フォーマルな制裁に限られない．
32)　こうした観点に立脚する論者として，ブルデュー，ギデンズ，アレクサンダー，アーチャーなど．
33)　大村『生活のための制度を創る』(有斐閣，2005)は，このような考え方に立脚して，小さな制度創りを促す．

程，つまり社会ゲームの過程に視線を向ける．そして，この視線の方向性は日本の民法学が(少なくとも最近まで)持ち続けてきたものでもある．いま必要なのは，新旧の知的伝統と日本の民法学の知的伝統とを改めて意識的に結合することであろう．

第2節　モデルとしてのローマ法　41

第2節　モデルとしてのローマ法
──19世紀のドイツと21世紀の日本

I　テクストの提示

text 1-5　サヴィニー（小橋一郎訳）『現代ローマ法体系 第1巻』（成文堂, 1993）

α1　　法律学における歴史的な見方というものは，過去に由来する法形成を最高のものとし，これが現在および未来に対する不変の支配を維持しなければならないとするかのように理解されることがよくあるが，これは，まったくの誤解であり，歪曲である．むしろ，その見方の本質は，各時代の価値と自主性を平等に承認することにある．その見方は，現在を過去に結び付ける生き生きとしたつながりを認識することに，最も重きを置くのであって，このつながりを知らずしては，現在の法状態の外見をみるだけで，その内的本質を理解することはできない．歴史的な見方は，とくにローマ法に用いられる場合には，われわれに対する不相当な支配をローマ法に得させることを目標とすると主張する人が多いが，そんなことはない．むしろ，その見方は，まず，われわれの法状態の全体の中で，実際にローマに起源をもつものをみつけ出し，確認しようとするが，それは，われわれが無意識にその支配を受けることがないようにするためである．それからまた，その見方は，われわれの法意識の中のこれらローマ的要素の範囲内で，そのうち実際には死滅していて，ただわれわれの誤解から邪魔なみせかけの生命を続けているにすぎないものを除こうと努めるが，それは，それらローマ的要素のうちまだ生き生きとしている部分の発展と有益な作用に，それだけ一層自由な活動の余地を得させるためである．本書は，とくに，ローマ法に過度の支配を得させることを目標とするよりはむしろ，ローマ法の適用可能性がこれまで一般に，いつも自分が歴史学派の反対者であると言明しているような人によってさえ認められた相当多くの法理論において，その適用可能性を否定する．　　　　　　　　　　（10頁）

α2　　しかし，ローマ法の知識を求めることができる極めて様々のやり方があるから，上述の目的を達成しようとすれば，この知識を求めるどんなやり方がここで要求されるかを，はっきり述べておく必要がある．根本的な学問的やり方が考えられているのだと，おそらくだれもが予想するだろう．そうすると，そのようなローマ法の知識を手に入れようとする人にはだれにも古書籍研究と批判的原典研究の作業全体も要求され

るかのように誤解して，おそれをなしてやめてしまう人も，かなり多いかもしれない．われわれの研究のこの部分は重要ではあるが，やはりここでは，有益な分業の原理を決して見誤ってはならない．したがって，たいていの人は，若干の人が行なったそういう特殊研究の結果で完全に満足することができるであろう．他方，しかし，ローマ法の非常に一般的な諸原則を知ることで，たとえば，法学提要概説［Institutionen-compendium］に収められているような知識，あるいはフランスの法律学校で与えられるのが常であるような知識で，上述の目的のために最小限度のものだけでも得ることができるかのように思うのは，まったく誤りであろう．言葉によるローマ法の記念品をよき未来へ伝えるのには，そのような知識で十分であるが，それで満足する者は，僅かの努力しかしなかったのだから，それだけの報いしかない．ローマ法の知識によって，ここで述べた目標に達しようとするならば，一つの道しかない．すなわち，自力で，古い法律家たちの著作に親しみ，それに立ち入って考えなければならない．そうすれば，近時の文献の巨大な量にも，もはやびくともしないだろう．適切な指導によって，その中から僅かのものに注意を向ければ，そのことによって，自主的な研究を真に促進することができる．残りの量は，理論的職務をもった法律家たちに任せよう．もちろん，この人たちは，この骨の折れる仕事をも，自分から断わってはならない．

　本書は，とりわけ，ローマ法に真剣に取り組むことの上述の諸目的を促進する使命をもっている．したがって，とくに，実際的職務をもった法律家たちが自分で独力で原典研究をするのを妨げるのが常である困難な点を減らす使命をもっている．これらの困難な点があるために，非常によく用いられている近時の便覧にちょうど収められている諸見解が，実際に対して不当な支配をする．したがって，本書で著者の意図が実現されるならば，それによって同時に，本物でない理論から実際を解放するという効果が生ずるであろう．

　以上の見解は，確かに，現在なおローマ法が法的実際の基礎を成している国々では，すぐさま用いられるが，しかし，新しい法典がローマ法に代わったところでも，用いることができる．というのは，法状態の欠陥は，どちらの国でも本質的に同じであり，それを取り除く必要と方法も，推量されうるほどには異ならないからである．したがって，自国の法典を備えている国々においても，ここに述べたローマ法の利用方法によって，理論は，一部は新たに活力を与えられ，一部はまったく主観的で恣意的な逸脱から守られるが，とくにまた再び実際に近付けられるのであって，このことがどこでも一番重要なことである．もちろん，これらの国々では，このような転換は，普通法の国々におけるよりは困難であるが，不可能ではない．そのことを示すのは，とくに，近時のフランスの法律家たちの例であって，この人たちは，しばしば，なかなか

賢明な仕方で，自国の法典をローマ法から説明し，補足する． （16頁〜17頁）

α3　　ここで述べた諸目的を追求しようとする形式は，体系的形式である．そして，その形式の本質は，すべての人によって同じ仕方で理解されるわけではないから，これについての一般的な説明を早速この場所で記しておくことが必要である．私は，体系的方法の本質を，内的関連［der innere Zusammenhang］または親近性［Verwandtschaft］の認識と叙述に置くのであって，これにより個々の法概念や法規が一つの大きな統一に結合されるのである．ところで，このような親近性は，最初は隠れていることがよくあり，これを発見すれば，理解は，さらに豊かになるだろう．そのうえ，親近性は非常に多様であって，ある法律制度においてそれの親近性を種々の方向に向かって発見し，追求することに成功すればするほど，理解はますます完全になるであろう．最後に，親近性が実際には存在しないところに，親近性と見間違う見せかけが存することもよくあり，そういうときには，その見せかけを根絶することがわれわれの任務である． （22頁）

β　**第2編　法律関係**
第1章　法律関係の本質と種類
§52 法律関係の本質

　法律関係全般の一般的性質と，法律関係が国法上の関係と私法上の関係にどのように分かれるかは，前述した(§4.9)．今度は私法に属する法律関係の本質を，さらに展開しよう．そういう法律関係だけが，われわれの課題になっているのであり，それゆえに，今からは，それを，限定的な付加なしに単に法律関係と呼ぼう．

　人間は，外界のまっただ中にあり，人間にとって，この環境の中で最も重要な要素は，性質と運命によって自分と同じである者との接触である．ところで，自由な存在者たちが，このような接触の中で，自分たちの発展において互いに妨げあわずに促進しあいながら，共存すべきとき，このことは，目に見えない境界を承認し，その境界内で各個人の存在が，また活動が確実で自由な範囲を得るということによってのみ，可能である．そういう境界を定め，これによってこの自由な範囲を定める規則が，法である．それによって，同時に，法と道徳の間の親近性と相違が与えられている．法は，道徳に奉仕するが，しかし，それは，法が道徳の命令を実行することによってではなくて，法が，各個人の意思に内在する道徳の力の自由な展開を確実にすることによってである．また，法の存在は，独立したものであり，それゆえに，個々の場合において，現実に存する法の不道徳な実行の可能性が主張されるとき，それはなんら矛盾ではない．

44　第1章　社会と規範

　法の必要と存在は，われわれの状態の不完全さの結果であるが，しかし，偶然的歴史的な不完全さの結果ではなくて，われわれの存在の現在の段階と不可分に結び付いているような不完全さの結果である.

　しかし，法の概念をみつけるために，逆の観点から，すなわち不法の概念から出発する人が多い. その人たちには，不法は，自由が他人の自由によって妨害されることであって，それは，人間的発展に妨げとなり，それゆえに悪として防がなければならない. その人たちには，この悪の防御が法である. その法は，若干の人によれば，各人が自分の自由の一部を放棄して残りの部分を確実に救うことによって，賢明な合意で生み出されるというし，あるいは，別の人たちによれば，相互に破壊しあうという人間の本来的な傾向をただ一つ阻止できる外的な強制措置によって生み出されるという. その人たちは，このような仕方で消極的なことを先頭に立てることによって，生命の法則を認識するために病気の状態から出発しようとするかのようなやり方をする. その人たちには，国家は，緊急防御であって，正しい心が広まったと仮定すれば不必要として消滅しうるようなものとみえるのであるが，一方，われわれの見解によれば，正しい心が広まる場合には，国家は，それだけ一層立派にまた強力に際立つであろう.

　今得られた観点からは，各個の法律関係は，人と人の間の関係で，法規により定められるものとみえる. しかし，法規によるこのような定めの本質は，個人の意思に一つの範囲が割り当てられていて，その中では各人の意思が他のどの意思からも独立して支配しなければならないということに存する.

　それゆえに，どの法律関係においても，二つの部分が区別される. それは，第一に，実質，すなわち上述の関係それ自体と，第二に，この実質の法による定めである. 第一の部分は，法律関係の実質的要素，あるいは法律関係の中の単なる事実と呼ぶことができ，第二の部分は，法律関係の形式的要素，すなわち事実的関係を法的形式に高める要素と呼ぶことができる.

　しかしながら，人間の人間に対する関係が，法規によるこのような定めを受け入れやすく，またそれを必要とするから，そのすべてが法的領域に属する，というわけではない. この点で，三とおりの場合が区別される. すなわち，完全に法的領域に属し，または法規により支配される人間関係と，まったくそうでない別の人間関係と，一部分だけそうであるまた別の人間関係である. 第一の部類についての例とみることができるのは，所有権である. 第二の部類についての例とみることができるのは，友人関係である. 第三の部類についての例とみることができるのは，婚姻であって，それは，婚姻が一部は法的領域に入るが，一部はその外にあるからである.

§53 法律関係の種類

　法律関係の本質は，個人の意思の独立的支配の範囲と定義された（§52）. したがっ

て，まず，おそらくその意思が作用を及ぼしうる，つまりそれの支配が及びうる対象を探さなければならない．そこから，可能な法律関係の種々の種類の概観が，おのずから結果として出てくるであろう．

意思は，第一に本人に作用しえ，第二に外へ，つまり意欲者に対する関係では外界と呼ばなければならないものに作用しうる．これは，そういう作用の対象として考えうるものの中で最も一般的な対立である．しかし，その外界は，一部は自由意思のない自然から，一部は意欲者と同質の自由な存在者，すなわち他人から成り立っている．こうして，われわれには，提起された問題を単に論理的に考察すると，意思支配の三つの主要対象があるようにみえる．すなわち，本人，自由意思のない自然，他人である．これによれば，すべての法律関係の三つの主要な種類が認められなければならないようである．したがって，まずそれらの対象を個別的に考察しなければならず，しかも始めに本人を，特別の法律関係の対象として考察しなければならない．

ところで，これについては，つぎのような見解が非常に広まっている．人間は，自分自身に対する権利を有しており，この権利は，その人の出生とともに必然的に生じ，その人が生きている限り決してやむことがありえず，まさにそのゆえに原権［Urrecht］と称せられるのであって，後にはじめて偶然に人間が入手でき，またうつろいやすい性質をもち，それゆえに取得された権利［erworbene Rechte］と称せられるすべての他の権利と対照的である，といわれる．この見解において，人間が自分の精神的諸力に関する権利をもつとし，そこから，思想の自由と呼ばれるものを引き出すところまで行った人が，かなりいる．しかし，人間が，他人の思考を妨げ，あるいは逆に他人の中で考え，そのどちらかによってここにいう所有権を侵害しうる可能性は，まったく理解できない．だが，そういう所有権を人の可視的な事象に，すなわち人体とそれの個々の部分に限定することによって，もっと分かりやすい範囲に入るとしても，この所有権は，確かに，ここではもちろん可能な侵害の排除として意味を有するが，しかしそれゆえに無益さが減るわけではなく，それどころか，とりわけ，徹底して発展させれば自殺についての権利の承認に至ることによって，非難すべきものである．

（297頁〜300頁）

text 1-6　木庭顕『ローマ法案内——現代の法律家のために』（羽鳥書店，2010）

α1 | 0-1
現代の先端的な法律家は，既存の道具概念では問題を扱うに不十分である，という

46 第1章 社会と規範

認識に到達している．諸道具の全面的な更新が不可避である時期に至っている，と感じている．問題を鋭敏に捉えれば捉えるほど，そうである．

しかるに，既存の用具を単にヴァージョンアップするのではなく，それを全く新しい次元にもたらす，という役割を果たすべきであるのは学問である．時間をかけて深い省察を巡らす以外にないからである．根本的な革新は「サイエンス」の役割である，とは工学のみならず医学でもよく聞かれる言葉である．先端的な法律実務家もまた「サイエンス」にあたるものを渇望しているのである，と見ることができる．今ほど，法律学の分野における「サイエンス」つまり精密科学にあたるものに対する切迫した需要が渦巻いている時代も無い．

にもかかわらずこうした法律家の欲求は満たされることがない．法律学が「サイエンス」を放棄しているためである．或いは少なくともこれを獲得しえていない．法律学が世界の新しい事態を追いかけていないというのではない．

むしろ，実務を追いかけるのに没頭し汲々としている．新しい概念体系を準備するためには，一旦大きく引き下がってじっくり精密な思考を巡らせる必要がある．これをしていない．この回り道をする余裕がない．そうすると結局は，世界の現実に全く応答していないことになってしまう．つまり実務すらフォローし切れないことになる．古い道具箱に結局は依存していることになるからである． (1頁)

α2 作業は，過去に関することとて，テクストを通じて行われる．法律家が要求する精度で，そうしたテクストを解釈する作業を行わなければならない．繰り返せば，精度が欠けるのは，テクストが何を問題にしているのかという切羽詰まったところの理解が欠けるからである．如何に注意深く細かくテクストを扱ってもこの理解が欠ければ無である．しかるに，何を問題にしているのかの理解は，そのテクストが相手としている社会をよほどの精度で分析できるのでなければ得られない．これ自体明らかに「サイエンス」を要求するであろう．返す刀を現代の社会に向けるとき，初めてわれわれはわれわれの道具立てにとって有意な仕方で問題を設定しうる．われわれは法の立場に立つことを前提に，それゆえにこそ，苦しんでいるのである．

0-7

この書物は，（16世紀と19世紀の作業を踏まえつつもこれらを方法的に塗り替えて）人文主義的作業を行った，その結果に基づく．もちろん，一方の面だけが行われた．つまりローマに関してだけ作業がなされ，現代はおろか16世紀や19世紀についての作業は残されている．それでも，凡そ全ての社会事象に対するアプローチを根底から考え直すという試みは現になされ，そしてそれに基づいてローマ社会が分析された．

またもちろん，作業は基礎つまり「サイエンス」にのみかかわり，新たな道具立てを具体的に提案するものではない．

しかもこの書物は作業の結果自体を報告するものではなく，その結果を土台として，ローマにおいて，基本的な諸用具は元来一体どのような問題とどのような「切羽詰った」対決をすべく作られていたのか，を平易に解説する．作業の結果自体を報告する三冊の書物の参照は是非とも勧められるが，しかしながらこれを読者に要求する叙述にはならない．むしろ，三冊のための導入でさえある．

というわけで，読者を二重に失望させざるをえないが，全面更新の全作業はまだ行われていないし，ローマに関する部分，つまり「サイエンス」構築の第一歩すら手を付けられたばかりであるのみならず，その部分でさえ紹介するには余りに膨大すぎる．

0-8

この書物のこのような性質上，以下は，これまでとは全く異なる「ローマ法」の概観となる．異なる角度から叙述されるというばかりでなく，しばしば内容的にも既存の概説書と隔たっている．その部分は全く筆者個人の（上述のような問題意識の上に立って新たに構築された方法に基づいた）研究に依拠する．しかし，現代の法律家にとってはこれが，唯一有益な性質の知識提供であると信ずる．

こうして本書は，従来の「ローマ法」教科書の三分類，「ローマ法史」storia di diritto romano，「法学提要」istituzioni di diritto romano，「ローマ私法」diritto romano privato に全く拘泥せず，これらいずれをも含むものとなる．私法中心でありながら，（通常は第一のものに含まれる）「国制史」や刑事法史さえ含む．諸制度を或る意味で体系的に記述するが，それでいてなお歴史的な発展に沿って論述が展開される．なおかつ，ありきたりのローマ史像やローマ社会像を背景に置くのでなく，最新の歴史学の方法によって明らかにされたものを，かつ法学的諸概念に pertinent な限りにおいて，描く．もとより古事学的些事には関わらない．骨子を端的なイメージで伝えることを旨とする．

付言すれば，本書は法律家のみならず，およそ共和政ローマに関する基本的知見を欲する読者にも裨益するものと信ずる（共和政崩壊後のローマはローマではない！）．歴史学の水準とかけ離れた，また人文主義以来の古典的な像も全く知らぬげな，余りに多くの初歩的な誤りを含む，ひたすら読者におもねる，ひどい通俗的ローマ像が流布しているからである．

(8頁～9頁)

α3 ＊ 「ローマ法」への登山口に置かれる若干の注意書

「ローマ法」にアプローチするときに障害となりうる若干の思い込みを予めぬぐっておくこととする．

【「ローマ法」は定まった規範に還元できない】

　現代の法律家が「ローマ法」に接したとき，まず念頭に置いておくべきことは，「ローマ法ではかくかくしかじかであった」という言説には気をつけなければならないということである．「ローマ法では危険負担の債権者主義が採られていた」を例にとると，まず「債権者主義」なる概念はローマ法には全く不適合である．「危険負担」の概念も，これ自体しばしば現代では混乱している．もちろんこの命題が全然誤りというわけではない．"periculum emptoris"，つまり「買主の危険負担」という原則は存在しなくはない．しかしその場合も，この「売買」が大問題であり，そしてその概念しだいでは売主にも危険負担が帰属する．かくしてローマから伝来したテクストにより反対の結論を引き出すこともできなくはない．ましてローマのテクスト内部の混乱が存在し，また遅い時期の崩れた姿が存在する．これらを材料とする技巧的な解釈により，何でも出てくる玉手箱にローマ法がなる．要するに，元来の混乱，解釈の多義性，そしてこちらの問題設定のズレ，等々が作用する．

　「ローマ法」を認識する際に解釈の対象とされてきたテクストの集積物は，紀元後6世紀のビザンツ帝国で編纂されたが，素材として軸となったのは（論争や対立を生命とする）法学の所産であった．法学者の著作からの抜粋断片を収める「ディーゲスタ」Digesta と呼ばれる編纂物である．このテクスト集積物の背後にはほぼ700年間の経験が存在し，明晰に識別できる三つの層と，それらが全て崩壊した相，が堆積している．かつ，前者の三つの層は，互いに鋭く矛盾する原理を内包している．

　とはいえ，およそ「危険負担」という問題群を設定する点において，ローマ法はその長い見えざる手を伸ばしている，と言うことはできる．　　　　　　　　　　（10頁）

β1　2-1　[法の原理を把握するためには，まずデモクラシーの原理を把握しておく必要がある]

　では社会の基本がどのように変わっていったというのか．

　このことを理解するためにはまずデモクラシーについて正確な認識を持たなければならない．法はデモクラシーの変型ヴァージョンであるとも言えるからである．しかるに，デモクラシーは政治の変型ヴァージョンである．政治とは自由で独立の主体が特定の厳密な仕方で議論して決定することである．「特定の厳密な仕方」のうち重要な点は，主張を結論と論拠に分節させることであり，かつその論拠について何か特権的なものを設定する（権威を認める）ことがない，その意味で自由である，ということであった．論拠の批判の仕方も自由であった．ところが今，この論拠について，或る前提的な資格が要求される．ただし何か上位の権威に合致しているというような意味ではない．まずその内部において論理的に一貫していなければならない．時空に展開

第2節　モデルとしてのローマ法　　49

する現実つまり所与に対して整合的でなければならない．次に，論拠と結論の間も論理的に整合的でなければならない．是非の以前にこうした「内在的な」批判を敵から浴びせられるのである．そうすると，結論もまた，時空に展開する所与と整合的でなければならない．論拠および結論にわたって相手は徹底的にデータを調査し攻めてくるであろう．如何に魅力的な理念を掲げて主張しようとも非現実的な論証はその主張から前提的な資格を奪うのである．

(45頁)

β2　　われわれは資源 x を巡って a の独立を判定しようとしている．資源 x は領域自体すなわち土地であり，また土地を把握するための人員（「奴隷」）や家畜である．さて，x との関係を築いている b に a が襲い掛かっているとしよう．対象 x との位置関係は abx となり，bax でない，と符号で表現することとしよう．これが定義上実力行使，暴力，であるが，このとき，一見すると a も b と対等に独立でありうるように見える．A の姿はどこにも見えないではないか．a は x との間が間接的である以上，どうしても a の側の実力は少なくとも b の側より大きい延長を要する．a' を要する．ということは a–a' 結託を要し，そこには定義上政治システムが無いから，これは支配従属関係ないし不透明を妨げず，その場合には必ずボスたる A のような存在がどこかに隠れている．少なくともこの集団は分節的でない．もちろん b に比べて相対的にということではあるが．a' が単に a の犬か拳固であるにすぎない，としても，そこには何か複合的な構造があり脅威を与えている（「猛犬注意」？）．b が犬や拳固を用いたとき，われわれは複雑な判断を強いられる．何だどちらも暴力的であり，結託している．A と B との戦いか，ならば放っておこうか．そうはいかない．まさにこの事態を恐れている．ならば割って入って取り締まるか．犯罪として罰するか．これはまさに政治システム固有の立場である．しかし政治システム自体が危機に瀕しているのでない以上これはしないとわれわれは決めたばかりである．領域の関係である以上，abx か bax かを争わせればそれでよい．関係は相対的にしか概念されないが，両者がこれを競ってやがて望ましい事態が達成されるというので十分である．否むしろ，領域の上に別途政治システムを持たない，資源を争わせることで多元性を保つ，という元来の構想にこの方が合致する．ここをオープンにする．いちいち取り締まれば a や b のレヴェルの独立など無いも同然である．abx か bax かを争わせれば却ってどこまでも関係の直接性が追求され，政治システムが望むよりもその度合いは深まるかもしれない．その限りのことであり，a と b が日ごろから互いに相手を尊重しあっているか，などを調査したくない．しかるに，資源 x を巡って a が独立であるということは，a＝x 関係が直接的であり，介在が無い，ということである．x との固い孤立した関係によって，即物的に，a の独立を近似的に判定する，という思考である．

50　第1章　社会と規範

　さてしかしそうなると，判断は特殊である．abx か bax かは事実の認定であり，しかも評価というより知覚そのものである．陸上競技で審判が着順を判定したり，サッカーでボールがゴールの線を越えたかどうか判定したり，に似る．写真判定に相応しい．x という資源に対して持つ関係は形の問題であり，それの(abx か bax かの)単純なパタン認知である．前提として，時点を特定しなければならない．それは現在以外にない．将来というのであれば，何か理由(正義)を振りかざして誰かをどけて入っていくに等しい．これは形を変えた暴力である．実体の審理はまだ行ってはいけないのであるから．過去というのであれば，これは混沌に分け入るに等しい．その上どちらが正しいかという事情に深入りすることになる．そもそもどうであったか，など由来に遡って多くのデータを挙げて論証することは不適である．現在という一点において時間軸を切るのであるから，議論の余地は無くはないが，限られる．買ったのか相続したのか，日ごろの態度はどうか，性格はどうか，親はどういう人物であったか，などは捨象しなければならない．つまり前提資格に関わる判断をしようというのであるから，後段の判断を混ぜてはいけない．こうして，この前段の判断は政治システムの判断とは異質の極めて技術的なものになる(そのかわり時間が経てば取り返しのつかない実力による侵害に対して速効性のある救済を与える)．デモクラシーにおける前段手続はどれも技術的になりうるが，ギリシャではそうなった試しがない．これを技術的な判断に還元しようとする理論家が現れただけである．それはそこにも政治システムがあるからである．しかしローマでは，まさに領域の上の組織の構造に対応して，そうなった．

　この判断の基準，つまり abx か bax かを判断するときの基準，は後に占有(possessio)というテクニカル・タームで指示されるに至る．対象に直接的な関係に立っている方が「占有を保持している」などと言って判断を表現する．双方が「自分の方こそは対象との間に個別的で固い関係を築いており，外部の者，怪しい組織，は一切関与していない」と言い張るであろう．それを一刀両断して一方に占有を認め，他方をゼロとするのである．この判断は，既に述べたように基本的に事実の認知の判断である．しかしながら，このように言うとしてもそこには若干メタファーである部分がある．実は，写真判定のようには単純でない．何よりも根底にかなり高度な価値判断が存する．社会の構造に関する判断であった．それは高度な意識に支えられていた．したがって，占有の判断も，洗練された意識を内蔵する者が行う必要がある．それでも，政治的決定における全面的総合的価値判断，方向決定，とは根本的に異なる．

　かくしてこの占有という概念は，ローマでは，非常にテクニカルでありながら，社会の基本構造，基本的な質，を一手に引き受けるということになる．　　　(58頁〜60頁)

II　テクストの文脈

　text 1-5 の著者・サヴィニー(Friedrich Karl von Savigny 1779-1861)は，19 世紀ドイツの法学者でベルリン大学教授であった．法は民族精神を反映して歴史的に発展するとして歴史的研究を重視し，歴史法学を樹立した．法の普遍性を重視する自然法学者と対立した．なお，訳者の小橋一郎の専門は商法である．
　text 1-5『現代ローマ法体系　第 1 巻』は全 8 巻(原著の刊行は 1840-1849)，3 編 10 章からなる大著の最初の 1 冊．当初は，第 1 編法源，第 2 編法律関係，第 3 編法律関係への法規の適用，第 4 編物権法，第 5 編債権法，第 6 編親族法，第 7 編相続法の 7 編構成を予定していたが，前半部の総論にあたる 3 編をもって「完結した著作」とされた．後半部の各論部分は，「むしろ，別の著作において述べ(る)」(第 8 巻序)とされ，「債権法」は別に刊行されている(原著，1851-53)．
　text 1-6 の著者・木庭顕(1951-　)は，長く東京大学教授としてローマ法を研究してきた．近年は，3 部作をなす『政治の成立』(1997 年)，『デモクラシーの古典的基礎』(2003 年)，『法存立の歴史的基盤』(2009 年)によってデモクラシー及びローマ法の成立過程を分析し，その成果に拠りつつ，現代の政治学および法学が抱える問題点を摘示する．text 1-6『ローマ法案内』は上記研究の成果に基づきながら，従来のローマ法の常識を覆し，現在の歴史学の水準に見合う「新鮮なローマ法」を現代の法律家のために提示するものとされている．第 1 章「歴史的前提」で社会・政治・裁判・都市の成立やその特徴を描いた後，民事法の原点とその諸要素(契約法・所有権)の説明がなされている．

III　テクストの検討

1　ローマ法と解釈

　「ローマ法」とは何か．text 1-6 の引用部分 α 3 が注意を促すように，ローマ法とはローマ帝国時代の法学説のうち，6 世紀にビザンツ帝国で編纂されたものを指している．そこには異なる時代の法学説が集められており，収集されたテクストの中には対立する内容のものも含まれている．ローマ法とは，この

52　第1章　社会と規範

ような混乱を含むテクスト群を「解釈」によって再構成したものに他ならない.

　ここに現れる「解釈」には，聖書の解釈に通じるものがある．聖書もまた様々な断片の集積であるので，そこから整合的な世界観を引き出すには「解釈」という営みが必要になる．法学(実定法学)も神学も断片的なテクストに統一的なメッセージ(神の声，あるいは，神に代わる立法者の声)を聞き取ろうとするものであると言える[34)35)].

2　19世紀ドイツと21世紀日本

　ローマ法に関して行われた「解釈」は，現行法，特に民法典についても行われる．その意味でローマ法学の経験は現代の法学に繋がっている．しかし，それだけではない．ローマ法にはそれ以上の意味もある.

　フランスやドイツなどヨーロッパの法典国においては，法学特に民法学はローマ法と密接な関係にある．(イングランドを含まない)ヨーロッパでは，12世紀以降，再発見されたローマ法が利用されてきた[36)].　たとえば，フランスでもドイツでも民法典が制定されるまでは，ローマ法が様々な形で通用していたからである．特に1896年に民法典が制定されたドイツでは，19世紀を通じて法学は(当時のドイツに適用される)ローマ法の解釈学として発展した[37)].　つまり，「ローマ法」の解釈は，当時の現行法の解釈として行われてきたのである．しかし，19世紀ドイツにおけるローマ法研究はそれだけに尽きるものではなかった．このことはサヴィニーの存在そのものがよく示している.

　他方，21世紀日本においてはローマ法は現行法ではない．では，もはやロ

---

34)　スコラ学と自然法学につき，筏津安恕『義務の体系のもとでの私法の一般理論の誕生』(昭和堂，2011).　より広いパースペクティブに立つものとして，J. Gordley, *The Philosophical Origins of Modern Contract Doctrine*, Oxford, 1991.

35)　朱子学と近代自然法論につき，井川義次『宋学の西遷』(人文書院，2009).

36)　中世ヨーロッパの法律家は最初はイタリアの大学で，その後は自国の大学でローマ法を学んだ.

37)　神聖ローマ帝国では，15世紀末に帝室裁判所が設けられて各領邦に固有の法がない場合にはローマ法が適用されたので，ローマ法はプロイセンをはじめとするドイツの領邦にとっては現に適用される法であった．この場合のローマ法は各領邦に共通の法という意味で「普通法」と呼ばれた．そこで19世紀ドイツの法学は普通法学と呼ばれてきた(パンデクテン法学とも呼ばれた).　なお，フランスでは18世紀までは南部ではローマ法を基調とした慣習が行われていたが，1804年の民法典制定によって南北で異なる法状態は解消されることとなった.

第2節　モデルとしてのローマ法　53

ーマ法は不要であろうか．木庭が議論の俎上に載せようとしているのは，まさにこの点である．

3　サヴィニーの法学観と基本概念[38]

引用部分 α は，第 1 巻の序文からの抜粋であり，text 1-5 全体を貫く考え方が示されている．α1 では，歴史学派に対する批判を受けた形で，法学における歴史的視座の必要性が説かれている．その要点は，「各時代の価値と自主性を平等に承認すること」にあり，過去と現在の「生き生きとしたつながり」の認識を最重視する点にあるとされている．特にローマ法研究については，無意識のうちにわれわれを支配する部分を除き，生き生きとした部分を自由に発展させるためであるとしている．α2 では，批判的な原典研究は重要ではあるが，「自力で，古い法律家たちの著作に親しみ，それに立ち入って考えなければならない」とし，text 1-5 の目的をこの点に置いている．サヴィニーによれば，このような方法は(近代の)法典がローマ法にとって代わった国でも用いることができるという．α3 では，α2 のための方法として体系的形式を提示し，その本質として「内的関連または親近性」の認識と叙述をあげている．

引用部分 β のうち §52 では，まず本編で扱う「法律関係」を私法に属するものに限定した上で，法とは何かを道徳と対比させながら述べている．サヴィニーによれば，自由な存在者の共存は，「目に見えない境界を承認し，その境界内で各個人の存在が，また活動が確実で自由な範囲を得る」ことによってのみ可能であり，この境界，すなわち自由の範囲を定めるものこそが法である．そして，法律関係を「実質」と「実質の法による定め」，すなわち実質的要素(事実的関係)と形式的要素(法的形式)に区分し，人間関係を法的領域に完全に属す(たとえば所有権)，一部のみ属す(たとえば婚姻)，全く属さない(たとえば友人関係)という三つに分類する．§53 では意思に着目して，法律関係の三つの主要な種類(本人，意思のない自然，他者)を抽出するとともに，自然権の

---

[38]　サヴィニーにつき，耳野健二『サヴィニーの法思考——ドイツ近代法学における体系の概念』(未来社，1998)．なお，民法学の観点からは原島重義編『近代私法学の形成と現代法理論』(九州大学出版会，1988)．

54　第1章　社会と規範

思想(本文では「原権」と呼ばれている)を批判している.

4　ローマ社会の再構成によるモデル化

text 1-6 の引用部分 α1 では,現代の問題に取り組むには諸道具の全面的な更新が必要であることに優れた法律家は気づいているが,実務に追われているために熟考によって可能になる「サイエンス」(α2 では「基礎」と言い換えられてもいる)獲得の余裕がないため,現実にも適応できていないという状況認識が示される. α2 では,「テクスト」の解釈にはテクストが相手とする「社会」の理解が不可欠であるとする. text 1-6 は,このような観点から「最新の歴史学の方法」によるローマの社会像を提供するものであり,現代の法律家にとって「唯一有益な性質の知識提供」であると言う. 他方,α3 では「ローマ法ではかくかくしかじかであった」という言説の危うさを指摘している.

引用部分 β1 では,前掲の3部作を経て,木庭が立脚する考え方が示される. すなわち,政治とは自由で独立の主体が特定の厳密な仕方で議論し決定することであると定義した上で,政治がデモクラシーを生み,デモクラシーが法を生むという図式が提示される. β2 では,法的判断が必要とされる理由,その特殊性,それらを担う「占有」の基底性が示される. これは木庭理論のエッセンスとも言うべき主張である[39].

5　ローマ法から何を学ぶか

ローマ法は,フランス法やドイツ法の基礎になっているため,現行法の諸制度の解釈に際しても,その原型を探るという観点から参照されることが少なくない. また,民法典は一見すると体系的な書物のように見えるが,実際には様々な矛盾を抱えている. それゆえ,ローマ法源の解釈を通じて発達してきた法学の方法は,法典編纂によって不要になることはない. 民法学にとって解釈は不可避であり,その意味でもローマ法学に学ぶべきことは多い.

しかし,ローマ法の参照のされ方はしばしば恣意的である. ローマ法の名の

---

39)　木庭の占有論の要点を示すものとして,同「Savigny による占有概念の構造転換とその射程」海老原明夫編『法の近代化とポストモダン』(東京大学出版会,1993).

第2節　モデルとしてのローマ法　　55

もとに，無用な議論がなされていることも少なくない．このような弊害をただ
し，ローマ法から有益なものを摑みだした上で，対抗言説に挑むという点にお
いてサヴィニーと木庭の態度は世紀を超えて呼応し合う．

　もっとも，サヴィニーと木庭とでは環境が異なるがゆえに，批判の対象とし
て名指されるものは同一ではなく，アンチ・テーゼとして掲げられるものも同
一ではない．サヴィニーにおいては，超歴史的な自然法によって法典化が可能
であるという自然法論が退けられるのに対して，木庭は，現状追従に忙しく基
本に立ち返らない日本の実定法学をやり玉に挙げる[40]．ただし二人はともに，
ローマ法の中から依拠するに足りるものを取り出し，これを成形して社会の要
請に応じようとする点で再び共通する．

　ところで，このような姿勢はローマ法についてだけ適用可能なものであると
いうわけではない．フランス民法典やドイツ民法典について，あるいは，日本
民法典について，同型の取り組み方をしたいと考えている民法学者は皆無では
ない．

---

40)　木庭の現代日本民法学批判として同『現代日本民法の基礎を問う』(勁草書房，2015)．

56　　第1章　社会と規範

第3節　外国における法学革新の影響
──法社会学と法の経済分析

Ⅰ　テクストの提示

text 1-7　エールリッヒ(河上倫逸, M・フーブリヒト訳)『法社会学の基礎理論』(みすず書房, 1984, 原書, 1913)

α

Ⅱ　生ける法の探究

　支配的な法学があらゆる法現象のうちで, 研究対象としてもっぱら法規を優先的に取り扱っているのは, 法規によって全ての法は代表されているのだという暗黙の前提が存在しているからなのである. しかしその説くところによれば, 誰でもが容易に参照し得る制定法典の中に, 諸々の法規が比較的完全な形で含まれているが故に, 現代法を認識する際に問題となるのは, 法学文献や判決の中で示された解釈を独自の形で解釈し直し, これを利用することによって, 制定法から素材を収集し, その内容を解釈するということのみなのである. しかもさらに, 制定法の外部でも法規は成立して来るという考えがなお見られるのであり, ドイツではそうした法規は主として法律文献の中に, フランスでは判決の中に求められているのである. これに対して, 支配的な見解によれば, 現代では「慣習法」は全く無意味な存在なのであり, したがって, 何らかの形でそれを学問的に確定したり, それを探究したりするための方法を生み出そうとしたりすることは断念すべきとされてしまうのであり, 商法学者のみがユーザンス Usance, つまり取引慣行に注目しているだけなのである. それ故, 当然のことながら, 現代の法学研究者は過去の諸々の法規を確定することに全力を集中しているのである. だが, 現代の法典の中に含まれている法規を確定することに比べて, 過去のそれを確定することはそれほど容易なことではないのである. 過去の法に対して向けられた研究の学問的成果は, 単に, それを通じて, 法の発展──ここでも, あくまで法規の発展として理解されていることは言うまでもない──を認識し得るというだけに停まるものではなく, 現代法を歴史的に理解することも可能とするものである. なぜなら, そのような法, つまり, 暗黙の前提によって, 現代の法規は過去の法に根ざしているからである. そしてこれが, 法の探究のための従来の方法が基礎として来た考え方だと言えるのである.

　しかし法規が法全体を代表してはいないということは, 過去の法規に当て嵌まるよりも, はるかに甚だしい形で現代のそれに当て嵌まるのである. 例えば, 十二表法,

第3節　外国における法学革新の影響　57

サリカ法典，ザクセンシュピーゲルといったものを書き著わした人々は，まさしく実地に，当時の法を自からの観照によって知っていたのであり，まさに彼らが日々取り扱っていた法を収集し，そして法規として表現しようと試みたのである．しかし現代の法律家たちが取り扱っている法素材のうちの最も重要な部分，すなわち，諸々の制定法典については，必ずしもかつての法典と成立の事情が同じだとは言い切れないのである．なぜなら，かつての法律家たちは常にいかなる時でも，少なくとも漠然とした形ではそれを意識していたのに対して，現代の制定法の起草者たちは，自分の時代の自分の属している社会の法を忠実に再現しようとする意図などはほとんど全くと言ってよいほどに有してはいないからである．現代の立法者たちの大多数は，ユスティニアヌスの法集成からその法的素材を汲み取ってはいるが，当然のことながら，それは彼ら自身が所属している18〜19世紀の法について何らの言及をも全くしてはいないのである．そのうえ，たとえそれが当初はその時代に適合していたものであったにせよ，立法者の時代に到るまでは妥当力を保持し得ていなかったような古来の法記録から，つまり，全く圧倒的な形で旧き法や旧き法典の解釈にのみ集中しており，いずれにせよ，制定法が成立した時代に属するものではなかったような法文献から，彼らはさらにその素材を汲み取りもしたのである．恐らく，このことを最もはっきりと示しているのは，ドイツ帝国の民法典なのであって，その法源はほとんどもっぱらパンデクテン教科書，初期ドイツの制定法典，法記録，そして外国の編纂法典だったのである．このように，われわれの時代の制定法典は通常，それが制定された時代よりもはるか以前の時代に向かっているのであり，世界中のいかなる法律的技術といえども，制定法典からはそれが編まれた時代の本当の法を読み取ることはできはしないのである．なぜなら，そうした法典は時代の生ける法を含んではいないからである．しかし現代の制定法典が妥当している領域は計り知れぬほどに広大であり，それが取り扱っている法的諸関係は，以前の時代の関係よりも比較し難いほどに豊かであり，複雑かつ変化に富んでいるのであり，したがって，その妥当領域を一個の制定法典をもってして捉え得るとするがごとき単純な考えは，もはや想像外のこととすら言えるのである．ある時代ないしある民族の法全体を一制定法典の若干の条文の中に嵌め込もうとすることは，そもそも大河を小さな池に流し込もうとするのと同様に，馬鹿げたことなのである．小池に流れ込んだものはもはや生ける大河などではなく，淀んだ死せる水にすぎないのであり，しかも言うまでもなく，流れ込まされた水も大した量ではあり得ないのである．そしてさらに，そうした全ての制定法は必然的に，それが制定された瞬間にすでに生ける法によって追い越されてしまっており，しかも日々刻々とますます追い越されつつあるのだということを考慮するならば，現代の法学研究者にとり，広大で，しかも完全に未開拓の研究分野がここに開かれているということはいず

58 第1章 社会と規範

れにせよ一目瞭然たることのはずである.

　こうしたこと全ては,あまりに当然のことなのである.なぜなら,法的状態を完全な形で写しとることを法規は何ら目的とはしていないからである.法律家はまさにその時点での実務上の必要を顧慮しつつ,実務上の理由から抱くに到った関心に応じて,法規を起草するのであって,彼の関心外にある諸々の対象に関しては,彼が活動している裁判所の管轄に属していないとか,あるいはその依頼人がそのことに無関心であるとかいった理由から,法規を創造する努力をしようとしないものなのである.ローマの法律家の通常の活動範囲からはずれていたために,ローマの法源の中には,商法は極めて未熟な形でしか存在していないし,同様の理由から,ローマ人は——ごく最近までは現代人も——労働法についてはほとんど何らの語り得るものを有してはいなかったのである.アイケ・フォン・レプゴーですら,都市法や荘園法については,それが参審員としての彼の活動と懸け離れた存在であったが故に,何ら取り扱ってはいないのである.

　他方で,歴史学ないし先史学(比較民族学)を通じて,現代の理解に達しようとすることも根本的に誤っているのである.マッハ Mach の言葉によれば,何事かにつき説明するということは,不可解で耳慣れていない物事を,不可解だが耳慣れているそれと置き換えるということなのである.しかしいずれにせよ現代においては,耳慣れぬ不可解な物事は過去におけるよりも少ないのであって,例えば,古生物学者は,彼が生きている動物の器官の性質と機能を理解している場合にのみ,初めて一個の化石化した動物の器官の性質と機能を理解することができるであろう.しかしこれに対して,動物学者は,その研究の対象としている動物の生理学を古生物学者から学ぶということはしないのであり,彼は単に,今日の動物界の発展過程の像を得るためにのみ,古生物学を利用することであろう.現代を通じて過去の理解に到達し得るのであって,逆ではないのである.しかるが故に,法史学や比較民族学的法学は常に法発展の理論のためにのみ利用し得るのであって,現行の法を認知するためには利用し得ないのである.

　現代法学全てにわたるこのような方法論上の傾向の故に,まさに現代の法状態の大部分についてわれわれは何ら知る由がなくなってしまっているのである.はるか遠い昔のことのみならず,日々われわれの眼前で展開されている事柄についてすらも,われわれはしばしば何も知ってはいないのである.ほとんど毎日のように,われわれは思いもかけぬ法律上の発見をしているのであるが,たまたま間が良かったり,珍らしい法的紛争や日刊新聞の記事を見聞したりしたおかげで,それを知り得るだけなのである.場合によっては,それはシュヴァルツェンベルク Schwarzenberg の小作農であったり,ウィーンの街中のブリギテナウ Brigittenau に存続している不可解な地上

権であったり，ブコヴィナのベルホメット Berhomet における独特の永小作関係だったりするわけである．しかし実生活の推移を入念に観察してみれば，以上に挙げて来た事例が決して個別的な事例でないということに誰しもが気づくことであろう．われわれは常に暗中模索していはするが，しかし過去の一部は永遠に喪われてしまって取り戻すことはできはしないという法史学者の常套の弁明を繰り返すことはわれわれにはできないのである．現代の法にとり重要な事柄全てを知るには，ただ目と耳をしっかり見開きさえすればこと足りるのである．　　　　　　　　　　　（480頁〜483頁）

β　　今日においても，生ける法を認識するために最も重要な素材が法律証書の類であることに疑いはない．しかしながら，そうした証書類のうちの一つは，今日では，極めて頻繁に参照されている．すなわちそれは，裁判所の判決なのである．けれども，それは，ここで言うところの意味において取り扱われてはおらず，生ける法の証左としてではなく，その中に盛り込まれた法的諸関係の実態やそこから導き出された生ける法をではなく，そこに含まれている制定法の解釈と法律的構成の正当性を検証している文献の一部として取り扱われているのである．フランスの判例集編者^{アレチスト}たちは右のごとき見解に対する相当深い理解をすでに有していたので，彼ら判例集編者たちは，ダローやスィレーの膨大な判例集や『裁判所時報 Journal du Palais』に掲載されている判決について，註解を施すことを自分たちの使命だと看做していたのである．彼らにとっては，裁判所の判決は，法の表現なのであり，そこで言う法とは，立法者が考え出したものではなく，フランスで諸々の法典が妥当して来た百年間に，フランスの裁判官の意識の中で発展して来たそれのことだったのである．フランス民法典 Code civil 制定百周年記念論集におけるメーニアルの言葉を借りれば，そうした傾向を見事な形で表現した判決の中に彼らが見出したのは，「法律学が制定法に方向修正を施した結果生じた法の変遷という観念，すなわち，法律学を制定法の婢女であるばかりでなく，それと競合しかつそれを補充する存在にまで高めた黙示の一般的合意という観念」だったのである．

　　四半世紀ほど前に『黙示の意思表示』に関する研究を始めた頃は，私自身も同様の見解に支配されてしまっていたのである．当時私は，六百巻以上のドイツ・オーストリア・フランスの裁判所の判例集を通読して，黙示の意思表示を裁判所がどのように把握したのかということを明らかにしようとしたのであるが，しかし，直ちに，裁判所の判決よりも，黙示の意思表示に基づいている実際の成り行きの方がはるかに私の関心を引くようになったのである．かくして，私の著書では，少なくともその大部分が，実生活の中で生起し，裁判所の判決の導きとなった法律要件および法生活における黙示の意思表示の意味の叙述に当てられたのである．後に理論的に基礎づけようと

試みるに到った法学の社会学的方法に，まさにこの著作の中で，無意識的だったとは言え，すでに拠っていたのである．

　しかしその後，そのような方法では目標を実現するためには十分ではないということに私は気づくに到ったのである．判決もまた法生活の完璧な像を与えるものではないのである．現実のごく僅かばかりのものしか官庁によっては取り扱われないのであり，その余の大部分のものは原則的ないし事実的に訴訟から排除されてしまっているのである．そしてその際，紛争の対象となった法的関係は，平常時にそうであるものとはおおむねおよそ無縁の歪曲されて全く別の形となってしまっているのである．一体誰がわれわれの家族生活や団体生活を，それらが紛争下にあるような形を基準として評価しようとするであろうか．それ故，社会学的方法は必ずや，官庁の判断から引き出し得た成果を生活の直接的な観察によって補充することを要請するに到るのである．

　そしてまさにそのための基礎を提供するのが法律行為の証書なのであり，そうした証書は数千年・数百年前にもそうであったのと同様に，現代でも大いに役立つのである．現代の法生活に一瞥を加えてみれば，それが制定法によってではなく，まさに圧倒的な形で法律行為の証書によって支配されているということが明らかになるであろう．任意法は証書の内容によって排除されてしまっているのであり，生ける法は制定法典の条文中にではなく，婚姻契約・売買契約・用益賃貸借契約・建築貸付契約・抵当貸付契約・遺言・相続契約・団体や社団の定款の中に求めなければならないのである．そうした契約の全ては，個々の単なる個別的な法律行為にのみ妥当している内容と並んで，典型的かつ絶えず反復されて来た内容をも有しているのである．証書のそうした典型的内容こそが，原則として証書の最も重要な部分をなしているのであり，したがって，現代の法律著作家たちがなすべきだったのは，まず第一に，告示の註解や『市民法教科書 libris iuris civilis』の中で常に繰り返されて来た二倍額の問答契約 duplae stipulatio および確定物による相続人の指定 institutio ex re certa に関する長文の論稿を書き記したローマ人に倣って，そうした法律行為の証書に検討を加えるということだったと言えよう．もしそうだったならば，われわれは，法人格や自主物に対する抵当権の構成をテーマとしている論文よりも，ビール工場のビール販売人や製糖工場への甜菜供給契約に関する論文や医療施設の売却といったことを取り扱った論文を恐らくより多く持つに到っていたことであろう．現代の証書類を法学および法律学のために利用するということが法律家にとっては全く新しい任務であることは言うまでもない．しかし歴史家，特に法史家は，証書類を取り扱うことによく習熟しているのであり，そうした証書の研究は，法律理論家にも，法律実務家にも，少なくとも最初の段階で，多くの寄与をなし得ることであろう．証書の歴史的研究は学問における

最も複雑で難しい技術の一つに属しており，そうした技術を完璧な形で身につけるには，生涯をその研究に捧げ尽くしてもなお不十分と言えるほどなのである．しかし，現代の証書を研究することは，場合によっては，歴史的な証書をそうすることと全く異なった課題を提起して来るであろうが，そうした課題は概して証書の歴史的研究が提起するものより少ないということはないのである．

　ローマ人がその契約法や遺言法において達成したように，その内容から生ける法を獲得すべく，何よりもまず，われわれは諸々の証書を生ける法の一部として取り扱うように努力せねばならないのである．『学説彙纂』の「合意された買い入について de contrahenda emptione」「買い入および売却の訴権について de actionibus emti venditi」「追奪および二倍額の問答契約について de evictionibus et duplae stipulatione」「盟友のために pro socio」「奴隷との問答契約について de stipulatione servorum」といった標題下の部分，および遺言法や遺贈法を取り扱っている箇所は現在でもなおわれわれに手本として大いに役立つものなのである．最も重要なことは，今日の法学や法律学はローマの契約や証書をではなく，現代のそれを今こそ取り扱うようにすべきだということなのである．したがって，現代の法学はまず第一にその一般に妥当している，典型的で，常に反復されている内容を基準として証書を検討し，それを法律的に取り扱い，社会政策的・経済政策的・立法政策的にあらゆる面から評価せねばならないのである．

　このようなやり方で，初めて，現代に証書の分野で行なわれている法がどのようなものであるかということもわれわれは理解し得るであろう．通常は部分的には一致しているが，しかしその細部においては証書は，地域・階級・身分・民族・宗教によって大いに相違しているのである．だから，証書研究という方法によって法の統計学の課題をも達成するということがそこでは必要となって来るのである．しかし新しい方法を生み出すことなしには，そうした課題を達成することはできないのであり，そうした新しい方法を案出することは決して容易なことではないのである．だがそうすることによって，比類なく素晴しい成果を得ることができるであろう．特に，彼らがそうした右のごとき証書の間に存在している相違の歴史的・経済的ないし社会的諸前提を明らかにすることに成功したならば．

　だが証書から，生ける法の全体を直ちに引き出せると考えるならば，それは証書を過大評価していることになろう．証書が生ける法の全内容を担いかつ証言するものであるとすることは，大いに疑問のあるところなのである．証書の内容のうち，例えば，裁判所が法的紛争に対して判決を下すに際し，それを拘束的だと認定した部分ではなく，当事者が実生活の中でそれを遵守している部分のみが，生ける法と言えるのである．証書化された法律行為のそのような効果は，強制し得る法的効果から直ちに認識

し得るものではないのである．社団や株式会社の定款から，書類上は全権を握っている会員＝社員総会が，大抵の場合に，全く無力なイエスマンの集団でしかないという事実を一体誰が読み取ることができようか．しかも，法的効力を有する証書の内容は，当事者が意図していなかったことについてのみならず，意図していたことについてすら，確実な情報を与えてはくれないのである．証書に記載されているもののうち，その多くは単なる習慣上のものにすぎず，作成者は雛型に従ってそれを書き上げただけなのであり，当事者たちはそれをほとんど意識していないのである．それ故，当事者たちは，証書の中に記載されていることを要求しもしないし，履行しもしないのであり，もし当該証書をめぐって法的紛争となり，法律家の手に委ねられて，それが裁判所で妥当させられたりすることになれば，それによって，彼らは全く愕然としてしまうことであろう．そして，それ以外の条項も，当事者たちは，最悪の場合を避けるということだけを目的として，証書の中に盛り込ませただけなのである．つまり，当然のことながら，法律行為が円滑に行っている限り，そうした規定が利用されることはないのである．

(488頁〜491頁)

text 1-8　マーク・ラムザイヤー『法と経済学——日本法の経済分析』(弘文堂，1990)

α

Ⅶ　銀行業における暗黙の契約説の再検討

1　銀行と暗黙の契約

　貸付取引の当事者は，協力的手段を使用することもできれば，拒否することもできる．また，自己の財産を守るために法的手段を用いることもできる．本章の中心的課題とは，当事者がどれだけ協力的手段を用いているか，および，どれだけ法的手段を用いているか，ということである．前述の銀行業務に関するデータを見ると，非協力的手段を選択する当事者は珍しくないように見えるし，法的手段を用いる当事者も珍しくないように見える．資金の無返済を恐れ，銀行は担保物，保証，短期的貸付契約等を要求する．顧客は銀行の非協力的手段を恐れ，多数の銀行と貸付取引を行うことによって資金の調達を分散する．そして，顧客が不渡手形を出せば，銀行は，第三者の手形交換所を通して，顧客を倒産させる．銀行業の取引が継続的なものであるとしても，法制度を通して強制し得ない協力をもとにしたものであるとは必ずしもいえない．

　ただし，これは銀行業務に関する通説ではない．最近の研究によると，経済的危機

に陥った顧客を救うために，メイン・バンクは法律上の義務がなくても顧客の援助に努力するという．例えば，中谷教授は「系列内では銀行はどちらかといえば，企業に対する保険者の立場にあり，業績が悪化すると融資条件を緩和するなどして，実質的な金利水準を引き下げる傾向が強い」と主張しておられる．また，同じく経済学者の池尾和人助教授は，次のように述べている．

　　わが国の場合「企業がいいときには銀行のためにつくし，企業が悪いときには銀行に面倒をみてもらうというような関係」が従来から存在する．貸手企業が経営上の困難に陥った場合には，しばしば金融機関は，利息の減免や返済猶予，あるいは役員派遣といった形で，支援を行う．こうした事実は，銀行の企業支配として論難されることもあるけれども，金融機関が企業のビジネス・リスクを分担する保険提供者の立場にあることを示している．

2　継続的取引と暗黙の契約

　貸付取引の継続性だけを考慮すれば，このリスク分担の暗黙の契約に関する話はそう簡単に進まない．第一に，株主の多くは，投資ポートフォリオ(investment portfolio)を分散化することによって営業リスクを減らすことができるので，顧客企業の株主の視点から見れば，銀行との暗黙のリスク分担契約は通常の場合には有利な取引にならない．もちろん，彼らはシステマティック・リスク(systematic risk)を消滅させることはできないので，営業リスクに関する保険を買うのなら，彼らは投資分散化によって消滅させられるリスク(diversifiable risk)に対する保険を買うより，分散化によって消滅させられないシステマティック・リスクに対する保険を買う．しかし，銀行も自己の資産の投資分散化によってシステマティック・リスクを消滅し得るわけではないので，企業の株主が買いたい保険は銀行が売らない，という状態になってしまう．

　それゆえ，暗黙のリスク分担契約の理論をうまく用いるには，企業の従業員が彼らの雇用契約に固有の資産に投資しており，この資産を守るために暗黙の保険契約に対応する保険代を支払っていることを仮定しなければならない．もちろん，彼らがこの会社でしか使えない技術などを築き上げているなら，その無形財産に関するリスクを背負っているし，そのリスクは金融資産に関するリスクのように投資分散化によって消滅させることができるリスクではない．企業の株主がこのリスクに対応する保険を安く供給できないなら，従業員が銀行から(暗黙の保険契約を通して)買い入れることもあり得ないことではないであろう．

　第二に，顧客が経済的危機に陥れば，銀行には援助を断る動機が生じる場合がある．

64　　第1章　社会と規範

暗黙の保険契約の理論によると，企業は数年にわたって暗黙の保険料を銀行に支払っている．そのため，銀行がこの企業を救えば，また無期限にわたって保険料を支払ってもらえる．しかし，銀行は他の銀行と競争しているので，別に高い利益をこの契約に関して受け入れているわけでもないし，顧客を救うためにはかなりの費用がかかる．そのため，銀行にとっては，危機に陥った顧客を助けて，通常の取引と同様の利益を生じる取引を続けるよりも，この顧客との関係をここで停止して援助を断る方が有利になる場合があるのである．ここの保険契約とは暗黙の契約であるから，銀行が断れば顧客が裁判所を通して援助を強制できるわけではない．要するに，銀行にとっては，資金を顧客に安く貸して援助するより，今まで支払われた暗黙の保険料を懐に残して顧客を倒産させる方が有利になる可能性がでてくるのである．そして，危機に陥っても銀行が助けてくれないのなら，企業の方から見てもこの暗黙の保険料を支払う意味はない．結局，継続的ゲームの理論を通してこの暗黙の契約を説明することは無理であるというしかないのである．

3　評判の経済学と暗黙の契約

継続的取引の理論を通して暗黙のリスク分担の契約を説明することが不可能であるなら，評判の経済学理論を用いて説明してみよう．銀行は暗黙の保険契約を履行する旨の評判を保つために，（様々な広告等を通して）自己の評判に投資している可能性がある．そうであるならば，銀行は，その評判という無形資産のもたらす（市場利潤率にふさわしい）利益を受けているはずである．銀行は，この利益を，ほかの企業と結んだ暗黙の保険契約を通して受ける．すなわち，銀行は，多数の企業と暗黙の契約を結んでおり，多数の企業から，「信頼できる銀行である」という評判から生ずる利潤を受けているのである．しかし，そうであれば，銀行が一つの契約を破ると，「暗黙の契約を履行する」という評判が崩れ始め，他の暗黙の契約を通して利益を得ることも難しくなる．それゆえ，評判の経済学を用いれば，暗黙の保険契約を説明できないことはない．

4　暗黙の契約の実証的研究

評判の経済学的モデルを通して暗黙のリスク分担契約を説明することができるからといって，銀行が実際にこの契約を用いているとは限らない．これらの契約に関する今までの実証的研究は主に貸出金利の安定性に関するものに限られていた．例えば，経済学者の筒井義郎教授は「金利の変動について，暗黙契約理論が予測するのは次の現象である．貸出金利の変動は，銀行と企業が将来の不確実性による利潤の変動リスクをどのように分担するかによって決まる．……一般的には，銀行の危険回避度が低ければ低いほど，そして，企業の危険回避度が大きければ大きいほど，貸出金利の変動を抑える契約を結ぶものと予想される」と主張した．そして，実証的研究を行い，

「貸出金利の硬直性の少なくとも一部は銀行と企業のリスクシェアリングとして解釈できることを示唆している」といった結論を発表した．しかし，貸付金利の変動以外の実証的研究は逸話の収集に限られている．

実証的研究がこれほど少ないところから見て，暗黙の保険契約がそれほど用いられていない可能性もあるので，暗黙的契約の重要性に対して少しは懐疑心を持つべきであろう．最近の経済学界の中には，このような可能性を認めている学者もいる．

(117頁〜120頁)

IV　知られていない法的規則の影響

社会の限界的メンバーが倫理的規範の安定性に大きな影響をおよぼしているということは，紛争の当事者が法の内容に関して完全な情報を有していない場合においても，法の内容がその紛争の解決される条件に対する輪郭をなす理由となる．以下，事例を通してこのことを説明してみる．

ある社会で紛争が起こったとしよう．法と経済学の批判者の多くによると，この場合に，多くの当事者は法に基づいた解決を避け，社会共通の倫理的規範に基づいてその紛争を解決する．もちろん，当事者 A が，倫理的規範に基づく解決において紛争の対象である損害の小さい部分しか負担しなければ，彼には法を研究する動機が小さい．紛争をこの法的でない規準に基づいて解決すれば，A は軽い負担しか負わないので，法を研究しても時間の無駄になる確率が高い．このように，法を研究する理由がないので，法の内容を A が知らないのは当たり前であろう．

この紛争において，法の内容を研究する動機を持つ当事者は，相手方の B である．B は，倫理的規範が紛争に適用されれば損害の大部分を負担することになるため，紛争を裁判所に持ち込んで法的規準を適用すれば，B が得をする確率は(法的規準を用いることによって A の得する確率より)高い．倫理的規範によってある取引上の損失を負担させられた実業家がその好例である．裁判所に紛争を持ち込めば彼らが勝つとは限らないが，社会的規範をもとに解決すれば損害の大部分を負担することになるので，彼らは法的規準を適用することによって利益を得る確率の高い当事者といえる．すなわち，紛争を社会的規範によって解決した場合には，B は損害の大部分を負担することになるので，法律がその規範と異なった規準を含んでいる場合には，B は，その法に関する情報を有利に使えるのである．

そして，B はこの法的規準を，裁判においても，裁判外のコンプロマイズにおいても有利に用いることができる．なぜなら，裁判所に持ち込めば，法的規準を強行することができるので，交渉の時，B は，紛争を裁判所に持ち込む旨の脅迫をすることによって，法的規準を裁判外においても強行することができるからである(第2章，参

照）．要するに，A を訴える旨の脅迫を通し，裁判所に持ち込むことによって得る純利益を B は裁判外で受けることができるのである．

さて，社会的規範によって損害の大部分を負担させられた B が法を研究し，法が規範を模倣していることを発見したとしよう．B は，その研究によって何の利益も得なかったことになり，結局，紛争の解決は倫理的規範に基づいたコンプロマイズで終わってしまう．社会の他のメンバーも，そのコンプロマイズを見れば，その分野の法が社会的規範と矛盾していないことを理解することになる．そのため，似た紛争に巻き込まれた場合，法を研究することが無益な手段だということを心得ているため，彼らは法的規準を主張せず，紛争は倫理的規範によって解決されることになる．しかし，もともと法は規範を模倣している分野であるため，紛争が規範によって解決されるということは，法に沿って解決されるということにもなるのである．

次に，法的規則が倫理的規範と異なった規準を含んでいたとしよう．この場合，法律を研究すれば，B は，紛争に関する交渉において自己の立場をより有利にすることができる．それゆえ，B の立場に立つ限界的当事者は，法を研究すれば得をすることになり，このニュースを聞いた社会の他のメンバーは，法が規範と矛盾していることを理解することになる．そのため，他の限界的当事者が似た紛争に巻き込まれた場合に，彼らも法的規準を主張する確率が高くなる．しかし，多くの限界的当事者が法を用いれば，法が社会的規範と異なっていることを，他の（非限界的）メンバーが無視し得ないことになる．すると，他のメンバーが似た紛争に巻き込まれた場合に，彼らも法を有利な手段として使えることを承知していることになるし，法を研究するための費用も（限界的当事者の研究が普及したために）安くなったことになる．

そして，倫理的規範は不安定なもので，社会のメンバーに受け入れられることによって初めて「真理」の規範としての説得力が生ずるため，倫理的規範と異なった法律を限界的当事者が主張すればするほど，その規範の説得力は低下してくる．結局，紛争の金額が訴訟の費用を相当に上回る限り（裁判所に紛争を持ち込む旨の脅迫が信じられる脅迫である限り），そして法の内容を研究する限界的当事者が数人でもいれば，法と異なった倫理的規範は次第に崩れていき，紛争は法的規則に沿って解決されてしまうことになるのである．

それゆえ，限界的当事者の行動によって，倫理的規範と法的規則とのズレが減少していくことが予測される．限界的当事者が社会内の紛争に巻き込まれることが起こり得る限り，彼らが，倫理的規範によって紛争の対象である損害の大部分を負担させられる場合が起きる．そうである限り，彼らに法を研究する動機が生じるので，規範と法が異なっていれば彼らはその差を発見するはずである．そして，彼らが法律を強調することによって，その差は他のメンバーにも気付かれる差になる．結局，法的規準

を主張する当事者の数が増えることによって，法的規準と異なった倫理的規範が普遍的真理性を持つ規準であるということを受け入れることも難しくなり，限界的当事者ではない，より普遍的な当事者によって法的規準が主張される確率も次第に高くなっていくのである．

　要するに，法的規則と社会的規範とが異なっていれば，限界的当事者は法的さや取り取引商人(legal arbitrageur)の役割を果たすのである．実業界のさや取り取引商人は，二か所の市場で同種の品物に関して異なった価格が成立した場合，その価格の差を利用して利益を得る商人である．価格の低い市場でその品物を買って高い市場で売るので，彼らの行動によってその価格の差は減少してしまう．同じように，限界的当事者は，法的規則と倫理的規範との間に異なった規準が成立した場合，その差を利用して利益を得る者であり，その行動を通して規則と規範との差を減少させる者である．より厳密にいえば，私利を極大化したい当事者が裁判所を通して法的規準を主張することができる限り，そして倫理的規範に従った場合に得られる額と法的制度を利用した場合に得られる額との差が訴訟の費用を上回っている限り，法律と規範とが異なった状態は均衡状態にはなり得ない．したがって，法的規則と異なった倫理的規範に基づいて紛争が解決された場合は，この法的さや取り取引が不可能な場合に限り，均衡状態になり得る．そして，さや取り取引が不可能になるのは，紛争の対象になる損害があまりにも少ないために紛争を裁判所に持ち込む旨の脅迫が信じられる脅迫にならない場合である．

　結局，当事者が私利を極大化するために合理的に法制度を操作する旨のモデルは，社会のメンバーが法制度に関して完全な情報を保有していることを前提としているとは決していえないのである．

(136 頁〜139 頁)

II　テクストの文脈

　text 1-7 の著者・エールリッヒ(Eugen Ehrlich, 1862-1922)はオーストリアの法学者で，法社会学と呼ばれる法学の新しい分野を開拓した．text 1-7 **『法社会学の基礎理論』** はその代表作である[41]．そこでは，法は「人間の行為の規則」，すなわち，様々な組織やその総体である社会の構成員に対して，組織内で占めるべき地位や関係を定め，任務を与える規則であるとされる．当時の法

---

41)　ほかに，『権利能力論』もよく知られている．

学において国家により制定された規則，裁判所や官庁の判断のための規則（＝裁判規範），それらに付随する法的強制のための規則のみが法として重視されてきたことが批判される．そして，社会学的法学の最も重要な任務は，社会を規律し実生活に浸透した法，すなわち「生ける法」の構成部分を単なる裁判規範から分離しその組織構成的性格を明らかにすることであるとし，このような法は社会的事実の所産であるので，それは社会的関連においてのみ考察することが可能であるとする．

　text 1-8 の著者・ラムザイヤー（J. Mark Ramseyer, 1954-　）はアメリカの法学者でハーバード・ロー・スクール教授．専門は日本法[42]，法と経済学[43]．「法と経済学」は「経済学によって発展させられた方法論を通して，法的現象を研究」するものであり，法律や判例の収集，整理を行うだけの伝統的な法学研究に対する反省から，1950 年代に米国で本格的に始まった．当初は「法律をどうやって改良すべきか」という規範的研究が主流であったが，最近の法と経済学は「人間は実際にどのような法制度に反応するか」といった実証的研究が盛んになっている．また，人間は「自己の目的を追求する個人である」という「合理的選択」をモデルの基礎としている点に特徴がある．text 1-8『**法と経済学**』は「日本人の法行動に対する従来の通説的見解を批判し，それに代わって，新たに経済学に基づく仮説を立て，また，それを実証的に証明」することを目的とする．

III　テクストの検討

1　法の継受と法学の継受

　日本は近代法典を欧米から輸入してきた．法学もまた常に欧米の動向に関心を寄せ，その影響を受けてきた．その影響は複数のレベルに及ぶ．すなわち，

---

42)　日本法に関しては，Curtis J. Milhaupt, J. Mark Ramseyer & Mark West, *The Japanese Legal System: Cases, Codes, and Commentary*, Found. Press 2d ed., 2012, J. Mark Ramseyer, *Second-Best Justice: The Virtues of Japanese Private Law*, Univ. of Chi. Press 2015 などがある．

43)　法と経済学に関しては，飯田高『〈法と経済学〉の社会規範論』(勁草書房，2004)を参照．なお，G. Calabresi, *The Future of Law & Economics*, Yale UP, 2016 も参照．

第3節　外国における法学革新の影響　　69

第一に，個別制度の理解・解釈，あるいは立法のレベル(たとえば，意思表示理論，製造物責任論など)，第二に，実定法学の方法論のレベル(たとえば，ドイツのパンデクテン法学・利益法学，フランスの科学学派，アメリカのリアリズム法学など)，そして，第三に，実定法学を相対化する法学理論のレベルを分けて考えることができる．

　最後のレベルについて言えば，法社会学の影響は 20 世紀前半から半ば過ぎまで続いた．とりわけ民法学者の多くが強い関心を示してきたが[44]，近年ではこの傾向には変化が生じている．これに対して，法と経済学は 1970 年代に本格的に紹介されるようになったが[45]，商法学者には積極的な受容が見られたのに対し，民法学者の中にはその全面的な輸入には慎重な態度をとるものが多かった[46]．

　しかしながら，民法学を実定法の中に閉塞させないという観点からは，法社会学の意義を再発見するとともに，法と経済学の主張を検討することは重要なことであると思われる[47]．

2　法規から証書へ──「生ける法」の探究

　text 1-7 の引用部分 α では，支配的な法学が研究対象として法規を優先的に取り扱うことが批判されている．エールリッヒによれば，第一に，制定法典が妥当する(適用される)領域は以前の時代よりもずっと複雑，広大，変化に富むようになって一個の法典でとらえることなどできないからであり，第二に歴史学や先史学を通じて現代の理解に達しようとすることも根本的に誤っているからである．引用部分 β では，裁判所の判決から進んで法律行為の証書を分析すべきことが主張されている．証書は地域・階級・身分・民族・宗教により相

---

44)　特に戦後初期には，多くの実態調査がなされた．
45)　浜田宏一『損害賠償の経済分析』(東京大学出版会，1977)．
46)　平井宜雄「法政策学序説」ジュリスト 613-622 号(1976)．
47)　もっとも，法社会学の専門化の進展により，民法学の側からの参照は困難になっている．しかしながら，民法学との接点を有する研究もないわけではない(たとえば，尾崎一郎「都市の公共性と法──マンションにおける生活と管理」法学協会雑誌 113 巻 9-12 号〔1996〕，高村学人『アソシアシオンへの自由』〔勁草書房，2007〕など)．また，若い世代の民法学者の中には法と経済学に関心を示す者も出てきている(西内康人『消費者契約法の経済分析』〔有斐閣，2016〕，松田貴文「任意規定をめぐる自律と秩序」民商法雑誌 148 巻 1-2 号〔2013〕など)．

70　　第1章　社会と規範

違しているため研究方法としては困難だが，その相違の歴史的・経済的・社会的諸前提をも明らかにするという素晴らしい成果を得ることが期待されるというのである．

3　法社会学への親和性──「生ける法」への共感

　エールリッヒの法社会学が日本において共感を持って受け止められたのは，次のような事情によるのだろう．エールリッヒはオーストリア(本書出版年1913年当時はオーストリア゠ハンガリー帝国)の辺境チェルノヴィッツ(現在ウクライナ共和国に帰属)の出身であった．この国では国内に文化や慣習などの均一性が欠けており，ハンガリー側の地域ではオーストリア側の法典を押し付けられている状態であったほか，帝国の法は地方では行われていなかった．それゆえエールリッヒにとって，制定法(法規)への信頼は高くなく，そこから法学の科学化の必要性が主張されることとなった．法や法学の継受国であった日本は，エールリッヒの育った地と類似する状況にあった(たとえば相続を見ると，末子や女性が家督を相続する地方が存在しており，民法で「家督相続」と一口に言ってもその実態は一様でないし，必ずしも民法が適用されない状況があった)．その結果，末弘厳太郎らにより法社会学が積極的に受容・展開されることとなった．

4　日本企業の行動と法による紛争解決

　text 1-8 の引用部分 α は，日本では企業が経済的危機に陥ると銀行が援助し，反対に企業が経済発展をしていれば銀行側に高い利息を払うという「暗黙の契約」が，(継続的取引を行う)銀行と顧客企業の間に存在するという見解の当否を検討している．ラムザイヤーによれば，銀行は経済危機に陥った企業を援助するより倒産させるほうが有利な事が多いことを考えると，取引が継続的であることから直ちに「暗黙の契約」が存在するとはいえない．もっとも，銀行は企業からの信頼を手に入れるという自己評判に投資しているため「暗黙の契約」を守るという説明はありうるが，これを支える実証的研究は少ない．

　引用部分 β では，法的規則と社会的規範には隔たりがある場合に，法に基づいて紛争が解決されることになる理由が説明される．自己の利益を最大化する

ために当事者は法による解決を主張する．多くの当事者が法を用いた解決を主張すると社会的規範によって解決される場合は減り，法的規則と社会的規範の隔たりはなくなっていく．その結果，当事者が法に関する知識を持っていなくても法によって紛争が解決されることになるとされている．

5 文化か合理性か

text 1-8 は日本経済がバブルの頂点にあり，日本の経済体制が肯定的に評価されていた時期に書かれた．この時期には，日本経済のパフォーマンスの良さを説明するために，日本に固有な文化的条件を指摘する見解も有力であった．text 1-8 はこのような前提に立たず，合理性の観点からの説明を与えようとした．

このような説明には相当程度の説得力（あるいは新鮮さ）があっただけでなく，身近な日本の例を用いた説明によって，法と経済学の主張の有効性を実感させるという意味があった．また，批判する側には具体的な論点を提起することによって，賛否を問わず法と経済学への関心を惹起し，これを浸透させる効果を持った．

6 二つの異なる法イメージ

エールリッヒが考える法（生ける法）は，発見されなければならないものである．そこには，それ自体が法共同体に固有のものとしての価値を持つという含意が感じられる．これに対して，ラムザイヤーの考える法は，与件として与えられたものであり，人はこれを道具として活用する．このような法に対して評価は加えられておらず，いかなる利用がなされているかが観察されている．エールリッヒは，法典は生ける法を十分に表現しえないとし，ラムザイヤーは法的規則と社会的規範の格差が人の法利用行動によって解消されるメカニズムを提示する．観点は異なるものの，（人為的な）法規と（自然的な）法との不一致に着目する点では共通しており，この点に実定法学が持ちにくいメリットがある．

7 マルクスの影響から逃れて

日本における法の社会科学的研究の歴史を振り返ると，法の経済分析が流入

72   第1章 社会と規範

する1970年代以前は「社会」を研究するという法社会学と「経済」の構造を分析するマルクス主義が対峙していた[48]．近代経済学を通して法を理解しようという流れは最近40年間に浸透してきたものであるが，今後はこれ以外の分野からの法理解が進むことも考えられる．たとえば，政治学に関しては，アメリカでは左翼の批判法学や，人間の関係性をとらえるべきだと主張するLaw and gender が注目をあびている．また，生物としての人間に着目し，認知科学を組み込もうという研究も盛んになっているが，日本ではすでに紹介した青木昌彦らがこれを行っている．20世紀前半のフランスでは，リペールが宗教・政治・経済との関係で法を分析する試みを展開したが[49]，日本では「宗教」の観点は十分に発達していない．宗教の認知科学的な研究も含めて，この点は今後の課題の一つとなろう[50]．

---

48) それぞれの成果を集大成したのが，川島武宜編『法社会学講座』(全10巻)(岩波書店，1972-73)と天野和夫ほか編『マルクス主義法学講座』(全8巻)(日本評論社，1976-80)である．

49) G. Ripert, *La règle morale dans les obligations civiles*, 1926, *La régime démocratique et droit civil moderne*, 1936, *Aspect juridique du capitalisme moderne*, 1947.

50) 宗教と社会の関係につき，R. Bellah, *Religion in Human Evolution*, Harvard UP, 2011, C. Taylor, *A Secular Age*, Harvard UP, 2007.

第4節　日本民法学の成果
──「所有権法の理論」と「近代法における債権の優越的地位」

I　テクストの提示

text 1-9　我妻栄『近代法における債権の優越的地位』(有斐閣, 1953, 初出, 1929-31)

α

第1章　序

1　本稿の意図

1

一　先学年において民法総則と物権の前編の研究を終つた我々は，本学年において，債権総論，各論並びに，担保物権を研究することになつた．その開講に当つて，債権の民法上における地位，殊に物権に対する関係を概観することによつて，我々の講義がこの一年間において企図すべき目的を明かにして置くことが必要であると考へる．

我々は，過去一年間，能ふ限り，民法のそれぞれの制度を，その社会的作用を中心として考察することに努力して来た．即ち，法律の規定をその論理的構成の方面から観察することを以て足れりとせず，進んで，その規定，その規定を包括する法律制度等が，現代の社会生活において如何なる作用を営むかを攻究し，この作用を中心としてその規定の論理的構成を吟味することを怠らないやうにして来た．而して，この我々の態度は，この学年においても，一貫して進めて行かねばならぬものである．従つて，いま債権法の開講に当つて，債権の地位を概観しようとするのも，専ら，債権が現代の社会組織において営む作用を観察し，他の法律制度や，他の権利に対して，如何なる作用的関係に立つかを考察せんとするに在る．

いふまでもなく，かかる考察は極めて困難なことである．箇々の規定についてさへ非常に困難であつたが，債権の全般に亘つてかかる概観をなし，そこから何等かの基本的な指導原理に到達せんとすることに至つては，至難の試みである．いま，我々は，ただ我々の力の許す範囲において多少の考察をなし，多少の原理を明かにし，これを指針とすることによつて，この学年の研究に多少の統一的意義を与へんとするに止まるのである．従つて，ここに僅かな考察をすることによつて，現代社会における債権の特殊な作用なりと断じ，これに基いて，現代における債権法の指導原理なりと論ずることは，この学年の講義を通じて常に念頭に置き，債権法に関する種々の細かな規定を研究するに従つて，次第にその具体的な輪郭を明かにして行かなければならない

のみならず，その特殊な作用とし，指導原理と予定することそれ自身も，常にその正否を反省することを怠つてはならないのである．

二　さて，債権は人類相互の信用を基礎とするものであるから，人類の文化史において物権に後れて発達したものであることは，ここに改めて説くまでもあるまい．また，債権が認められることによつて，人類の生活が甚だしく経済的に豊富さを加へたことも，詳述する必要はあるまい．人類が物権のみを以てその財産関係となし，経済取引の客体として居つた時代には，人類は，いはば，過去と現在とのみに生活したのである．しかし，債権が認められ，将来の給付の約束が，現在の給付の対価たる価値を有するやうになると，人類はその経済関係のうちに，過去と現在の財貨の他に，更に将来のものを加ふることが出来るやうになる．　　　　　　　　　　　（5頁～6頁）

第3節　所有権的色彩の逓減と債権的色彩の逓増

9　所有権的色彩の逓減　10　債権的色彩の逓増

9

一　以上，私は，近代における主要なる四つの所有権をそれぞれ考察して，その作用が次第に物の支配から他人の支配へと推移しつつあることを知つた．而して，最後にこの現象を通観すると，この所有権の支配的作用の増大は，更に所有権の本来的職能が漸次稀薄となり，これと結合する債権的色彩が漸次濃厚となるといふ，二つの相表裏した変遷を示すものであることを知り得るのである．

二　即ち土地及び生産設備の所有者が，他人を雇つて生産に従事する間は，支配の程度比較的著しからざると共に，所有権の作用には，なほその客体の物質的利用といふ本来的職分を含有する．しかし，土地が，単に地代収得のために賃貸せられ，生産設備が企業資本として賃貸せられ，または投資の具とせられるときは，その支配の程度が強大となると共に，本来的職能の色彩は益々稀薄になる．また商品が生産者の手によつて所有せられる間は，市場を支配する力が比較的弱いと共に，ともかくも自己の生産品として占有するところに，なほ多少の本来的職能を認めることが出来る．然るに，その商品が商人の手に移されるに至れば，その支配力は遥かに強大となると共に，その所有権――「売らんがために買ふ」商人の所有権は，本来的職能の色彩において甚だしく稀薄となる．殊に，大規模の商取引において，商人の有する商品の所有権が，生産者，運送人，倉庫業者等の工場または倉庫に存在する物に対する請求権と異るところなきものとなり，その所有者に対し，単に種類と数量との抽象的存在としてのみ意義を有するに及んでは，所有権の本来的色彩は極度に稀薄となるといはねばならない．また，貨幣は，既に述べたやうに，所有者がその如何に利用せられるかを知らざる程，本来的職能と隔離したものとなることによつて，資本主義経済組織の全

第 4 節　日本民法学の成果　75

体を脅かす絶大な支配力を得るに至つたのである.　　　　　　　　（23頁～24頁）

β2　　不動産所有権に随伴して使用料収受を目的とする債権及び生産設備の所有権に随伴して労働力獲得を目的とする債権は勿論のこと, 商品所有権の経済的作用を実現せしめる債権も, なほ, 所有権の従としてその作用を実現することを任務とするものと見るべきである. これに反し, 総ての財産の上に資本として投下せられる金銭債権は, 何等所有権の実体と交渉することなくしてその作用を営むのみならず, その最も強力なる場合には, 所有権をして自己の作用を実現する手段に過ぎざるものたらしめる. 勿論, この債権の両種類間の区別は, 一面より見れば程度の差に過ぎない. 既に第一種の債権においても, 生産設備, 不動産, 商品の三所有権におけるこれに随伴する各債権の力は同一ではない（第2章第3節9・10〔23頁以下〕参照）. 同時に, 投資せられる金銭債権においても, 所有者たる生産主体に対して運転資金を供する場合においては, なほ未だ独立の地位を有するとはなし得ない（第3章第2節第1項後段27〔87頁以下〕参照）. 商品流通に対しいはゆる流通信用を供する場合にも, その独自的存在はなほ確立しない（第4章第4節第3項前段73〔300頁以下〕参照）. しかし, 既に我々の考察せるが如く, 資本主義経済組織の発達は, 金銭債権をして次第に企業の固定資本より更に一個の企業全部を支持するに至らしめ, 最後に社会の全企業を支持する大勢力に集中せしめつつあるのであつて, 投資としての金銭債権は, 総て悉く, 結局この終局に到達する必然の運命に在るものである（第4章第4節70-74〔290頁以下〕参照）. 而して, この終局の現象を見れば, かかる作用を営む債権と所有権の従たりし債権とは, 既に性質上の差あるものとすることが出来る.

　蓋し, 経済的に見て両者の所有権に対する地位が顚倒してゐるのみならず, 法律的にもその力を異にする. 即ち, 債権が所有権に随伴してその作用を実現せしめる場合には, 債権の存在, 移転は所有権のそれと結合せしめられ, 物権債権両関係の結合より成る法律関係を構成するに過ぎない. これに反し, 債権が独自的存在を取得するに至つては, 所有権とその力を争ふに至る. 詳言すれば, ――

　二　先づ第一に, 所有権が客体を他人に利用せしめて対価を収受する作用を営むに対し, 金銭債権は客体を利用する者に資本を投下して利子を吸収することによつて同一の目的を達する. 而して, この同一の目的の実現において, 債権は所有権より有利なる点を有するが故に, 次第にこれを駆逐せんとする. 土地の用益賃貸借と土地抵当制度との角逐がその適例である.

　三　第二に, 所有権が債権を随伴して他人を支配する場合にも, 金銭債権は更にこの所有権に作用してその他人を支配せる結果を奪取し, 所有権をして単に虚名を有するに止まらしめることが出来る. 我々は, 第3章において, 近代法における財産の

76　　第1章　社会と規範

債権化は総ての財産をして二面の作用を営ましめるに至ることを明かにしたが，この第二の作用即ち担保作用こそ，所有権の第一次的作用が他人を支配することとなつてゐる場合にも，これからその支配の結果を更に奪取し得る手段に他ならないのである．

　　四　しかも，第三に最も注目すべきことは，金銭債権が企業全部を目的とする場合には，所有権と正面衝突を生じ，その効力を制限することである．近代の企業は，既述の如く，他人の不動産の賃借権の上に成立してゐることが多い．従つて，この企業を目的とする金銭債権は，賃借権を担保化してこれを把握する．かかる場合に，所有権者がその支配力を無制限に働かして企業を崩壊せしめては，金銭債権の敗北に帰する．

（311頁〜312頁）

Y

　　しかし，次に，企業の経営自身においては，嘗て所有権の絶対がもたらした弊害が，金銭債権の絶対的支配の下においては，更に甚だしく現はれることを注意しなければならない．弊害——それは被傭者及び消費者に対する無制限な支配である．しかし，金銭債権をして剰余価値名義たることを存続せしむべしとなすは，ただ金銭債権の集中を促す原動力としての作用を一挙に奪ふべからざるが故である．従つて，それ以上に，他の階級を支配する力を与ふべきではない．当該企業の経営に精神的または肉体的の労力を以て参与する者の共同管理，それのみが理想である．この理想を実現するために，債権法は，人類の労力を結合する限りなく多様な制度を新たにその研究範囲たらしめられ，個人的契約関係に代ふるに団体的契約関係及び団体の自治的規約を以てすることを余儀なくせしめられる．これ等の点は，既に労働法または社会的立法として，学者の注意を喚起してゐる点であるが，債権法は，この点においても，その理論の根本的修正に迫られるであらう．

　　最後に，所有権中心の資本主義において存在した社会経済組織の無政府状態は，金融資本による統制によつて，次第に意識的統制を受けつつあることは，前述の如くであるが，この傾向は，これを助長して，いはゆる資本の自働的社会化を促進することを望むべきであらう．蓋し，これを阻止することは，経済組織の根本的破壊となるの他なきのみならず，これを助長することは，資本の活動の軋轢を減少して社会的資本運用の能率を高めるからである．本稿第3章において金銭債権の証券化の傾向を助長しその集中を容易ならしむべしとなして来たことは，結局この理想に基く（19〔59頁以下〕参照）．また，本稿においては深く論及しなかつたが，第4章第4節（70〔290頁〕以下）に暗示せる株式会社，取引所，銀行等の諸制度においては，これによつて金融資本の統制力を確立するに便なるが如くに，その法律理論の進展を促すべきものであると考へる．しかし，然る上において，この自働的に社会化せられた金銭債権の支配力そのものを，漸次，国家の統制の下に収めることを努めねばならぬこと勿論であ

第 4 節 日本民法学の成果 77

る．蓋し，集中せる金銭債権を少数個人の意思に委ねることは，社会全人類の生存を少数者の恣意にかからしめることとなるからである．而して，その如何なる手段によつて国家的統制の理想を実現すべきかについては，第一次大戦後のドイツの立法政策がいはゆる企業の社会化の手段として利用せんとしつつある強制的企業結合，企業結合の最高機関の国家的監督，而して最後に，企業そのものの国家または公共団体による経営等が，多くの資料を供給するものであると思ふ．

かくの如き問題は，勿論従来考へられた意味における債権法の範囲を脱するのみならず，私法の範囲をも逸脱するであらう．しかし，近代法においてその全経済組織を支持するが如き優越的地位を占めた債権に対する最高の指導原理は，かくの如く，現代社会組織に対する根本的態度によつてのみ決定せらるべく，個々の純私法上の問題における指導原理も，この根本的態度に関連せしめてのみこれを決すべきものであると，私は信ずる．

(326 頁〜327 頁)

text 1-10　川島武宜『所有権法の理論』(岩波書店，1949)

α

本書の意図したところは，「所有権」として法律的に現象してくるところの近代的所有権について，その規範論理的意味をではなくして，その現実的な社会現象としての構造を分析することである．そうして，そのことは，法律の世界において「所有権」として現象してくるところのものの現実的な諸関係，――終局的には，社会的個人相互の間の諸関係――をあきらかにし，法的現象を現実的な社会的個人の間の諸関係に還元することを意味する．ところで，この場合における私の立場は，現実にわれわれがおかれているところの日本の社会における非近代的諸関係――特に，農村における――の止揚という現実的課題の解決ということである．したがつて，日本の非近代的諸関係・非近代的社会規範と対蹠的な近代的所有権の典型を描きだし分析することが，本書の当面の課題となつている．近代的所有権の理解，したがつてまたそれと対立するところの日本の所有権の理解――これなくして，民法の解釈をなし，また外国の解釈理論を輸入することは，しばしば無用のみならず有害でさえある．温泉利用権や水利権が「物権」であるか「債権」であるかを論ずることがしばしば非論理的且つ無用な論争を惹起したという事実，また，近代的所有権のアトミズムについてのドイツ・ロマンティシズムやナチズムの教説乃至理論を輸入することが，わが国においては非近代的な諸関係を謳歌しこれを固定させる方向への反動的意味をもち得たという事実，――これらの事実を想いおこすならば，右のことはあきらかであろう．ただ，法解釈学がそれ自身の主体性を失い権力に隷従し，また，無思想で煩瑣な教義学に堕

するかぎり，それは無用となりあるいは有害となるだけである．

　さらに，法解釈学は有用であるのみならず，一つの経験科学として成立し得ることもまた承認されねばならない．すなわち，裁判所で現実に行われる具体的な法規範，特にその法技術的な観念論的構成を認識し分析し理解することは，教義学 Dogmatik とは別な・一つの科学であり，また真に創造的な法解釈論の・欠くべからざる基礎＝出発である．これらすべてのことは承認されねばならない．しかし，それにもかかわらず，法社会学の必要性と重要性もまた承認されねばならないと考える．

　要するに私が本書で目的としたことは，近代の法・政治・社会・経済のもつとも基礎的なものであるところの近代的所有権について，客観的に科学的に分析することである．本書は，近代的所有権を「唯物的」，「ユダヤ的」，「アトミズム的」として排撃する人々の気には入らないであろうし，また近代的所有権を神聖不可侵な悠久な絶対的なものとして賞讃する人々の気にも入らないであろう．歴史の現実は複雑で矛盾にみちており，白塗りの善玉と赤っつらの悪玉とのいずれかに問題の対象を属せしめられ得るようなものではない．（ただ素朴な人のみがそう考えることができる．）万人に気に入ることはむずかしい．

（4頁〜5頁）

第2章　近代的所有権の私的性質
第1　近代的所有権の論理的構造——その1，商品交換の法的カテゴリー

　一　近代的所有権は私的所有権の一つの歴史的型態である．すなわち，それは，私的所有権の特殊＝近代的な型態である．ところで，私的所有権というのは，抽象的に言うならば，所有権を「権利」たらしめるところの社会的モメントが所有権から分離されその結果客体に対する支配がその現象型態においてはその社会的関係から一応捨象されて独立に——すなわち「私的」なものとして——現われるところの，所有権の型態である．私的所有権の私的性質の・このような社会的諸関係からの抽象性のゆえに，それは，その私的性質に執着して眺められるときには，歴史的に不変であるごとくに見える．私的所有権の歴史的型態は，一定の社会的諸関係のうちに，また一定の社会的諸関係として，存在するところのこの私的性質の一定の歴史的型態，また言いかえれば，社会的モメントと私的モメントとの分離の一定の歴史的型態，にほかならない．結論をさきに言うならば，近代的所有権においては，私的モメントと社会的モメントとの分離が徹底的となつており，そのことはまた同時に，私的性質の徹底と社会的関連の徹底とをもたらした．この特殊＝歴史的な構造の分析が，まずわれわれの問題である．

　二　所有権は一定の歴史的な生産関係の基礎を構成するのであり，所有権の一定の歴史的型態・構造すなわちその私的モメントと社会的モメントとの歴史的な関連の型

態・構造のうちに，それがおかれている歴史的社会の経済的社会的構造が反映する．したがって，近代的所有権の歴史的型態・構造のうちに，資本制社会の経済的社会的構造が反映している．ところで，資本制社会における富——「所有権」の経済的実体——の端緒的且つ普遍的な型態は言うまでもなく商品である．すなわち，資本制社会の富はすべて商品として現われ，且つ資本制社会の全構造は，究極においては，商品としての富に内在する社会的諸関係を基礎・起点とする．したがって，近代的所有権の特殊＝歴史的な性質・内容は，近代的所有権の経済的社会的実質の端緒的型態たる商品そのもののうちに含まれているのである．

　商品に内在するところの・それに固有な社会的構造は，抽象的にはつぎのごとくである．商品は，自らと交換されるべく対立する他の商品の存在を前提するところの——すなわち他の商品との相対的関係を自らの内に固有するところの——富であり，この意味において商品は，富(物)の・本来的に社会的な型態である．商品の固有の本質は，他の商品との交換であるが，交換とは，交換されあう客体に対する人の支配が相互に承認されあうという社会的な関係を前提とし基礎とし，その上で行われるところの——したがって，その自由意思に基く合意によって可能となるところの——富の相互的な主体者転換である．このことを，さらに詳しく言うならば，交換においては，単純な暴力による奪取や，人的支配関係にもとづく献納におけるとはことなり，「物」の外にあるところの力によってではなくして，「物」の中にあるところの・物自身の価値のみによって，富の主体者転換が行われる．この故に，交換はもっぱら物質的な過程として現われ(勿論，その本質は人と人との関係なのであるが)，——だから，商品交換社会においては，人間対人間の関係のすべての側面(法や道徳までも)が物質的な(いわゆる「唯物的」な)ものとして現われる(人間関係の「物」化)——，また「物」の外にあるところの人間対人間の力によって媒介されないところの平和的な関係である(交換される客体に対する人の支配の相互的な承認はこのことの一つの側面である)．

　したがって，物が商品であるということと，物が交換されあうということとは，相互に他を前提し且つ自らのうちに包含するところの不可分な統一である．商品は，交換の論理的前提であり，交換は商品の動的な側面である．だが，商品の交換が，専ら物質的な・したがって平和的な過程であるという，まさにこのことが，必然的に，商品と交換とのこの不可分の統一を分裂せしめ，その静的なモメントたる商品と動的なモメントたる交換とを分離し，対立する独立の存在たらしめる．このことに，商品所有権の私的性質の根拠が存在する．というのはつぎのごとくである．すなわち，商品の交換が専ら物質的な・したがって平和的な過程であるということは，交換が商品＝交換当事者の「意思」を媒介とすることを意味する．このことによって，第一に，商

80 第1章 社会と規範

品は，個人の「意思」の支配に服する——服することが社会的に承認される——ところの私的な存在(私的所有権)となり，しかも第二に，その交換という社会的な過程は，この私的な「意思」を媒介とする独立の過程(契約)として私的な所有に対立し，そのことによって商品の所有権の私的性質を独立せしめ，所有権をして純粋に私的なものとして現わしめる．これが，商品交換関係において必然的に成立し，また内在するところの，所有権の特殊な私的性質の根拠・構造である．要するに，私的所有と契約とは，統一的な商品交換の過程が，それを構成するところの対立的モメントに分裂して独立の存在型態に転化せるものである．ところで，この分裂の必然性への起点は，商品所有者の「意思」として現われるところの所有権の私的性質であり，したがって，交換としての社会的過程も，究局においては，所有権の私的性質を基礎とし起点としている．この「商品」＝「交換」の規定者・起点たるところの所有権の私的性質の主体的人間的側面，すなわち主体者的(「自由」)意思のにない手としての人間 Mensch が，人格 Person である．純粋に物質的関係として現われるところの商品交換は，この主体者的側面においては，「自由」な意思というモメントにおいて成立つところの人格的な関係である(物質的関係の「人格」化)．——右の諸点を要約するとつぎのようになる．すなわち，一つの人間対人間の関係としての商品交換の規範関係においては，その論理的構造は，第一に私的所有権(商品交換の静的基礎，権利の私的モメントの定在 Dasein)，第二に，契約(商品交換の動的過程，権利の社会的モメントの定在)，第三に，人格(相互に媒介しあっているところの私的所有権と契約との，且つその両者を統一し且つその基礎・起点たるところの，所有権の私的性質の・人間における定在)．

　商品交換の規範関係を構成するこれら三つの基本的カテゴリーは，特殊な抽象的性質をもっている．さきにのべたように，商品の交換においては，商品の外にある人的関係はその構成的な要素ではない．すなわち，そこでは人的関係は捨象される．商品交換の構成的な要素となるのは，ただ商品に内在する物質的関係のみである．まず，交換される商品の有用的性質(使用価値)が相互に異っていることが要件となる．しかし，それは交換の動機である．交換の過程そのものの内部においては，対立する商品は，ただ「価値」Wert として，その具体的現実的な有用的性質を捨象して，関係しうるのみである．だから，商品交換の過程の内部における，人間対人間の関係およびそこでの規範関係したがってその基本的カテゴリーとしての私的所有権・契約・人格は，質的なものから捨象された単なる量的カテゴリーとしての「価値」を中心とするところの，抽象的存在である．

(23頁〜26頁)

β2　　二　近代的人間の意識一般の基礎規定は，まず自分が独立の・他の何びとにも隷従

しない主体者であるという自己意識であり，つぎに，他のすべての人間もまた自分と同質的な主体者であることを認識し尊重するところの社会的な意識，要するに，社会的な規模において存在し且つ社会的に媒介されたところの主体性の意識である．その法的世界における側面・現象型態，すなわち近代的法意識は，第一には，人は自分自身の固有の支配領域をもつという意識，第二には，このような意識が社会的規模において，社会的に媒介されて存在し，すべての人が互いに他の人の固有の支配を尊重しあうという意識，である．

（1） 人は何れもみな自らに固有な支配領域をもつという意識――それは抽象的に表現され観念されるときには，「自由」の意識に外ならないが――は，近代法の基礎をなしている．近代法的な権利義務というカテゴリーは，かような意識に支えられた場合にのみ現実的存在となり得る．

自らの固有な支配領域の意識は，何よりもまず，人が外界的自然に対してもつところの支配において，現実的具体的となる．近代的所有権は，だから人の主体的自由の・物的世界における客観化としてあらわれる．現実においては，逆に近代的な所有の中に，近代的な精神の自由が基礎づけられているのに．所有権は，決してただの物質的な世界そのものではなく，それは同時に「自由」の精神的な世界を媒介し且つそれによつて媒介されており，所有権をとおして主体者の「自由」が実現されている．所有権の侵害は，単なる物質的な利益の侵害にとどまらず，主体者の人格的利益，その精神の自由の侵害として意識される．したがつて，その侵害に対し戦うことは，人間の主体者としての権威を維持し回復するところのものとして，高い精神的倫理的価値をもつている．イエリングが言うように，近代法秩序はすべての人々のかような意識，その現実の発現たる「権利のための闘争」Kampf ums Recht によつて維持され得るのであり，もし人々にかような主体性＝「権利」の強い意識乃至感情が欠けているときには，法は踏みにじられ，正義は地におちてしまうのである．

所有権が，人の固有の支配領域として意識される場合にはじめて，各人の所有権の範囲は明確に意識せられ，特殊＝近代的な「公」と「私」との分化の基礎が確立される．所有関係の明確化は近代的法律関係の一つの特質であり，それが所有関係――ひいては法律関係一般――における合理的精神の支配を可能且つ必然ならしめているのである．

わが国においては――特に農村においては――，このような意識が相当広汎に欠けているか或いははなはだ微弱である．特定の種類の物の所有者は，単に人間としての「自由」を意識するだけでなく，人間的に種類のちがう・優越した地位において自らを意識し且つ他人もまたそうである（地主・商店主・家主．株式会社型態をとる大資本所有者においても）．別のことばで言えば，所有権は「自由」の意識の上に合理主

82   第1章　社会と規範

義精神の上に基礎づけられないで，義理や人情などの支配的・協同体的な情緒と深く結ばれている．と同時に，所有権の侵害は必ずしも人格の侵害として意識されない．所有権を「権利」と主張することは，多くの場合「人情的」でないとして非難せられ，むしろ「穏便に」すませることが賞揚せられ，時には泣きね入りになることがあたり前と感ぜられている．また所有権の限界は明確に意識されないし，むしろ明確にしないで，その時その時の精神的雰囲気によって「何となく」きまつたり，また「何とかしてもらう」ことを愛好する．このような意識が支配するところでは，権利を主張し権利関係を明確にすることを職業とするところの弁護士は，職業としては，愛好されないのももつともである．

(65頁〜66頁)

II　テクストの背景

　text 1-9 の著者・我妻栄(1897-1973)は戦前戦後を通じて東京大学教授，20世紀日本民法学を代表する学者であった．体系書『民法講義』の解釈論は長く通説的な地位を占めてきた．text 1-9『近代法における債権の優越的地位』は我妻の代表的な論文として名高い[51]．もともとは東京帝国大学における民法第2部(債権及び担保物権)講義の開講の辞を発展させた論文であり，昭和初年に公表されたものである．

　我妻は，「資本主義の発達に伴う私法の変遷」を辿るという課題意識の下，三つの方向から「現在の資本主義社会においては債権(金銭債権)の方が所有権に勝っている」と説明している．第一に，所有権による支配が現在では効力を弱め，債権による支配がとって代わってきている(第2章「所有権の支配的作用と債権」)．第二に，あらゆる財産に債権の弁済を確保する担保権が見い出される(第3章「財産の債権化」)．第三に，債権が資本主義経済組織を支える(第4章「債権による経済組織の維持」)．以上をふまえて結論部分では，「所有権の絶対」の是非は問題の中心でなく本当に問題なのは「金銭債権の威力」であるとした上で，金銭債権による経済統一とその統制のバランスを考えてい

---

51)　この論文に関する座談会として加藤一郎ほか「資本主義経済組織の法律的構造——我妻栄『近代法における債権の優越的地位』をめぐって」ジュリスト 50 号(1954)．なお，近年の評価として，星野英一「我妻栄『近代法における債権の優越的地位』あとがき」同『民法論集 第6巻』(有斐閣，1986)，瀬川信久「我妻先生と金融ビッグバン」学士会会報 828 号(2000)．

第 4 節　日本民法学の成果　　83

かねばならないとしている.

　text 1-10 の著者・川島武宜(1909-1992)も東京大学教授であった. 戦後盛ん
になった法社会学のリーダーとして知られる. 民法学者としては師の我妻にチ
ャレンジする見解を述べることが多い. text 1-10『所有権法の理論』は東京
帝国大学での 1942, 1943 年度の「民法第 1 部特別講義」をもとにする.「民
法第 1 部」は総則・物権を対象とするが, 戦後も川島の民法講義は所有権論
から始まった[52].

　text 1-10 は 5 章からなるが, 第 1 章で所有権に関する概説がなされた後,
第 2 章では近代的所有権の論理的構造とその成立の歴史的過程が説明される.
第 3 章では近代的所有権の観念性とそれが近代法の構造に観念性をもたらし
たことが指摘される. 第 4 章では近代的所有権が契約を媒介として現実に社
会に現れる過程の説明がなされ, 続く第 5 章では資本としての所有権が(民法
学の域を超えて)近代資本主義・市民社会において一般的な基礎の役割を果た
すことが示される.

III　テクストの分析

1　マルクス主義経済学の影響の下で

　我妻も川島も指導的な民法学者であったが, text 1-9, text 1-10 はいずれ
も民法を独立に考察の対象にするのではなく,「作用的関係」や「現実的な諸
関係」を重視する姿勢を見せている. もっとも, 実定法学の枠内になお止まろ
うというものであることは, これらのテクストの出自からも理解される.

　前節で一言したように, 20 世紀日本の法学, 特に民法学はマルクス主義,
特にその経済学の影響を強く受けたが, 我妻や川島もその圏内にある. という
よりも彼らは, マルクス主義の影響を受けつつ経済との関係で法の変化を論じ
た代表的な論者である[53]. もっとも text 1-9 が, 産業資本から金融資本へと

---

52)　川島武宜『民法 I 総論・物権』(有斐閣, 1960)を参照.
53)　川島は 1987 年刊行の本書の新版巻末の解題で, マルクスの『資本論』と『ドイチェ・イデオ
　　ロギー』の一般理論から示唆を受けたとしている. これと対比するならば, 我妻に関しては, ヒル
　　ファーディングの『金融資本論』との親和性が指摘されるだろう.

いう変化との関係で，債権法の変化を動態的・実践的に把握しようとするのに対して，**text 1-10** は，（近代以前と対比される）近代的所有権の在り方を原理的・批判的に提示するものである．かつての宇野派経済学[54]の用語を借りるならば，我妻が段階論に定位するのに対して，（川島はこれを批判的に受け止めて）むしろ原理論に定位する必要があるとする．あるいは，我妻が労農派的な立場に立つのに対して，川島は講座派的であるとも言える．

2　方法論的な特色

text 1-9 の引用部分 α はテクストの冒頭部分である．前述の通り「民法のそれぞれの制度を，その社会的作用を中心として考察すること」の重要性を説く．その際に我妻が目指すのは指導原理の抽出であり，依拠するのは動態的な視点である．あわせて我妻は，債権が所有権より新しく発生した考えであることと，債権の登場により未来の時間も考慮した人間の経済活動が可能になったことを指摘している．最後の指摘は我妻の分析枠組を支持しなくても意味を持つ．

text 1-10 の引用部分 α もテクスト冒頭のはしがき部分である．ここで川島は，近代的所有権の理解に向けての基本的な姿勢を明確に示している．やはり前述の通り，「法的現象を現実的な社会的個人の間の諸関係に還元する」ことが示されている．川島は法解釈学の科学性を承認しつつ，ここでは法社会学的立場から出発する．法社会学は法解釈学よりも科学性の強い学問であることが前提とされているが，実際に展開される議論は実証的というよりは思弁的（解釈的）なものであることに注意する必要がある．

3　所有権から債権へ，あるいは二つの債権について

text 1-9 の引用部分 $\beta 1$ は第 2 章に位置し，四つの観点からの所有権の分析（不動産，生産設備，商品，貨幣）をまとめる部分となっている．資本主義経済

---

54)　宇野派経済学の全体像を示すものとして，宇野『経済原論』(岩波文庫，2016)のほか，『経済学大系』(全 8 巻)(東京大学出版会，1960-65)．なお，宇野弘蔵に関する研究として，バージェイ『近代日本の社会科学——丸山眞男と宇野弘蔵の射程』(NTT 出版，2007)など．

の発展の過程で他人への支配の度合いが強まるほど，所有権ではなく債権の方が大きな影響を及ぼすというまとめがなされている．たとえば商品は，所有そのものよりも売却して代金債権を得ることが重要になる．引用部分 β2 は第 5 章に位置し，第 1 章～第 4 章のまとめを受けて，債権を「所有権に従属して作用を発揮する債権」と，「所有権から独立発展して作用を発揮する債権」に二分している．特に金銭債権を後者に分類し，資本主義経済組織が発達する中で金銭債権が大勢力を形成すると述べる．そしてそのような金銭債権がどのように所有権と対立するかがまとめられる．

　引用部分 γ は text 1-9 の最後の部分である．「金銭債権の威力」が問題の中心であると述べた上で，金銭債権の支配の下で被支配者に無制限な支配が及ぶのを防ぐべく，関係者による金銭債権の共同管理に向けて法理論をいかに修正するか，自動的に社会化された金銭債権の支配力をどのように国家がおさえるかが今後の研究課題であるとしている．

4　近代法の 3 要素，あるいは近代的主体の欠如について

　text 1-10 の引用部分 β1 では，近代的所有権は私的性質と社会的関連の分離・再統合という特殊な歴史的構造を持つとする．その上で，資本主義社会ではすべての物(商品)，人，そしてその関係が生産関係に適用され，ここにおいて，商品交換のシステムは，商品を「価値」という量的な存在としたうえで，人と物との私的静的基礎としての「私的所有権」，人と人との社会的動的過程としての「契約」，これらを結びつける起点となる「人格」の三つの抽象的な要素から構成されるとする．近代的所有権はこの私的所有権のみを指し，これが特殊性の所以であり，また，観念性をもたらすことを指摘する．

　引用部分 β2 では，主体的人間としての法意識が日本人に欠けているため，近代法秩序が成立しがたいことを説明している．法意識とは人々が法以前に持つ規範意識のことで，それぞれの歴史的社会には固有の法意識があり，法規範はこの法意識に支えられたものでなければ法として機能しない．近代的な法意識とは，相互的な主体性の認識を持つ「市民」が，それぞれ固有の領域を持ち相互にその支配を尊重しあうという意識である．この法意識に支えられた近代的所有権は主体者の「自由」の実現に関わるはずだが，「義理や人情などの支

86　第1章　社会と規範

配的・協同体的な情緒」に深く結び付き，その侵害が「人格の侵害として意識
されない」(主に農村の)日本人の法意識に支えられた所有権とは相容れないと
する.

5　我妻・川島の実践的なスタンス

　我妻は，ワイマール共和国の社会民主主義に親近感を抱いていたと言える.
実定法としての民法の動きを捉えながら，債権の優越的地位が金融資本による
独占を導く経緯を描き出したが，この推移をそのまま承認するのではなく，共
同管理と国家の介入によって制御しようと考えていた. この考え方は戦後の
『経済再建と統制立法』(有斐閣，1948，OD 版，2001)にも引き継がれている. 他
方，川島は，戦後民主主義の担い手の一人となった. 特に，主体の問題への着
目は，丸山・大塚と並ぶ「近代主義者」としての面目躍如たるものがあった.
川島はこの観点に立脚して，日本の近代化の不十分さを指摘し，現状への批判
を展開することとなった.

　川島の原理論には切れ味鋭いものがあったが，批判の対象たる「前近代的
な」戦後社会が消滅すると，その影響力は衰えざるを得なかった[55]. 我妻の段
階論そのものも今日ではやはり影響力を失っているが，その中に含まれた個別
の分析には，今日でもなお妥当するものがある.

6　我妻・川島の遺産と今後の課題

　我妻・川島の遺産は対象レベルのものと，方法レベルのものとに分けて考え
る必要がある.

　対象レベルでは，債権法(金融法)の際限なき高度化が進んでおり，これに対
する歯止めは次々と無効化されている. また，所有権法(不動産法)の周辺化は，
知的財産や人体・環境といった財を視野に入れた新しい財産法の構築を促して
いる[56]. こうした状況の下で，我妻が示唆した対抗的社会観を再構築すること，

---

55)　同様に生じた丸山の影響の後退につき，伊東祐吏『丸山眞男の敗北』(講談社，2016).
56)　現状の法技術的分析としては，吉田克己・片山直也編『財の多様化と民法学』(商事法務，
　2014).

あるいは，川島が提示した近代的な市民像を拡張再編することが，今後の課題となるだろう．その際に必要なのは，「市民法＝資本主義法」の二重構造を持っていた戦後日本のマルクス主義法学の伝統を改鋳して，その良質の部分を承継するということだろう．これはマルクス主義的な歴史学に関しても求められていることかもしれない[57]．

　方法レベルでは，我妻や川島のようなマクロな法＝社会理論を，今日，展開することは可能であるのか，また，必要であるのか，という問題が重要である．この点については，第1部の結章(および補論)で改めて考えることとして，ここでは，我妻や川島の試みを継承する企てがないわけではないことを指摘しておく．我妻に関しては，彼自身による『法学概論』(有斐閣，1974)に着目する必要がある．これは我妻による戦後日本法＝社会論であったと言える．川島に関して言えば，広中俊雄『民法綱要第1巻』(創文社，新版，2006，初版，1989)がその試みの延長線上に位置づけられる．広中にはポスト戦後の意識が感じられる[58]．なお，text 1-9 や text 1-10 に比べると，両者はともにより実定法寄りである．これらの点についても，いまは指摘するにとどめ，その意味の検討はやはり第1部の結章(および補論)に譲ろう．

---

57)　これは，text 1-9 を高く評価した遅塚忠躬『史学概論』(東京大学出版会，2010)の後に，どのような歴史学が現れるかということでもある．

58)　大村「広中俊雄の民法体系論──『人の法』構想を中心に」法律時報 2015 年 8 月号．

第2章

規範と適用——応用研究としての民法学

第1節　法的推論——「民法における論理と利益衡量」

I　テクストの提示

text 1-11　加藤一郎『民法における論理と利益衡量』(有斐閣, 1974, 初出, 1966)

α1　　**二　概念法学における法の完結性**

　概念法学における三段論法の内部に立ち入ってみると, 大前提としての法規ないしは法が, どういうものとして理解されているかが問題となる.

　そこでは, 法は, まず, 自己完結性ないしは完結性(Geschlossenheit)をもち, 法の欠缺はありえないとされる. すなわち, どのような事件が起こっても, それに適用されるべき法はあらかじめ存在しており, 法にはすきまがないというのである.

　たとえば, 不法行為による損害賠償についての, 「故意又ハ過失ニ因リテ他人ノ権利ヲ侵害シタル者ハ之ニ因リテ生シタル損害ヲ賠償スル責ニ任ス」という規定(民709条)について考えてみよう. これは, 過失責任主義の規定であるが, そこではまず, 立法者が, 立法の当時に社会に起こるであろうと考えられたすべての事件を念頭において, 過失責任主義を採用したのかどうかが, 問題となる. 立法者は, 立法当時に予想された主要な問題のみを念頭におき, 例外的なものは無視して立法することが少なくないからである. 過失責任主義についていえば, 民法の制定された1896年(明治29年)当時でも, 炭鉱のような危険な事業や鉄道のような危険な交通機関が存在しており, それらについてまで広く過失責任主義を適用するのが妥当であったかどうかは問題があったはずである. もっとも, 当時はまだ危険責任などに基づく無過失責任主義の提唱はなかったし, かりにそのような主張があったとしても, 立法者は産業の保護・育成の見地からそれをしりぞけたかもしれない. それはともかくとして,

90 第2章 規範と適用

立法者が起こりうるすべての事件を念頭におかなかったとすれば，それは立法者のあやまちであり，法理論には本来影響のないことだといって，この点はすますこともできよう．

それでは，立法当時予想されなかった新しい事象が生じたときはどうだろうか．不法行為についていえば，自動車や航空機などによる事故の増加や，原子炉からの原子力事故などは，立法当時予想されなかったものである．また，他方では，責任保険制度による危険の社会的分散と結びつきながら，無過失責任の拡大の傾向が現われてきている．このような民法の立法者の全く予想しなかったことについても，概念法学は，そこに法の欠缺はなく，民法709条の過失責任主義が当然に適用される，と説くことになる．これらのうち，自動車については1955年(昭和30年)に自動車損害賠償保険法が，また，原子力事故については1962年(昭和37年)に原子力損害の賠償に関する法律が，それぞれ制定され，無過失責任ないしはそれに近い責任が認められているが，概念法学によれば，そのような法律が制定されるまでの間は，既存の民法709条が，文字として適用があるという形式的な理由だけで，それらに適用されることになるのである．これは，特別法のない航空機については，現在でも，然りである．

このような場合にまで法の欠缺がないと強弁するのは，事実に反することであるが，このようなものが，概念法学の考える法の完結性である．もっとも，概念法学に属するとされる人たちの間でも，それは必ずしも国家の制定法の完結性ではなく，制定法には欠缺がありうるのであって，法の完結性は制定法以外の法も含めて考えなければならないという見解が存在した．この見解によれば，制定法以外の法源を承認することになり，制定法の完結性を説くよりは柔軟な態度がとられることになる．しかし，法の完結性の理念型は，やはり制定法(法規)の完結性だといってよいであろう．

(6頁〜7頁)

α2

二　判断過程と三段論法

自由法学は，まず，裁判における現実の判断が，決して概念法学の考えるような三段論法の形をとってなされないことを指摘する．これは，現実の裁判過程に重きをおいたリアリズム法学が，主として明らかにしたところである．それは，アメリカで素人の陪審のついた裁判が原則となっているということと無関係ではなかったが，裁判官も人間である以上，その判断過程にはそれと質的な違いはないといえるであろう．

概念法学によれば，事実×法規＝判決($F \times R = D$，すなわち $Fact \times Rule = Decision$)ということになるが，実際の裁判ではそうではなく，結論が先行する．つまり，その事件をどう処理したらよいか，原告と被告のどちらを勝たせるべきかというような，判断者(陪審員または裁判官)の感触(hunch)が先行するのである．そして，その結論

第 1 節　法的推論　　91

をあとから事実×法規の形で理由づけ，説得力（納得性）をもたせるようにすることとなる．もっとも，はじめに最善と思った結論が，あとでうまく理由づけることができなかったり，理由づけの過程で必ずしも最善のものでないことがわかったりすることがあるが，その場合には，はじめの結論を捨てて次の結論を求め，さらにその理由づけを試みることになる．

　アメリカは，もともとイギリスと同じように，判例によるコモン・ローを中心とする国であるから，必ずしも大陸法のように法規（制定法）があるわけではない．しかし，アメリカでも判例で確立された法原則や法原理（rules and principles）があり，それが既存の概念法学（"formal law"）では大陸法における法規と同様に拘束力をもつとされていたのである．そこで，広く法規ということばを使えば，このような事実×法規＝判決という三段論法の考え方は，法的訓練の方法としては意味があるが，それを判断の型として信奉することは，創造的思考を妨げ，ありきたりの型にはまった結論を導き出すことになる．法規や法原則が役に立つのは，結論を引き出すためにではなく，感触で得られた結論の当否を検証したり，感触に対して示唆を与えたりする点にあるのである．

　感触によって得られた結論の理由づけは，事実と法規の内容を変え，またその組合わせを変えることによって，かなりの程度まで自由にすることができる．実際に，訴訟事件の依頼を受けた弁護士が，依頼者に有利な結論を，右のようなしかたで理由づけようと試みることは，誰でも知っていることである．裁判官は，結論がはじめから与えられているのではない点で，弁護士とは異なっているが，しかし，結論はまず感触によって探し求めるのであり，あとの理由づけのしかたは弁護士の場合と質的に異なるものではないのである．

　以上のようなリアリズム法学の主張は，裁判過程を事実として分析したものであって，裁判過程はこうあるべきだという当為としての主張までを必ずしも含むものではない．また，すべての裁判官がはっきりそう意識して判断し，理由づけをしているともいえないのであって，無意識的に，あるいは，そうすべきではないと思いながら，事実としてそうなっている場合も少なくないのである．しかし，経験科学の立場から見て，事実がそうだというのであれば，その事実を隠蔽して，事実×法規＝判決とみせかけるよりは，率直にその判断過程を明らかにした上で，その判断内容の当否を論ずべきだということになるであろう．また，事実としてそうなってしまうものを，事実×法規＝判決という三段論法の形で判断しなければならないと説いてみたところで，実際には意味がないわけである．

　このように，事実と法規，とくに法規が，結論を拘束し，それを生み出す基準とならないものとするならば，それに代わって何を判断の基準とすべきかが次に問題とな

92　　第2章　規範と適用

る．それが裁判官の全人格的判断だといっただけでは，裁判官の感触というのと五十歩百歩であり，あまり意味がないことになる．　　　　　　　　　　　　　　（14頁～15頁）

β1　　もし法の解釈において，自然科学の真理のように唯一の正しい結論が存在しうるものならば，これほど法的紛争が起こったり，下級審と上級審で意見が分かれたり，最高裁判所の権威のある裁判官の間で少数意見が出たりすることはないはずである．

　　これに対しては，別の立場から，やはり唯一の正しい結論があるとする主張がある．すなわち，正しい世界観による解釈が正しい解釈であるとか，国民の，あるいは歴史の発展に最も資するものが正しい解釈であり，正しい解釈かどうかは歴史によって検証されるとかいう主張が，それである．しかし，そこで使われている「正しい」ということばは，自然科学の真理の正しさとは意味の異なるものであり，ある人が正しいと主張する解釈を，他の人が誤っているとすることは，いくらでも起こりうる．そして，どちらが「正しい」解釈かを検証する方法は，自然科学における実験とは異なり，ここでは存在しないのである．たとえば，正しい世界観による解釈が正しいといっても，なにが正しい世界観かを検証する方法はない．また，歴史がそれを検証するといっても，判断の時点において歴史の発展の方向が細かいところまであらかじめ決定されているわけではない．百歩を譲ってそれが定まっているとしても，ある時点で二つの結論のうちどちらを選択する方が歴史の発展に資するかについては，やはり意見が分かれうるのである．ある人が歴史の発展に沿った正しい解釈だと主張するものが，他の人から見ればそうではないという場合に，どちらの解釈が「正しい」かをきめるきめ手はない．けっきょく，いずれの解釈も，複数の可能な解釈の一つにすぎないのである．それを自分の解釈だけが正しい絶対的なものだと主張するのは，融通のきかない決定論であり，自由な討議を阻害することにもなる．われわれは，正しい結論，正しい解釈ではなくて，妥当な結論，妥当な解釈を求めなければならない．「正しい」とか「正当な」ということばは，「妥当な」という意味ももたせることができるが，誤解を起こすおそれがあるから，なるべく使わないことが望ましい．

　　もとへもどって，法規による理論構成は，結論を生み出すためではなく，それを理由づけるためである．この形式的理由づけは，第一に，結論の（正しさではなく）妥当性を検証するのに役に立つ．はじめの判断過程で見落されていた他の制度との関連や類似の事例との比較が，これによって明らかにされ，はじめの結論を修正したり，それを捨てて他の結論を求めたりすることが場合によっては必要となる．第二に，その理論構成を通じて，そこで得られた結論がどこまでの適用範囲（射程距離）をもち，どこから適用されなくなるかが，明らかにされる．これは，具体的事件の処理には直接に必要のないことであるが，法律論としてはつねに考えておかなければならないこと

である．また，これによって，はじめの結論が再検討されることもありうる．たとえば，ある法規の適用範囲を拡げようとしても，拡げたあとでその適用の限界線がうまく引けないような場合には，裁判の管理・処理（administration of justice）という点から見ると望ましくないことなので，適用範囲の拡大をあきらめるということも起こりうるわけである．第三には，理論構成によってその結論の説得力が増加する．人間の思考様式として，一般原則に結論が還元されること，いいかえれば，一般原則から結論が理由づけられるということは，それが偶然的・恣意的な判断でないことを示すことになり，結論の妥当性についての信頼感を与えることになる．これは必ずしも見せかけや欺まんではなく，結論の形式的検証によって，バランスのとれた結論だということが実際にも保障されることになるわけである．

　以上のような理由づけのしかたは，概念法学の上から下への演繹的論理に対して，下から上への帰納的論理の形をとるものである．そして，人々は，仮説としての結論とその検証としての理論構成との試行錯誤の過程を経て，最終的な判断に到達することになる．そして，すぐれた法律家になればなるほど，法的判断方法のうちで血となり肉となっている部分が多くなるから，この二つの過程も，切りはなしてではなく，一体として行なわれることになるはずである．　　　　　　　　　　　　　（30頁〜31頁）

三　裁判官の思考様式

β2

　それでは，裁判官，とりわけ日本の裁判官は，どのようにして結論を出し，どのようにしてそれを理由づけているであろうか．以下は著者の試論である．

　まず，一方の端には，概念法学派ともいうべきものが考えられる．これは，判断過程においても，法規が事実に適用されて唯一の正しい結論が引き出されるということを，信奉する人たちである．そこでは法規の拘束力は絶対的と考えられ，法規以外の要素を考慮することは不純であるとして排斥される．その人たちの生活態度は，厳格で融通がきかず，閉鎖的であるはずである．庶民の頭に描く裁判官は，いまだにこの姿のものであろう．

　これに対して，他方の端には，自由法学派ともいうべきものが考えられる．これは，法規の拘束力の絶対性を否定し，判断過程では，前述のように，法規によってではなく，利益衡量による実質的妥当性に基づいて結論を求め，それを法規等によって理論構成する．しかし，その場合に，結論が実質的判断によって得られたことを隠蔽せず，理論構成とともに，結論の実質的理由づけも判決理由の中で明らかにするように努める．この人たちの生活態度は自由であるとともに，確信にみちたものであるはずである．

　この両者の中間には，中間派が存在する．それは，右の自由法学派と同様の判断過

94　第2章　規範と適用

程と理論構成の過程とを経ながら，実質的な判断過程を隠蔽し，概念法学の説くように，あたかも法規から結論が演繹的に引き出されたかのように装う人たちである．その中には，本来は概念法学の判断過程をとるべきだと考え，自分もそうしていると思いながら，無意識的に自由法学のやり方で結論を出している人たちと，自由法学の判断過程が妥当だと考え，それによりながら，判決としてはそれを隠蔽しそれが唯一の結論であるかのように説明することが，——法学の伝統や，判決の権威の上から，あるいはまた，上級審で判決を破られないために——望ましいと考えて，意識的にそういう態度をとっている人たちとがありうる．これらの人たちは，自分の結論に都合のよい法規や判例を引くとか，法規の解釈・適用について類推・擬制など各種の技術を用いるとかして，結論の正当化をはかっている．その生活態度は，ある意味で偽善的といえるかもしれない．

　これらのうちで，第一の概念法学派は，今日でもある程度残っているが，それほど多くはないであろう（しかし，案外多いのかもしれない）．これに対して，第二の自由法学派は，アメリカには存在しても（ホウムズ，カードウゾ，ブランダイスなどの著名な裁判官はそうであったといえる），わが国ではほとんど見あたらない．これは，わが国で，判決の中では形式的理由だけを述べるべきであって，それ以外の実質的理由は述べるべきでない，という概念法学的拘束がきわめて強いためである．これに対して，わが国で大多数を占めるのは，おそらく第三の中間派であり，その中ですぐれた裁判官は意識的にこの方法をとっているが，多くの裁判官は無意識的に（あるいは，気づいてはいても明確な自覚なしに）この方法をとっているのではあるまいか．

　以上は著者のいちおうの臆測である．そこで，これからは，わが国でも，自由法学派の判断方法を意識的・自覚的に用いるとともに，判断の実質的理由を隠蔽することなく，形式的理由とともに判決の中で論述するようにしていくことが必要である．つまり，法規から唯一の正しい結論が引き出されるのでないとすれば，法規からの形式的説明だけでは判決の理由づけとしては十分ではなく，その結論を選択するに至った実質的理由をあげなければならないことになる．それは，同時に，判決が裁判官の判断であり，複数の可能性の中からの選択であることを明瞭にさせ，その決断についての裁判官の責任を明らかにすることにもなるわけである．　　　　　　　　　（32頁〜33頁）

text 1-12　平井宜雄『法律学基礎論の研究』(有斐閣，2010，初出，1988-90)

α1　　裁判所が社会の必要や欲求に応えてきているという事実をみる限り，単なる論理的

演繹によって判決を導き出すという「演繹理論」の考え方は，裁判所が現実に行う司法的決定過程を必ずしも正確に描き出したものではあり得ない．さらに，「演繹理論」は，ある二つの事件の事実関係が全く同じということはあり得ないという点を考慮しておらず，また，法の適用よりも裁判官が事件をどのように性格づけるかということの重要性を認識していない．さらにまた裁判官を拘束する予め定立された法などというものは存在し得ないことを認識していない点でも誤っている．むしろ判決は，裁判官の直観ないし彼の人格または感情や好みによって生み出される．

　しかし，ワッサーストロームによれば，そもそも「司法的決定過程の性質は何か」という問そのものが両義的(ambiguous)である．なぜなら，司法的決定過程の性質という問は，二つの全く異なったものを意味するからである．その一つは，「判決や結論が生み出されるに至る仕方に関するものであり，他の一つは，与えられた判決または結論が正当化し得るかというものである」．たとえば，C・ビアードによれば，アメリカ憲法の起草者は有産階級の出身であって，彼等はその階級的利益の多くを新しく生まれる政府の枠組み〔すなわち合衆国憲法〕に永久に固定しようと望んだ，ということであるが，起草者の動機に関するこの説明は，憲法が望ましい，または正当とされる政府を作り出したかどうかという問題については何事も答えていない．憲法の価値の評価は起草者の動機を知ることと全く独立になし得るのである．

　ワッサーストロームによれば，「演繹理論」に対するリアリズム法学の批判の誤りは，明確に区別されるべきこの二つのプロセスを混同したところにある．すなわち，三段論法によって判決が導き出せないのは彼等の批判のとおりかもしれないが，だからといって三段論法が判決の正当であることを論証し，それをテストする役割を果たしていないということはできない．「発見のプロセス」という，真か偽かをもって答えられる〔心理学的〕事実の問題と，論証の形式妥当性という「正当化のプロセス」の問題とが，そこでは混同されているのである．形式論理が限られた役割しか果していないからといって判決には直観で決まるような非合理的要素が内在しているのだと論結することはできない．両者は，全く別の問題である．

　こうして，「司法的決定過程の性質は何か」という問は，「発見のプロセス」が何かを問うているのか，それとも「正当化のプロセス」を問うているのか，のいずれであるか，が明確にされなければならない．そうでなければ意味のある議論をすることは困難であるか不可能である．ワッサーストロームはこのように強調し，右の意味における彼の研究は，「正当化のプロセス」をもっぱら論じるものであることを明らかにする(その帰結については後述(3)参照).

　ワッサーストロームが述べているように，「発見のプロセス」と「正当化のプロセス」とを区別する必要性は，司法的決定に限られずいかなる決定についても要請され

96 第2章 規範と適用

る．後述のように，ポパーに至っては，さらに広く，知識の一般理論たる認識論のレベルにまで，これを一般化して論じており，このことは前述のとおり現在の科学哲学の常識と化していると言ってよい．しかし，法解釈論を論ずる場合には必ずしもそうでないように見受けられる．以上においてこの区別をやや立ち入って説明したのはこのためである．

(73頁〜74頁)

α2　**2 「心理主義」批判**

「学者中心主義」のもう一つのコロラリーは，「心理主義」，すなわち，「発見のプロセス」と「正当化のプロセス」との未分化，という特色である．私の考えるところでは，法学教育の観点からみて，戦後法解釈論の最も批判されるべき点は，この「心理主義」にあると思われるのであるが，「心理主義」の支配はいまなお強固のように見える．すなわち，「心理主義」の一つの典型は，アメリカのリアリズム法学の主張の中にみられるが，来栖理論・川島理論・「利益考量論」とも，リアリズム法学の主張——もっとも，リアリズム法学といっても種々のものがあるので一概に言えないが，ここでは，フランクを代表とするところの川島理論に見られるような影響の源と規定しておこう——に影響を受け，あるいは好意的であることは注目に値する．しかも，リアリズム法学発祥の地において，リアリズム法学とは何であったか，それが残したものはいかなるものか，がくり返し問われているのにもかかわらず，わが国では影響のみが語られて，影響の当否自体が論じられていることはほとんどない．なぜリアリズム法学が強い影響を与えたのであろうか．

　私の考えるところによれば，第一に，この問は「心理主義」を支える基盤は何かという一般的な問題へとつながっている．かつて私は，丸山眞男教授の指摘に示唆を受けて，リアリズム法学がわが国でかくまで容易に賛同者を得た理由を，わが国の思考様式の中に存在するイデオロギー批判の伝統にあるのではないかという推測を述べたことがあるが，ここでもそのことをくり返しておきたい．すなわち，議論の相手方の主張の論拠そのものあるいは論拠を支える事実の存否そのものを争うというのではなく，「背後にかくされた動機や意図の暴露を通じて批判する様式」たるイデオロギー批判は，「心理主義」の一形態なのであり，この伝統が根強いところでは「心理主義」の典型たるリアリズム法学は，容易に受容され得る土壌を見出したのではないか，というのが私の推測である．それに加えて，「言挙げ」を嫌うわが国の文化的伝統，ソフィストから中世に至る弁論術の伝統あるいはキリスト教におけるごとき教理問答によって解決するという伝統の不存在等の学問的伝統の差異をも挙げることができるであろう．

　第二に，リアリズム法学が受容された原因は以上のような一般的土壌のほかに，法

第1節　法的推論　　97

律学固有の領域に関して述べるならば，法律学者(とくに民法学者)が新しい考え方や主張を考え出す際の有力な手がかりとしての役割を果したからだと考えられる．すなわち，「学者中心主義」と結びつきつつリアリズム法学は「発見のプロセス」において有用だからこそ受容されたのだと推測される．リアリズム法学的な思考様式が新しい問題発見の原動力となった例が数多いのは，これを示すものである．

(126頁〜127頁)

β1　　かつて私は法的思考様式が現代の意思決定理論にとって有する意義を論じ，数学的・工学的・経済学的意思決定理論は，「正義」という価値に立脚するところの法的思考様式によって再構成される必要があること，それこそが行詰りにあるこれらの意思決定理論の再生の道であること，を説いたことがある．それが正しいとすれば，法的思考様式と表裏をなす「議論」の現代的意味もこれと同様の文脈であらためて強調されなければならないことになる．何よりも現実が「議論」の重要性を雄弁に語っているように私には思われる．今日ではどんな大国でも，かつてのいわゆる「砲艦外交」のように物理力や暴力で自己の意思を押しつけることはきわめて困難があり，同様に国内問題の解決においても，価値の多元化した現在では，一定の目標の権力的な押しつけではなく，事実と論理に基づく「議論」による合意ないし交渉による問題解決の重要性が減少するとは思われない．しかも，すでに述べたように，法律家の行う「議論」に着目することは哲学・倫理学・論理学において盛んとなってきている．その内容について一概にこれを論じることは困難であるけれども，それぞれの分野の抱える問題を解決する上において，「議論」に興味が注がれたことはたしかであり，われわれは法律家の活動が蓄積してきたものの現代的意味にあらためて気づかされるのである．

　　以上にかんがみると，「議論」の重要性は今後大となりこそすれ，小さくなることはないのであり，そうだとすると制度としての「議論」を教育するほとんど唯一の場である法律学がこれに着目するのは，単なる問題提起以上の意味をもつものと私は考える．

　　それでは，「議論」に基づいて構成される法律学像は，もう少し具体的には，どのようなものとなるのであろうか．

　　第一に，前述のように，「議論」が制度化されているのが法律家における「議論」の特殊性だとするならば，――「社会学的方法」でもなく「科学」でもなく「価値判断のヒエラルヒア」でもなく――そのような制度的枠組により多くの注意が払われなければならない．すなわち，「議論」の客観性が事実に基づく主張―反論―再反論というプロセスの中で保障されると考えるならば，そのようなプロセスがすべての人

に対して開かれており，その中で自由に批判的に「議論」が行われるような仕組みを維持し，拡充し，作り出していくことの重要性が，法律家養成に際して強調されなければならない．同時に，制度である以上「議論」を「効率的」に行うための各種の工夫——前述した——の維持・改善に対してもっともっと多くの関心が持たれるべきである．つまり，何らかの法律論の提唱は，いかなる場合でも法律論が展開される「場」への関心と結びつかなければならない，というのがここでの法律学像なのである．ということは，「議論」への着目は最終的には法制度設計の理論を要求していることになる．その理論の一般的内容については，すでに論じたことがあるので，ここでは立ち入らない．

　第二に，「議論」に基づく法律学像は，法律家として「議論」に参加する者の倫理に重大な関心を払わなくてはならない．右に述べた「議論」の制度もこのような「議論」の倫理に支えられていなくては無意味であること言うまでもないからである．「議論」が法的思考様式の反面である以上，「議論」の倫理とは，結局法律家の倫理に帰着するが，だからといって私はここでたとえばアメリカ法曹協会の Canons of Judicial Ethics におけるような具体的な規定を念頭においているわけではなく，あくまで「議論」からいわば理論的に導かれるもっと抽象的な規範の提示を意図している．そのような倫理を命題化すれば，次のようになるであろう．

　(a)　最初に挙げるべきは，「ある主張に対しある反論が提起されたとき，その主張を表明した者は，暴力と沈黙とによって答えるのではなく，必ず事実と論理とに基づく根拠を示してその反論に答えなければならない」というルールである．これを「合理性ルール」と呼ぶことにしよう．このルールは，根本的には，武力に訴えるかわりに第三者の介入による紛争解決の途を選んだという，法的思考様式を発生させるところの紛争解決法式の社会学的構造に由来し，それだけに「議論」を支える最も基本的なルールと考えてよいであろう．

　(b)　次に，「合理性ルール」によって要求されるところの「議論」の根拠ないし理由すなわち W または B は，次の要件を備えなくてはならない．「ある C を支える W または B は，同じ D から導かれる C である場合には，いかなる反論に対しても常に同一でなければならず，その間に矛盾があってはならない」．これを「整合性ルール」と呼ぶことにしよう．このルールは，法律家の「議論」を支える法的思考様式の構造の反映にほかならない．すなわち，それが要求する「正義」の規範——「等しき者は等しく扱え」というルール——の「議論」の場における発現形態である．

　(c)　「議論」の倫理を示す最後のルールは，『議論』を行う場・機会・能力が等しく与えられていることが C の前提とされなければならない．すなわち，この前提の欠如をもって W もしくは B とする C，または右の前提がみたされない者に対する C

は正当化され得ない」というものである．これを「適格性ルール」と呼ぶことにしよう．このルールは——いわゆる「適正手続」の考えはこの反映であるが——根本的には，相互に他を圧倒できない資源を有する者の紛争が法的思考様式を要求する，という紛争の社会学的構造に求められるものである．

　第三に，「議論」への着目が戦後法解釈論の内包する非合理主義の克服のために必要だとするならば，「議論」に基づく法律学像は，「良い法律論」と「悪い法律論」との区別の基準を与えるものでなければならない．私の専門の関係上，例を民法の分野から選んで，「議論」の構造を根拠としてこの区別の基準を導き出してみよう．

　まず前提として，「良い法律論」であるには，法律家一般に共通する特有の思考様式——つまり，法的思考様式あるいは「正義」という規範の遵守（それは「議論」の倫理に具体化されている）——に基づき，かつそれを支える特有の言語体系に翻訳された言明でなければならない．とくに法律学特有の言語の用語法に従わない言明は，言うまでもないことながら，「良い法律論」か否かを判断する以前に，そもそも法律論たり得ないのである．この前提がみたされた上で，「良い法律論」と「悪い法律論」との区別の基準を考えると，次のとおりとなるであろう．　　　　　　　　　（164頁〜166頁）

β2　　以上が「議論」に基づく法律学像の概略である．くり返すならば，「議論」を支える制度と「議論」に参加する者の遵守すべき倫理とそこから導かれる「良い法律論」如何に関する基準の重要性に着目しつつ法律的知識を体系化して伝達し，新たな法律論を生みだすアイデアを刺激しよう，という法律学像である．法律家養成のための法律学像は，私の考えでは，少なくともこのような要素を含むものであるべきだと考えるのである．念のため，次の点を付言しておきたい．

　第一に，私は，「正統理論」や「利益考量論」の依拠する考え方が全面的に排除されるべき旨を主張しているわけでは決してない．法律学者を含めた法律家一般が，ある新しいアイデアや一つの解釈上の提案を主張するとき，それによって解かれるべき問題をどのようにして把握するに至ったかという「発見のプロセス」を明らかにするのは，主張に伴う義務でもあり，また「発見のプロセス」が明らかにされることによってそのようなアイデアや提案は一層説得力を増し，あるいは批判をひきおこし，知識の進歩にとって有益であろう．したがってそこにおいて「正統理論」や「利益考量論」の考え方が活躍することを否定しているわけではないし，何よりも私自身これらの業績に教えられてきたのである．私の主張は単にこうである．そのようなアイデアや提案が法律家一般の利用に供されることを目的としている以上，必ずそれらは法律家同士の「議論」において武器として用いられ，弁護され，反論を受ける可能性があるのであって，そのことを視野の外においた法解釈論の主張は法学教育にとって有益

100 　第 2 章　規範と適用

とは言えないのであり，戦後法解釈論はこの意味で，そしてこのような意味における
かぎりで，有害であった，ということなのである．

　第二に，私は，「議論」に基づく法律学像を主張するからといって，研究に従事す
る法律学者が「議論」に関わりのない一般的・基礎的なアイデアを発見し主張するの
を否定しているわけではない．「議論」と関わりのない自由で創造的な学問研究の世
界が存在することは言うまでもない． (171 頁)

II　テクストの背景

　text 1-11 の著者の**加藤一郎**(1922-2008)は日本の民法学者で，元東京大学教
授．1962 年と 1967 年にそれぞれ一年間アメリカのロースクールに留学し，ア
メリカ法学がリアリズム法学[59]の影響を受けて柔軟な考え方を展開しているこ
とを感じ，法律論の実益を重視する考え方への傾斜を強めた．2 度目の留学か
らの帰国後，大学紛争の渦中にあって東大総長を務めた．また，法制審議会民
法部会長や国民生活審議会会長を務めたほか，新しい問題の動向に敏感で[60]，
日本交通法学会，人間環境問題研究会，医事法学会，金融法学会，日本生命倫
理学会など新学会の設立に尽力するなど，法学界のまとめ役の役割を担った[61]．
　text 1-11『**民法における論理と利益衡量**』は『不法行為法の研究』(1961)に
つづく加藤の第二論文集である．第 1 部「民法学の方法」には，「法解釈学に
おける論理と利益衡量」のほか方法論的な論文が集められ，第 2 部では「民
法学の課題」と題して巨視的な観点から財産法・家族法が論じられ，第 3 部
「民法の解釈」では個別的な解釈問題が扱われている．全体を通じて，問題ご
とに具体的な利益衡量を重視する考え方に貫かれている．中心論文である「法
解釈学における論理と利益衡量」は，『岩波講座・現代法』に発表されたもの
である．同講座はマルクス派・非マルクス派の相乗りによって成り立っていた

---

59)　当時の代表的論者として，J・フランク(『法と現代精神』〔弘文堂，1974〕，『裁かれる裁判所』
　　〔弘文堂，1970〕)など．
60)　加藤一郎『不法行為』(有斐閣，改訂版，1974，初版，1958)は，加藤の問題思考をよく示して
　　いる．
61)　特に公害法の形成に貢献した(加藤一郎編『公害法の生成と展開』〔岩波書店，1968〕，『外国の
　　公害法(上下)』〔岩波書店，1978〕，『公害法の世界的展開』〔岩波書店，1982〕)．

が，加藤のこの論文はマルクス派からも近代派からも攻撃を受けた．もっとも，そのことは党派を超えた議論が可能な基盤があったこと（講座はその表れでもある）を示しているとも言える．

　text 1-12 の著者・平井宜雄(1937-2013)も日本の民法学者，元東京大学教授．助手論文などをまとめた『損害賠償法の理論』(東京大学出版会, 1971)は，戦後の民法学(特に民法解釈学)を代表するものの一つであり，その中で提示された保護範囲論や過失一元論はその後の不法行為法学の標準理論になった[62]．また，不法行為法学の延長線上に「法政策学」を提唱したことでも知られる[63]．「法政策学」については第2章第4節で別途検討するが，その内容は学際的な知見に基づき構成されている．なお，結論として伝統的な法律学を擁護するtext 1-12 の主張もまた，それ自体は法学の外部の知見によって支えられていることに留意する必要があろう．

　text 1-12『**法律学基礎論の研究**』は平井の著作集の第1巻．著作集全体は3巻構成であり，第1巻で法律学に関する一般的な問題を扱い，第2巻で不法行為法を中心に論じ，第3巻にはその他の論文が集められている．text 1-12 の主要論文である「法律学基礎論覚書」(正・続)は，戦後日本の法解釈論において主流を占めるに至った「利益考量論」が，法学教育ないし法律家の養成に少なからぬ悪影響を及ぼしている(＝「法律家らしく考える think like a lawyer」能力の養成を妨げている)ことを指摘し，その上で，法学教育上重視されるべきことは，「議論による問題解決」であると主張するものである．「法律学基礎論覚書」は 1980 年代に東大法学部でなされた法哲学のオムニバス講義をもとにするが，学生を相手に語ったことが，平井を利益考量論に基づく法学教育への批判へと導いた面もある．この批判に対しては星野英一から反論がなされ，星野＝平井論争(第2次法解釈論争)[64]が展開されることとなった[65]．

---

62)　その内容は平井宜雄『債権各論 II 不法行為』(弘文堂, 1992)にまとめられている．

63)　平井宜雄『法政策学』(有斐閣, 第2版, 1995, 初版, 1987)にまとめられている．

64)　これに対して，第1次法解釈論争と呼ばれるのは，来栖三郎「法の解釈と法律家」私法 11 号 (1954)に端を発する論争．

65)　星野の側の反論は，同「『議論』と法学教育──平井宜雄『法律学基礎論覚書』について」同『民法論集 第8巻』(有斐閣, 1996, 初出, 1989).

102　第 2 章　規範と適用

III　テクストの分析

1　法適用における形式論と実質論——リアリズム法学をめぐる攻防

　法規範を適用して紛争を解決する際には，法的推論がなされる．法的推論は
「法的三段論法」とも呼ばれる．すなわち，法規範(P ならば Q であるという
形をとる．P を要件，Q を効果と呼ぶ)を大前提，事実に関する包摂(p は P で
あるという形をとる．これを P と性質決定するという)を小前提として，当該
事実につき法的効果が導かれる(p は Q である)．この推論は論理的な推論に
似ているともいえるし，そうでないともいえる．前者の立場に立てば結論は一
義的に定まることになる(論理のレベルで，すなわち形式論で決着する)のに対
して，後者の立場に立つと決してそうではない(論理以外のレベルが，すなわ
ち実質論が重要である)ということになる．前者の立場が概念法学と呼ばれて
きたものであり，後者の立場は自由法学と呼ばれてきた[66]．

　日本の民法学においては 20 世紀を通じて，後者の考え方が有力になってき
た．加藤(および星野)の利益衡量(考量)論[67]はその到達点をなすものであるが，
20 世紀末に至り，この流れに対して平井からの批判がなされることになった．
加藤も平井もアメリカに留学し，加藤はリアリズム法学の影響を受けて，平井
はこれに対する批判を抱いて帰国した．

2　加藤の利益衡量論——法の欠缺の承認と利益衡量による結論

　text 1-11 の引用部分 $\alpha 1$ では，概念法学は法的推論の大前提としての法規
ないしは法について，自己完結性ないしは完結性を前提としていることが指摘
され，そのような考え方は柔軟性を欠くとの批判が加えられている．加藤は，
無過失責任の拡大の傾向を例として挙げる．すなわち，概念法学が説くように
法の欠缺を認めないとすると，特別法が無過失責任を認めていない限り，民法

---

66)　法解釈の方法をめぐる学説史について，瀬川信久「民法の解釈」『民法講座　別巻 1』(有斐閣，
　　1990)，山本敬三「法的思考の構造と特質」『岩波講座　現代の法 15』(岩波書店，1997)．
67)　加藤は「衡量」，星野は「考量」という用語を用いる．以下，それぞれの議論に言及する際に
　　はそれぞれの用語法に従うが，両者をあわせて論ずる場合には，いちいち「衡量(考量)」とせずに
　　「衡量」で統一する．

が定める 709 条の過失責任主義が適用されることになるが，はたしてそれが妥当かというのである．引用部分 α2 では，現実の裁判過程を重視したリアリズム法学の知見に基づき，実際の法的判断の仕方は三段論法に則して行われているものではない，すなわち，法規から結論が導かれているのではない，と指摘している．

引用部分 β1 においては，法の解釈において「唯一の正しい結論」はあり得ないとして概念法学の演繹的論理を排し，法規による理論構成は結論を生み出すためではなく，あくまでも，結論の妥当性を検証し，その結論の適用範囲を明らかにする，そして結論の説得力を増加させるためであるとの主張がなされている．続く引用部分 β2 においては，（当時の）日本の裁判官の思考様式を，純粋な概念法学派，純粋な自由法学派，中間派の三つに類型化したうえで，なお，大勢が概念法学派に傾斜していることを批判し，これからは法的判断においても，判決理由を示す際にも，意識的・自覚的に自由法学派のやり方を取り入れていくべきだと主張している．

3　平井の「法律学」論──価値としての議論・制度としての議論

text 1-12 の引用部分 α1 では，ワッサーストローム（Wasserstrom）の議論に基づき，text 1-11 引用部分 α2 においてなされている概念法学に対するリアリズム法学の批判は「発見のプロセス」と「正当化のプロセス」とを混同していることが指摘されている．ここでいう「発見のプロセス」とは「ある言明にいかにして到達したのか，という心理学的プロセス」を指し，「正当化のプロセス」とは「その言明の正当化のプロセス」を指す．引用部分 α2 は，戦後日本の法解釈論における「正統理論」（「科学としての法律学」を志向し，「利益考量論」を導くもの）に対する五つの批判的分析（「学者中心主義」「心理主義」「未分化主義」「社会学主義」「直結主義」）のうち，「心理主義」に関する部分である．そこでは，戦後日本の法解釈論においてリアリズム法学が影響を持った理由が，日本における「イデオロギー批判の伝統」と結びつけられている．

引用部分 β1 では，当時の法学教育における「非合理主義」（法律上の問題解決の試みを言明の形で主張し，それに対し反論を受けることをどこまでも尊重する，という態度と反対のもの）を克服するための指針として，「『議論』によ

る問題解決」を前提とする法律学像を描きだしている．そして，「議論」こそが価値の多元化した世界において求められるものであり，「議論」こそが法律家が蓄積してきたものであるとしている．その上で，引用部分 β2 では，「発見のプロセス」における正統理論・利益考量論の意義や，「議論」とは無縁の研究の意義を否定するものではない旨が注記されている．

4 加藤・平井が想定する法的推論の構造
【追加引用部分】
text 1-11

Y　根本的には二つ見方があると思うのです．第一は，裁判官が事実を下のほうから眺めて結論を出す，そして，それを法規なりあるいは判例まで遡り，そこからジャスティファイする，そういう自由法学的ともいうべき裁判の仕方がある．第二には，それと逆に，事実を今度は遠くのほうに置いて，裁判官が上のほうから法規あるいは判例を通して眺めて結論を出す，そういう概念法学的ともいうべき見方があるわけです．

　これはさっき山本さんも言われたことだと思いますが，第一のような見方をとって，得られた結論をジャスティファイするラショナリゼーションの方法として判例を使うという場合には，判例の拘束力ということは直接問題にならないのではないかと思うのです．そして，第二の概念法学的ともいうべき見方，つまり法規なり判例に則って裁判をしなければならないと考えた場合にはじめて判例の拘束力ということが問題にな

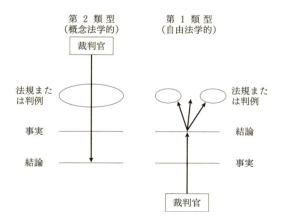

裁判官の判断の類型

第1節　法的推論　　105

るのではないか．別の言葉で言いますと，裁判官が，ほんとうはほかの判決をしたいのだけれども，判例に拘束されなければいけないからこういう判決をしたのだという場合にはじめて判例の拘束力ということが問題になる．そうではなくて，判例がたまたまなくたって同じ結論が出るというのであれば，判例の拘束力ということは問題にならない．これは，法規の拘束力についても同じことが言えると思うのです．そこで，川島先生が判例の拘束力とおっしゃる場合にどこを捉えていわれるのか，つまり，事実として同じような結論の出た判例がたくさんある場合に，それが前の判例に拘束されている，前の判例が機能してそういう結論が出ているというようにそれを因果関係でつなげて見るのか，そこら辺の関係がよくわからない．
(57頁)

text 1-12

γ　(4) ところで，Wには各種のものがある．DとのくみあわせだけでCを相手に受け容れさせるほどの権威をもつものもあるだろうし，各種の条件を付してはじめて受け容れさせることのできるものもあろう．後者におけるように，一定の範囲でのみWに論拠たり得る資格を与えるように限定するものを「限定句(qualifier)」と呼び，Qと表示する．前述の例で，Qとは何かを示すならば，こうである．すなわち，ハリーがバミューダ生まれというだけではただちにイギリス国民と断定できない場合には，一定の条件の下で「多分イギリス国民であろう」という言明にならざるを得ないが，その場合の多分(presumably)がQである．そして，右の一定の条件となる例外を「反駁句(rebuttal)」と呼び，Rで示す．すなわち，ハリーがバミューダ生まれであっても両親が外国人であればイギリス国民ではないという場合には，「両親が外国人でなければ」というのがRにあたる．

以上のような「議論」の構造をトゥールミンにしたがって図示すれば，図1のようになり，トゥールミンの挙げる例にしたがってこれを例示すれば，図2のようになる．トゥールミンがくり返し強調しているように，これらが法律家の行う「議論」の構造と対応していることは，以上の説明だけからも読みとれる──たとえば，Cに「貴方は私に金百万円を支払うべきである」，Dに「貴方との間に交わした契約書の存在」，をあてはめてみよ──であろう．

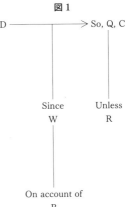

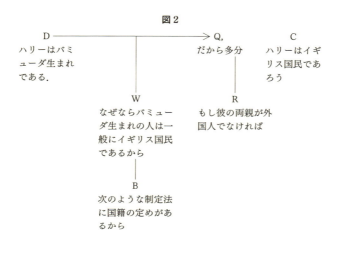

(66頁)

　加藤・平井がそれぞれ想定する議論の構造をより明確にするために，text 1-11 と text 1-12 の一部を追加的に紹介・検討しよう．text 1-11 の引用部分 γ は，「裁判官の判断」の構造を類型化したものである．加藤は，概念法学的な裁判官が，法規（または判例）から出発して事実をこれにあてはめて結論を出すのに対して，自由法学的な裁判官は事実から結論を導いた後で結論を正当化するために法規（または判例）へのあてはめを行うというのである．これに対して，text 1-12 の引用部分 γ は，「議論」の構造に関するトゥールミン（Toulmin）のモデルによって「当事者による議論」を説明しようとする．すなわち，D ならば（たぶん）C である，という主張の論拠 W に対して，これを基礎づけるものが B であるとする．

　平井が援用するトゥールミン・モデルは，B が法規範，W はその解釈，そして D が事実であり，W と D から C を導く点では法的三段論法と変わらないようにも見える．トゥールミン・モデルの特徴は D から出発してひとまず C を導いたあとで，理由が争点となれば W, B が呼び出される点にあるが，このプロセスは加藤の自由法学的な裁判官と同じであるとも言える．おそらく，異なるのは次の 2 点であろう．第一に，紛争に解決が与えられるのは，加藤モデルでは裁判官の決定によってであるのに対して，平井モデルでは当事者が

相手方の理由づけに異議を唱えなくなることによってであること．第二に，法規(または判例)ないし理由に対して，加藤は外形的な・回顧的なものであるとするのに対して，平井は本来的な・投企的なものであるとすること．

5　表層の差異と深層の差異

加藤もともかく法規範への包摂の意味を認めているし，平井も理由として援用されるのは法規範だけであるとしているわけではないので，確かに両者の差は見かけほどには大きくない．また，平井も議論で決着がつかない場合には，裁判官を召喚せざるを得ないのに対して，加藤の判断方法は裁判官のみに独占されているわけではなく，当事者も同様の論法で裁判官に働きかけることができるはずである．

むしろ最大の対立点は，(順接・逆接と形は異なるが)二人にともに影響を与えたリアリズム法学へのスタンスにある．加藤はルールには決定を導く力はない(ルール懐疑主義)，ルールによって導かれている結論の背後には何らかの事情があると考えて，その「何らかの事情」を明るみにだそうとする．これに対して平井は，共有できる理由づけを求めて議論がなされるべきであるとする．

しかし，ここでも「共有できる理由づけ」は加藤と平井によって共有されているともいえる．ただし，加藤は実質論のレベルでこれを求めるのに対して，平井は形式論のレベルでこれを求める．結局のところ，実質論をもとに構成されているはずの形式的なルールに一定の信頼を置くか置かないか．この点において両者は対立していると言えよう．

108　第2章　規範と適用

第2節　「解釈論」の位相——「近代法のあり方」と「祈りの心」

I　テクストの提示

text 1-13　星野英一「民法解釈論序説」同『民法論集 第1巻』(有斐閣, 1970, 初出, 1968)

α　　判決は，必ずある利益を一定のしかた・程度で保護し，他の利益を一定の程度で斥けたり，ある価値を一定の程度・しかたで実現し，他の価値を一定の程度・しかたで斥ける結果となる，ということである．つまり，法律適用の前提としての法の解釈は，必ず，一定の利益・価値を保護し実現するという機能・意味を持っているということであり，これは，法の解釈についてどのような考え方をとっても認めざるを得ない客観的事実である．学者のする法の解釈にあっても，ある法規をこう解釈すべしと主張するときには，その根拠として意識され，述べられることが，全く言語学的，ないし論理的なそれであるとしても，客観的には，ある利益・価値を一定の程度・しかたで保護し実現せよといっていることに等しい．法の解釈が価値判断を含む実践「である」ということの意味は，右のように理解されるべきであり，この意味においてこの命題は，もはや否定することができないと考えられる．

　　ここから，つぎの実践的帰結が生ずる．第一に，解釈者は解釈に対し社会的責任を負わなければならないのであり，解釈にあたってその責任を自覚しなければならない．これこそが，来栖教授が戦後，法の解釈には価値判断を含むという主張をされたときに，その実践的帰結として言おうとされたことであろう．第二に，それならば，解釈は，正面から価値判断によって行ない，少なくとも，結論を導くに至った根拠につき，価値判断に由来する面と，「理論構成」を考慮した面とをはっきりわけて示す必要がある．このことによって，論点がより明らかとなり，議論のためのより客観的な基礎がきずかれるのである．もちろん，判決などにおける解釈論は，当事者および一般人に対する結論の説得という目的が強いので，説得方法としての有効性から，右のようにはできないことがあろう．しかし，少なくとも，裁判官は右のことを意識しているべきであり，学者の議論は，これを明示してすべきである．

　　三　ところで，このことをさらにつきつめると，つぎのことがいえるのではあるまいか．すなわち，利益考量や価値判断の面においては，法律家に特に権威があるのではない，ということである．法律家なるが故の権威は，法律の技術的側面，例えば論

理の進め方とか，概念・制度の沿革的な意義とか，いわゆる理論構成の面についてだけである．利益考量・価値判断については，法律家といえども，一市民として，または一人間としての資格においてすることしかできない．

　ところが，この点は，素人によってしばしば誤解されるのみならず，法律家によっても誤解されていることがあるようである．そのため，一面，法律家が不当に尊重されて，法律に関係する問題ならば権威があるかのように，意見を求められたりするが，他面，法律自体が嫌悪されたり敬遠されたりする結果となっている．このような誤解には，種々の原因があり，国によっても程度やそのあり方が異なり，素人側にも責任があろうが，その原因の一半は，法律家自身にあるのではなかろうか．つまり，法律家は，法律家なるが故に自らの価値判断も素人より優れたものであると思いがちではないだろうか．そうでなければ幸いである．　　　　　　　　　　　　　　　　（6頁〜7頁）

β　### 三　価値判断による民法解釈の方法

　一　抽象的な「法解釈論争」から，民法解釈学に目を転ずると，わが民法学には，いくつかの特色があるように思われる．

　まず，古くからの傾向としては，つぎのことが挙げられる．第一に，あまり条文の文字を尊重しないこと，第二に，立法者または起草者の意思をほとんど考慮しないこと，第三に，積極的には，特殊な「理論」に基づいて体系的・演繹的な解釈をすることである．この理論が，ドイツ法学のそれであることは断わるまでもあるまい．一言でいえば，条文の文字や立法趣旨をあまり考慮せず，持ちこんだ「理論」をあたかも法律そのものであるかのように説いて，そこからより具体的な帰結をひき出しているのである．学生時代に教師から，一方で条文をよく読めといわれながら，他方で条文のどこを探しても出て来ない難しい「理論」を教え込まれて，これを条文といかに関係づけるかに当惑した経験を持つ法律家は，少なくないのではあるまいか．

　右の具体例を挙げよう．民法に文字がなく，起草者もその要件を入れないつもりであったのに，それがあるように解釈している事例としては，109条につき第三者の善意無過失という要件を加えたり，415条前段と541条に，「債務者の責に帰すべき事由」という要件を加えるなどがある．反対に，同じようにして条文の文字を今度は狭く解釈している例として，570条の「売買」を「特定物の売買」と解しているなどがある．さらに，条文の文句とはかなり離れた言いかえをしている例として，110条の「権限アリト信スヘキ正当ノ事由」を「権限のないことについての故意過失」とし，415条後段の「責ニ帰スヘキ事由」を「故意過失またはこれと同視すべき事由」としているなどがある．要するに，民法典の内在的な検討を十分にしないで，よそから十分な反省なしに持ってきた「理論」を民法の解釈として主張したことが特色であった．

これは，フランス民法に由来することの多い民法の規定・制度を，ドイツ民法に由来すると誤解ないし軽信したことによるようでもあるが，その理由は未だ十分明らかであるとはいえないようである．

これに対し，最近の有力な傾向は，後に述べるように，「近代法のあり方」を解釈の基準とするものである．両者は，一見全く異なるようであるが，実は，根本の態度にかなりの共通性が見られる．すなわち，民法典の文理や，立法当時に与えられた内容について理解しようとする意向が少ないこと，および，演繹的な論理を主として用いることである．

二　(1)　筆者としては，二の二に述べたとおり，解釈の決め手になるのは，今日においてどのような価値をどのように実現し，どのような利益をどのように保護すべきかという判断であると考えている．しかし，より具体的な順序としては，まず，一方，文理解釈・論理解釈を行ない，他方，立法者ないし起草者の意思を探究することが基礎的作業として必要であると考える．このさい，文字・文章のすなおな意味をできるだけ尊重して，先に挙げたような形での言いかえを軽々しくしないようにし，ついで，立法者・起草者の意思を調べ，それらの解釈で今日差支えないか否かを考えようとするのである．

(2)　なぜ文理解釈をまず重んずるかというと，法律とは，素人がこれを見て自分の行為の法律上の効果を知り，そのような効果を期待しまたは避けるべく行動するものだからである．これこそが民主的社会において法文が公布されることの理由であると考えられるので，できるだけ素人の感覚・期待に合致するような解釈をするように努めることが，法律家にとっても重要であると思う．

(3)　「論理解釈」の語も，かなり異なった意味に用いられているようである．ここでは，同じ言葉や表現はできるだけ同じように解釈すること，他の関係条文との関連などを考えて，法規が論理的に矛盾のない体系をなすように解釈することとしておこう．そうすれば，なぜこれをまず考慮するかは，文理解釈について述べたのと同じであるといえよう．

(4)　立法者ないし起草者の意思を検討することは，法律の立法された時における意味を確定することであり，基礎作業として有益である．従って，文理が一義的に明快でないような規定や，二つ以上の規定の関係があまりはっきりしないような規定はもちろん，その他の規定についても，とにかくそれがどのような価値・利益をどのように実現・保護するために作られたかを知るために，この点を調べることが望ましい．これは，解釈の一つの手がかりになることが多い．特に特別法の規定については，かなり有効である．もっとも，以上の作業は，現在における解釈にとって，必要なことではない．現在どう解するかは，専ら現在における価値判断の問題である．しかし，

法律の解釈である以上，独り言ではなく，関係者に対する説得であり，条文との関係を説明する必要がある．このさい，いきなり価値判断のみを述べるのでなく，文理上はこうなるがこれこれの理由でこう解するのがよい，とか，立法のさいはこういう状況を前提とし，このような価値判断のもとに作られたが，状況がこう変ったり，社会一般の価値判断がこう変ったので，別個に考える必要がある，というように説明するのが説得力があると思われる．その限りで，これらの作業は解釈の「十分条件」であると考えられる．

　(5)　このさい，従来わが民法学においてとられたドイツ法学式の理論構成は，法規の文理解釈ないし論理解釈にすなおに対応しない限り，できるだけ排除するほうがよいと考える．これに対しては，「一種の法実証主義」であり，「民法の理解」としてはとれない，との批判がある．しかし，筆者がこの方法をとる実質的な根拠は，右に述べたように，法律はできるだけ素人が理解する意味に近く解釈することが，民主的社会における法律の解釈のあり方だと考えるからである．　　　　　　　　　　（9頁〜12頁）

γ1　　そこで問題は，価値判断の客観的妥当性とは，人々の熱望にすぎないのか否かである．これは，恐らく哲学の最も難しい問題の一つであって，筆者には十分に答える能力がない．ただ，筆者は，価値そのものの客観的妥当性を認めたいと考えている．しかも，単に抽象的な価値ばかりでなく，あるていど具体的な価値につき，その客観性を認めてよいものがあるのではないだろうか．つまり，歴史において，いくつかの価値は次第に認められてきて，ついにはもはや何人も（気狂いでない限り）否定することができなくなるようになるのではないだろうか．人間の尊厳，平等，精神的自由など，いくつかのものを挙げることができるのではないかと思われる．これらの価値が，大昔から認められていたとはいえない．しかし，いったんそれが人類の共通財となった後は，将来においてこれらが否定されるとはとうてい考えられない．また，いったん，認められた今日，過去においても，もっと早く認められるべきであったと誰しも考えるのではないだろうか．

　　そして，どのような価値が今日の人類の，狭くとも日本人の否定することのできない共有財となっているかについて，より具体的に検討する仕事が残されているのではないかと思われる．従来，わが学界では，価値をめぐる議論の煩しさを恐れてか，法の解釈は価値判断であるといわれながら，価値論そのものは不当に軽視されていたように思われる．しかし，この問題を避けることは，特に技術の人間に及ぼす力が絶大となり，人々が真の価値・理想を求めている今日において，法学特に法哲学の重大な責務を怠ることになりはしないだろうか．　　　　　　　　　　　　　　（44頁）

112　第2章　規範と適用

γ2　　六　右に述べたことは，価値（判断）そのものの客観的妥当性一般についてであり，法特に民法の解釈にさいして，ある価値が客観的妥当性を持つということから一義的にある解釈が正しいと論ずべきだということを意味しない．むしろ，反対である．民法においては，ごく微妙なより具体的な利益の調整・価値の調和実現が問題となるのであって，人間の尊重とか，近代化とかいった抽象論だけでは，具体的な問題についてどちらの解釈をとるべきかは決まらないことが多いからである．従って，法律の特定の解釈が客観的に妥当であり，他の解釈が誤っているときめつけるべきではない．われわれは，個々の解釈ができるだけ客観的に妥当なものであるよう努力し，その時点ではいちおう最上と信じて解釈するのであるが，果してそれが客観的に妥当であるかを判定する権限はわれわれにはないのである．

その意味からいって，わが国の若干の裁判官にあるいは存在するように見られる傾向には，強い疑問を覚える．すなわち，ある人々は，自分のくだす各個の判決が正しいと信じ，他からの批判をあまり問題にしていないように見える．しかし，これは，かなりに危険な態度である．このような裁判官には，「裁くなかれ」という言葉の含蓄をもう一度味わってほしいように思われる．その判断が公権力によって実現されるというきわめて強い力を持つ裁判や行政において，裁判官や公務員の態度としては，一方，判断にさいして客観的正しさに従うよう努力すると共に，他方，すでにした判断の正しさについては，謙虚にならねばならないと思われる．どうしてそうたやすく自分のした判断が正しいと思いこめるのだろうか，全く不思議である．この意味で裁判官，広く法の解釈者には，謙虚な「祈り」の心が要求されるのではなかろうか．

（46頁）

text 1-14　広中俊雄「現代の法解釈に関する一つのおぼえがき」同『民法論集』（東京大学出版会，1971，初出，1969）

α　　二

法の解釈についてはワクがあり，そのワクを認識する仕事は「価値判断ぬきで」可能であるとされる．しかし，「ワク」という言葉で何が考えられているかは，一般に，必ずしも明瞭でない．「ワク」論はケルゼンの名とともに有名であるが，ワクとは何かという論議はまだ掘り下げてなされていないとみるのが事実の認識としては正しいように思われる．

かつて私は，「ある解釈はそれ自身として論理的一貫性をもたなければならず，ま

た法体系全体に対して論理的に矛盾しないものであることが説明されうるのでなければ
ならない，というワク」しか存在しない旨を述べた．これに対して，加藤新平教授
は，「論理的無矛盾性の要請……はたしかにワクのミニマムな，そしていわば形式的
な要素ではあるが，これで以て『ワク』は捉えつくされるのだろうか」との疑問の提
示（さしあたりは疑問の提示のみ）をされたが，私は，それをはみ出したものを法の解釈
とよびえないところのものを意味するためにワクという言葉を用いるのが適当である
と考え，そのようなものとしてのワクは前記のもの以外にないとの考えをその後も維
持している．しかし，私がいうようなワクなら，それを認識する仕事が価値判断ぬき
で可能であるとあえて強調するまでもないであろう．「価値判断ぬきで」といわれる
以上，あらかじめなんらかの評価基準を忍びこませておいて「これがワクだ」と言う
ような話でないことも明らかであるが，では「価値判断ぬきで」認識する仕事が可能
であると強調するにあたいするものがあるとすれば，それは何であろうか．

　それは，解釈者の選択に対する事実的拘束であろう（ここにいう「事実的」は「論
理的」に対する意味）．私は，そのようなものの科学的認識が可能であり有益である
ことを認める．かつてラスキが，裁判官のなしうる選択の範囲はリアリストが思って
いるよりもせまいのだということを指摘したとき，そこで示唆されていたのは，私の
いうワクの中で裁判官（国家の権力機構の一環としての裁判所の要員）がなす選択に対
する事実的拘束であったと考えられるが，そのような事実的拘束の存在（＝仮説）の経
験科学的検証が可能であるばかりでなく有益であることは疑いない．また，私自身，
「他の規定要因とは一応別に制定法の文章そのものが選択を拘束する」メカニズムの
経験科学的分析の必要性を示唆したこともある．最近川島武宜教授が「『解釈』の名
において……主張するところのものが，ことばの『核心的意味』からはなはだしく遠
い場合には，多かれ少なかれその正当性について説得力を欠くのを常とするであろ
う」と言われたとき，そこでは，私の示唆したと同様の経験科学的分析の必要性が示
唆されていたように思われる．

　しかし，総じて，上記のような事実的拘束の問題を論ずる際に「ワク」という言葉
を使うのは適当でない．「絶対的な『わく』ではなく，中心が濃く周辺がうすくなっ
た円のような相対的な『わく』」というような表現は，何が経験科学的分析を要する
問題であるかを不分明にするであろう．ワクと，ワクの中で裁判官その他の国家機関
なり一般市民たる法律学者なりが選択をするに際しての事実的拘束とを，区別して考
えることは，後者は解釈に伴う責任（後述）を解除するものでないということを明確に
するうえでも重要である． （382 頁〜383 頁）

三

ワクを私のいうようなものとして理解するかぎり，それは法の解釈を実質的に制約する意味をもたないといっても過言でない．もっとも，一義的明確度の高い諸命題から成る成文法源の体系について語ることができ，解釈の対立の例としてはある法律の規定の類推解釈か反対解釈かというような対立が思いうかべられる程度であったような時代には，事態はそれほど深刻でなかった．しかし，現代資本主義国家における社会的諸利益のいちじるしい分裂・錯綜は，とりわけ，立法上および解釈上の一般条項の氾濫を導くことによって，事態を深刻なものにしている．ここでは，ある事案の処理（裁判における「法の適用」のみならず即時強制その他の「法の執行」をふくめて）を導く解釈について対立のあることがむしろ常態であり，類推解釈か反対解釈かといったような対立は今や解釈の対立の適例というにふさわしいものではなくなっているといってよい．

法の解釈なるものがこのようなものとなったことに照応して，法解釈学者の間では，ワクの中での選択をどのように基礎づけるかという問題が切実な問題となった．

ところで，この問題をめぐって科学的に論議されうるのは何か．

ある問題に関する可能な諸解釈のうちからの一つの解釈の選択それ自体は，価値判断によって導かれるが，選択されたものが，意図された結果を導く——と同時に意図されていない結果の招来を防ぐ——うえに適合的であるかどうか，ということは，科学的に論議されうることである．この場合，科学的論議は，個々の問題についての解釈という次元においてだけ可能であるわけではない，ということが留意されなければならない．既述のように実践的性格をもつものとしての法解釈学においては，ある学者のする選択ないし価値判断，そしてまた，特にその基準の設定が，その学者の法解釈学の実践的目的を達成する——と同時に意図されていない結果の招来を防ぐ——うえに適合的であるかどうか，ということも，科学的に論議されうることなのである．ところが，この，選択の基準あるいは価値判断の基準をどう設定するかの問題は，必ずしも，このようなものとしては論議されていない．

私の法解釈学の専攻分野である民法の領域で観察してみよう．

民法解釈学における最近の有力な傾向として，「利益衡量」という基準を設定する試みがみられる．それは，最近の星野英一教授の言葉でいえば，「解釈の決め手になるのは，今日においてどのような価値をどのように実現し，どのような利益をどのように保護すべきかという判断である」とするものであるが，そこでは，選択はいくつかの手順をふむにせよ「最後に」は「価値判断(感)によってきめられることとなる」とされる．「決め手」という言葉は，誰もが認めるべき基準を指すもののようにきこえるが，ある「価値判断(感)」をすべての人の認めるべき基準であるとすることは同

教授の立場からいっても正しいといえないはずであるから，この「決め手」という言葉は，個々の解釈者にとっての判断基準を指すものとみるほかない．ところが，選択はもともと解釈者の価値判断によってなされるものなのであるから，さきのような提言は，結局，なんら基準といいうるものを設定したことにならず，かくて，そのような「基準」の提示は，つきつめれば，解釈者への選択の白紙委任を意味することになる．このような「基準」を主張する立場は利益衡量主義とよびうるが，民法の解釈において利益衡量を全く否定する者は今日いないのであるから，より的確には「手放しの利益衡量主義」とよぶべきであろう．

　右のような判断「基準」は，それを説く法解釈学者のどのような目的に対して適合的なのかが，問われるべきであるが，目的は必ずしも明示的に論ぜられていない．星野教授の論稿には「対立する諸価値・諸利益・諸要請」の「調和的実現」といったような言葉がみられるが，このような言葉を手がかりにして目的適合性を論議することは困難である．しかし，民法解釈学は，客観的には，裁判への働きかけという機能をもつものであるから，かの利益衡量主義も，自覚されないにせよ裁判への働きかけとの関連で説かれているものとして論議されなければならない．そして，上記のようなものとしての利益衡量主義は，裁判における解釈者(つまり裁判官)への選択の白紙委任という，自覚されない目的(自覚の欠如は責任を解除しないのであるが)に対して，適合的である．

　私の考えるところによれば，民法解釈学は「国家権力による紛争処理としての裁判に対して評価・批判・指導という役割を有する」もので，「その役割を縮減ないし否定する見解は危険な国家観に通ずる」というべきであるが，このような立場からすると，かの利益衡量主義は，裁判官への選択の白紙委任につらなるものとして，同様に「危険な国家観に通ずる」．しかし，ここでは，是非の評価をするつもりはない．ここではただ，かの利益衡量主義は，民法解釈学の目的として裁判に対する評価・批判・指導ということを自覚的に承認する立場と，究極において対立する，ということに注意を喚起すれば足りる．

　民法解釈学の目的として裁判に対する評価・批判・指導ということを自覚的に承認する立場においては，かの利益衡量主義における無内容な(つまり基準ならざる)「基準」と異なり，実質的に基準たるものの設定が試みられる．このような基準を，ある者は原則的見地といい，ある者は根本的尺度という．そのようなものの一例として，土地所有権対土地利用権の関係その他の具体的諸問題について設定された基準の総括的表現である「近代法のあり方」ともいうべき基準があるが，これについて利益衡量主義の側から批判がなされている．これに対してはすでに反批判も出ているが，批判者は，何よりもまず，「近代法のあり方」といわれているもの(ないしそのような言葉

116 第2章 規範と適用

で総括されうる個別的諸基準)は民法解釈の基準として設定されたものであるということを理解していない点で反批判されるべきであろう．ある学者の設定した法の解釈の基準は，その学者の法解釈学の実践的目的を達成する——と同時に意図しない結果の招来を防ぐ——うえに適合的であるかどうかという角度からだけ科学的に論議されうるのである．

(384 頁〜387 頁)

四

最後に責任の問題にふれておこう．

法の解釈は可能な複数のものの中からの選択であるが，選択が選択者の重大な責任を伴うものであることは，つとにケルゼンが強調したところであり，日本でおくれせに——しかし「国産論争」として——なされた法解釈論争の際にも来栖三郎教授によって責任の指摘はなされた．そして，現代資本主義国家においては，既述のようにワクは法の解釈を実質的に制約する意味をもっていないのであり，人はつねに，責任を自覚することなしには法の解釈をなしえない．このことは，法の解釈の基準の設定についてもあてはまる．

利益衡量を法の解釈の「決め手」とする最近の民法解釈学の一傾向は，もともと解釈者の価値判断によってなされる選択の基準としてただ価値判断を持ち出すに終わるものであり，それが言葉の普通の意味での「決め手」にならないばかりでなく，論者自身にとっての選択の基準とも実質上なりえない結果，論者は，いうところの「調和」に腐心すればするほど，「決め手のない微妙な」(星野教授の愛用される言葉)問題だといって責任ある選択を逡巡せざるをえないことになる．しかし，個々の場合に論者が選択を回避し，そのかぎりで傍観者の立場に立ったからといって(ちなみに，傍観者の立場に立つということは，ウェーバーの言葉を借りれば，自分自身の世界観からの批判，自分自身の理想に立脚した反駁をするのでないがゆえに他人の意欲の評価をする資格をもたないことを意味する)，責任が全く解除されるわけではない．原則的見地を欠くかの利益衡量主義は，自覚されていないにせよ，裁判官への選択の白紙委任につらなる——そこには「裁判官に対する手ばなしに近い信頼」があるのかもしれないが——のであり，このことについての責任が解除されることはないのである．

懇切を期するならば，裁判官への選択の白紙委任がどういう意味をもつかということを論究する必要もありそうであるが，もはや紙幅がないのでペンをおく．

(388 頁〜389 頁)

II　テクストの背景

　text 1-13 の著者・星野英一(1926-2012)は，日本の民法学者，元東京大学教授．戦後初期は，川島武宜が中心として活躍した法社会学が隆盛し，また伝統的な民法解釈学者は戦後改革の解説・啓蒙に勤んだ時代であり，法解釈学の業績は少なく，懐疑の目が向けられていた．そのなかで星野は法解釈の方法を探究し，利益考量・価値判断法学という方法に至った．『**民法論集　第 1 巻**』に収められた text 1-13「**民法解釈論序説**」によって，星野は早い時期に自己の解釈方法論を確立したと言える．

　星野はまず，一般論として，(法律適用の前提としての)「法の解釈」は「必ず，一定の利益・価値を保護し実現するという機能・意味を持っている」とする．このように宣言する点において，星野は加藤とともに利益衡量論の代表的論者であるとされてきた．星野の『借地借家法』は精密な利益考量に基礎づけられた体系書として知られている．

　星野はその後，民法解釈の方法から離れて民法解釈学の方法へと向かうが，星野の民法解釈学，特に概念・制度の沿革的研究は若い世代の研究者に大きな影響を与えた[68][69]．

　text 1-14 の著者・広中俊雄(1926-2014)は，日本の民法学者．法社会学的な研究も多く，警察の実態に関する研究がよく知られている[70]．『**民法論集**』は，最初の論文集『契約法の研究』(有斐閣，1958)の刊行後に書かれた論文をまとめたものである．text 1-14「**現代の法解釈に関する一つのおぼえがき**」は，「法の解釈ないし法解釈学の法社会学的研究のためのおぼえがき」という位置がなされている．

　広中は，法の解釈は複数の可能な解釈の中からの選択であるという認識に立って，法解釈学の特徴をその実践的性格の自覚にあるとしている．法の解釈に

---

68)　瀬川信久『不動産附合法の研究』(有斐閣，1979)や内田貴『抵当権と利用権』(有斐閣，1981)などをはじめとして，多くの研究が現れた．
69)　星野の民法学の現代的意義につき，大村「新しい利益考量法学のために —— ポスト司法制度改革の民法学」星野追悼『日本民法学の新たな時代』(有斐閣，2015)．
70)　『日本の警察』(東京大学出版会，1955)，『警備公安警察の研究』(岩波書店，1973)．

118　第2章　規範と適用

ついてのワクの認識は価値判断ぬきで行われるが，そうして認識された枠内においても，解釈者の選択に対する事実的拘束が生じるとして，科学的認識の可能性・有用性を主張している．こうした立論は，契約法の発展の歴史を解明することによって学界に登場した広中らしいものであると言える[71]．

　広中はその後，不法行為法の体系化から民法全体の体系化へと進み，晩年の著書『民法綱要　第1巻総論』(創文社，新版，2006，初版，1989)では独自の民法理論を展開して，これも若い世代に影響を及ぼした[72]．

III　テクストの分析

1　広中＝星野論争の背景

　狭義の「法解釈」(法適用の前提として法律の意味を明らかにする作業)は実践的な性格を持つものであり，解釈者は自己の解釈に対して責任を負うという考え方は来栖三郎(1912-1998)によって提示され，戦後の民法解釈方法論の基礎をなすこととなった[73]．星野も広中もこの点では一致している．それにもかかわらず両者の間に論争が生じたのは，星野が，広中の説く「近代法のあり方」という解釈基準に含まれる(概念法学と共通する)演繹的な論理を批判したのに対して，広中が，星野らの説く「利益衡量」という解釈基準は，最終的には個々の解釈者の価値判断に依存するものであり，「裁判官への白紙委任」を意味する「手放しの利益衡量主義」であると反論したためである．

　しかし，今日の観点からすると，二人の間には共有されている暗黙の前提で，むしろ今日では必ずしも当然の前提とは言えない点がある．両者の対立点を明らかにすることは，この共通点を照らし出すことにもなるだろう．

---

71)　助手論文である広中『契約とその法的保護』(創文社，1974，初出，1953-54)に始まり，体系書である広中『債権各論講義』(有斐閣，第6版，1994)に至る．
72)　「特集・法における『国家』と『個人』──広中俊雄博士の法学研究」法律時報2015年8月号所収の諸論文を参照．
73)　来栖の関連論文は，同『来栖三郎著作集I法律家・法の解釈・財産法』(信山社，2004)に収録．

2 市民（素人）の領分と法律家（学者）の領分

text 1-13 の引用部分 α では，法の解釈が価値判断によるのであれば，解釈は「正面から価値判断によって行な（う）」べきであり，少なくとも「価値判断に由来する面と『理論構成』を考慮した面とをはっきりわけて示す」必要があるとされている．これにより「論点がより明らかとなり，議論のためのより客観的な基礎がきずかれる」とする．その上で「利益考量や価値判断の面においては，法律家に特に権威があるのではない」として，法律家が不当に法の解釈を独占することに疑問を呈している．反対に，法律家が権威を持って語れるのは，「法律の技術的側面，例えば論理の進め方とか，概念・制度の沿革的な意義とか，いわゆる理論構成の面についてだけである」とする．

引用部分 β では，法の解釈における価値判断・利益考量の重要性から，法の解釈における文理解釈，立法者の意思や立法趣旨の探求，およびそれらの解釈を現在・現実に適用したときに妥当か否かを判断することの重要性を説き，現在の「文理軽視」「立法者の意思の軽視」「理論の積極的使用」を批判し，この文脈で広中の見解をも批判の俎上に載せている．具体的な法解釈の方法としては，なるべく理論構成の部分をなくし，文理や立法者意思にもとづくことを推奨している．これを支えるのは，「法律はできるだけ素人が理解する意味に近く解釈することが，民主的社会における法律の解釈のあり方だと考えるからである」という思想である．

3 価値判断の客観性と価値の客観性

text 1-13 の引用部分 γ1 では，法の解釈における価値判断の客観的妥当性の議論に先立ち，価値そのものの客観的妥当性を認めてよいとしている．「歴史において，いくつかの価値は次第に認められてきて，ついにはもはや何人も……否定することができなくなるようになるのではない（か）」というのである．ここには価値の進化を認める新自然法論が現れている．引用部分 γ2 では，しかしながら，「価値」の客観的妥当性が「価値判断」の客観的妥当性に結びつかないことを指摘し，裁判官や公務員の態度として，個々の判断に際しては客観的妥当性を追求しつつ，すでに行った判断の正しさについては謙虚にならなければならないとして，このことを「『祈り』の心」という言葉に託している．

120　第2章　規範と適用

4　法解釈における科学的要素

text 1-14 の引用部分 α では，実践的性格を持つ法解釈において「ワク」の認識とは区別されて，「価値判断ぬき」で認識可能なものとは何かが問われている．広中はそれは「解釈者の選択に対する事実的拘束」であるとする．この両者を区別することは，「ワクの中で裁判官その他の国家機関なり一般市民たる法律学者なりが選択をする」際の責任という観点からも重要であるとする．

引用部分 β では，現代資本主義国家における利益対立と一般条項の増加によって法の解釈が多様化したことが指摘され，そのような状況の下では，ワクの中での選択をいかに基礎づけるかが重要になるが，その際にも，価値判断によって導かれた選択が意図した結果を生んでいるかどうか，および選択・価値判断，判断基準の設定が，当の学者の法解釈学の実践目的を達成するものであるかどうかは科学的に議論されうるとされている．

そしてこの観点から，「価値判断」を決め手とするというのは，判断基準を設定していることにならない．「それを説く法解釈学者のどのような目的に対して適合的なのかが，問われるべきであるが，目的は必ずしも明示的に論ぜられていない」として，「民法解釈学は，客観的には，裁判への働きかけという機能をもつ」のにこれを実現することができないとして，星野の解釈方法論を批判している．

引用部分 γ では，法の解釈に責任が伴うのはもちろんのこと，法の解釈の基準の設定についても同様であるとする．傍観者的立場に立つことによって，責任は回避されないとする．

5　広中・星野の解釈論の具体例

価値判断に基づく星野の解釈論の典型例としてよく知られているのは，取得時効についての制限的解釈である．ここで星野は，時効は不道徳であるとする基本的な価値判断に依拠している．取得時効が認められるのは，（他人の物を占有する）非権利者を保護するためではなく，（自己の権利を証明することが困難な）権利者を保護するためであるとする．この考え方は特に10年の短期取得時効によくあてはまる（民162条2項）．このような考え方に立つ星野は，時効は証拠の一つであるとしていた旧民法の考え方をありうる考え方として援用

している.

「近代法のあり方」を掲げる広中の解釈論の典型例としてよく知られているのは, 賃借人の信頼関係破壊を物的なものに限る解釈である. たとえば, 賃借物の無断転貸は義務違反になるが(民612条), 広中は, 賃貸人が経済的な不利益を被らなければ解除はできないとした. すなわち, 近代法における契約は交換関係を抽出したものであるので, それが維持されていればよいのであり, 転貸によって当事者の人的信頼関係が損なわれるということは考慮の外に置かれるべきであるとした.

6 民法学者の役割としての裁判への働きかけ

広中は, 星野の利益考量論は裁判官への白紙委任をもたらすと批判し, 裁判への働きかけのために客観的な判断基準を提示する必要があるのであり, そこに民法学者としての責任があるとした. こうした広中の主張には, 裁判は専門家(民事訴訟であれば裁判官と弁護士)によってなされるという専門家主義が窺える. これに対して星野は, 法は市民のためのものであり, 裁判の過程・結果についても市民の理解に開かれているべきであるとしている. この主張の背景には, 裁判をひとつのフォーラムとしてとらえ, 市民はそのなかで(それについて)価値判断を行い, 裁判官はそれに従って法の解釈・判断を行うべきであるとの市民中心主義がある. 星野は, 市民間の議論を促すことに民法学者の任務があると考えている.

二人の主張には, 確かに対立するところがあるが, いずれも民法学者は実際の裁判に影響を与え, わたしたちの世界におけるあるべき法の解釈を実現しようとしているという実践的なスタンスに立つ. 法のうちにありながら法にはたらきかけをしようとする民法学ならではのスタンスである. しかもその際に, 理論構成に惑わされず価値判断を明示すること(星野), 利益考量にとどまらず目的と目的適合性を明示すること(広中)が求められているが, どちらも法規の論理的操作から結論を導くという考え方をとらない点では共通している. 以上の2点において, 二人は来栖以来の戦後日本民法学の伝統の中にある.

また, 広中の「近代法のあり方」は原則的見地であり, 利益考量を認めないわけではない. 他方, 星野は利益考量を経て行われる価値判断の背後に客観的

な価値を措定しているが，その価値から価値判断を導くには「祈りの心」が必要であるとする．さらに言えば，広中の「近代法のあり方」は歴史認識をふまえつつ，これとは切断された形で主体的に定立されるものとされているのに対して[74]，星野の言う「人類の共通財」としての価値も超越的に存在するものとして認識されるわけではない[75]．この点でも二人の隔たりは見かけほど大きくはない．

7　民法学における科学の要素

　星野の「利益考量」には加藤の「利益衡量」とは少し違う意味が持ち込まれている．星野の言う利益考量論は，立法過程の調査や外国法の比較，社会の実態や紛争の事例など様々な事実を考慮したうえで，最終的に裁判や法解釈の決め手となるのは価値判断である，という主張である．そこには，立法過程の探索や外国法との比較などは，妥当な結果を導くうえで有益であるという発想が認められる．他方，すでに述べたように広中は，民法の解釈を法社会学的な検討と結びつけることを企図していた．広中は「ある学者の設定した法の解釈の基準は，その学者の法解釈学の実践的目的を達成する――と同時に意図しない結果の招来を防ぐ――うえに適合的であるかどうかという角度からだけ科学的に論議されうる」とするが，このことの意味を小さく見積もっているわけではない．

　重要なのは，二人はともに法の社会的な側面に注目していたことである．では，社会に対する認識からいかにして法の解釈を導くか．この点でも二人は，事実認識から価値判断を導くことはできないという前提を共有している．しかしそれでも，事実認識は価値判断に影響を与えうると考えている．このことをどう受けとめるのかは，今日に持ち越された問題であると言えるだろう．

---

74)　広中のウェーバー指向は，同「法学とヴェーバー」大塚久雄編『マックス・ヴェーバー研究』（東京大学出版会，1965）などに現われている．
75)　星野の哲学指向は，星野・田中成明編『法哲学と実定法学との対話』（有斐閣，1989）などにも窺われる．

8 共通の前提の消滅？

　ここまで見てきたように，広中・星野間には共通点も少なくなかった．それにもかかわらず激しい論争が生じたのは，星野の側にマルクス＝ウェーバー的な戦後思潮に対する反発があったこと，広中の側にも星野の利益考量論に対する単純化があったことによるのだろう．それにしても，異なる立場の論者の間で論争が成立するだけの共通の前提はあった．論争から30年を経て，広中・星野は共同で民法典の歴史を振り返る出版物を企画することになる[76]．このような共同が可能になったのは，かつての論争の前提そのものが失われつつあるのではないかという共通の危惧感を，二人が持つに至ったからではなかろうか．

---

76) 広中・星野編『民法典の百年Ⅰ〜Ⅳ』(有斐閣，1998)

124　第2章　規範と適用

第3節　判決と法規範——正義と法秩序の間で

I　テクストの提示

text 1-15　兼子一『実体法と訴訟法——民事訴訟の基礎理論』(有斐閣, 1957)

α
　第2章　訴訟制度と法規の生成
　1　民事裁判と法規との関係
　　まず，ここで国家制度としての民事訴訟又は民事裁判の成立と国家法としての実体法及び訴訟法の生成及び発達との関連を考えて見ることとする．現代の国家においては，実体法も訴訟法もそれぞれ整備されて居り，民事訴訟は訴訟法規の定める手続を遵守し，民事裁判は私法を適用して行われることは当然視されている．裁判が国家作用の性質として司法と呼ばれるのも，立法によつて制定される法律を具体的に適用遵守する作用に尽きるという考え方を表わしている．しかしこれは，権力の分立と法治国家という国家体制の面からの観察であつて，民事裁判と法規との本質的な関連を示すものではない．民事裁判は，もともと社会に起る構成員間の私的な紛争を解決調整して社会の平和を保持する要求に基くもので，前国家的な社会の本能的機能であり，これを国家が自己の任務として取込んだところに，国家制度としての民事訴訟の成立があるのである．この際原始的な国家が，最初から全面的に法規を整備した上で，あらゆる事件を取上げて裁判する制度を作つたとは到底想像できないことは当然であり，むしろ，当初は必要止むを得ない最小限度の事件を取上げたのである．しかし，取上げると決めた以上は，手続の準則も解決の規準も決まつていなくとも，裁判はしなければならない．したがつて裁判の規準として法規を前提とし，これを適用して裁判したのではなく，裁判そのものが端的に具体的な法実在の形成として行われた．即ちこの場合は法規範(Rechtsnorm)はなしに，具体的な法(Recht)だけ存在し，個別的主観的な権利の姿においてのみ法があつたのである．しかしこの裁判によつて形成される権利の姿における法も，裁判がくり返されることによつて，それから抽象化と帰納によつて次第に訴訟外に法規範が生成することになる．いわば，法の世界が暗闇の時代は，訴訟制度の窓口で点滅する裁判の燈だけが僅かに法であつたが，その燈光が継続的につき放しになると，窓口から外界が照されて明るくなり，更には照された部分が自ら発光して逆に窓口を照し返すようになつてくるのである．しかし窓口が小さく

その数も少い間は，外界もその窓口の視角内だけしか照されず，又発光もしないのと同様に，法規の生成も訴訟制度の取上げる事件の類型によつて限定された．即ち法規の生成は，訴訟制度の機能を合理化するためであるが，他面その当時の訴訟制度の機能に必要な分野に止まつたのである．現在では，訴訟制度は全部開放された唯一の大きな窓口をもち，それだけに外界の実体法は四方一帯に生成してしまつており，周囲から逆に訴訟制度を照し出している．そのためにあたかも白昼の燈台のように，裁判はただ外部の実体法の光線を受けて輝く反射鏡の役を果すだけで充分のように見えるに至つている．即ち抽象的な実体法を演繹し具体化するだけの機能に尽きるかのようである．しかし，訴訟制度が取上げなければならない限りは，法規がなくとも裁判をしなければならないことは，裁判が司法であるといわれる現在でも変りはないのであつて，このことは近代民法の始祖としてその完備を自負したフランス民法さえも，一方裁判官による一般法理の定立を極力警戒して，法の適用による具体的判断だけを要求しながらも$\binom{同法}{5条}$，法規の不存在不明瞭を口実にして裁判をしない裁判官に対して，司法拒否(déni de justice)の責を負わせていること$\binom{同法}{4条}$にも現われている．このことは更に，スイス民法が法の欠缺の場合，最後には裁判官が自ら立法者として制定するであろう規準によつて裁判すべきことを命じている点に，より積極的に示されている．即ち外部の実体法に陰影がある場合は，裁判もその原始的機能を取戻して，それ自体が点燈して照明しなければならないのである．そしてこれがくり返されれば，その照明によつてその陰影の部分も自ら発光することになるのであつて，判例法の成立及びこれによる制定法の補充はかくして行われるということができるのである．

　これらの点から，民事裁判は，元来は法規の有無に拘らずどんな事件を取上げるかという訴訟制度の自己決定に基いて行われる超法規的なものであつて，法規はこれを合理化するための手段として，その必要に応じて発達するものである．したがつて，抽象的な法規があるから，これを具体化し，その要求を貫徹するために裁判が行われなければならないと考えるのは全く逆なのである． (12頁〜14頁)

第3章　実体法としての私法
1　私法の存在理由

　前章において，実体法は訴訟制度の窓口を通じて，又これを照映することにおいて，生成し発達したものであることを論証したが，この点からも既に，私法法規の存在理由は，民事裁判の規準を成すことにあることが明白に判る．社会生活が単純で，紛争の起るのも稀であつた時代にあつては，事件毎に適当な解決を図るだけでよいが，訴訟制度が，社会に起る無数のしかも種々雑多な事件を取上げ，そのために多くの裁判官が分担して裁判しなければならないことになれば，当然に裁判の公正と統一が要

126　　第2章　規範と適用

求されるし，又当事者の期待に副う納得の行く合理的な判断が考慮されなければなら
なくなる．人民としても国家の法廷へ持出せばどんな規準方針で裁判さるるかが予想
できないようでは安心してこれに頼れない．特に取引界では，取引上の紛争が劃一的
に確実に裁判されることが，予め勘定に入れられること(Berechenbarkeit)を強く要
求する．このために国家として，明確な体系と網羅的な内容をもつた私法を制定する
ことによつて，訴訟制度の機能を合理的効果的に発揮させようとするのである．した
がつて，私法法規は，元来実体法として，民事裁判による紛争解決の規準として生成
し又存在するものである．

　国家としては，社会生活を営む私人間の生活関係が円満順調に行われて行く限りは，
原則としてこれに介入する必要はないし，又あらゆる関係に一々介入することは，到
底やり通せるものではない．もちろん個人の行動が社会の秩序を乱し，公共の安全を
害する場合は，これを取締り，処罰するために法規を定め，これを執行する必要があ
るが，これは私人間の生活関係としてどう取扱うかという民事関係ではなく，直接国
家とその個人との関係として，刑事関係又は警察作用の分野に関するもので，私法に
属するものではない．ところが，私人同志で，その生活関係上紛争衝突を生じると，
当人もこれにより不安，不便を感じるし，又これが深刻化すれば腕力沙汰にもなり，
第三者へも拡大することにもなつて社会の秩序を乱すおそれもある．こうなると国家
としても，これを放置できず，その統制権力を行使して，その解決調整に乗出す必要
を感じるのである．かかる関心に基いて，国家は民事訴訟制度を設けて，その裁判権
を行使するのであり，又そのために裁判の規準として私法法規を制定するのである．
国家として関心を持たず，必要を感じない場合のために法規を制定するはずはないの
であるから，これ以上に進んで，私人間の生活関係を直接に規整し人民に対して生活
態度を命令し強要するために私法法規が存在するものではない．　　　(42頁〜43頁)

β2　5　私法法規の内容

　エヤリヒは，「法曹法の成立資料は，社会の内部秩序(innere Ordnung)から得られ
るものが多いけれども，社会規範は必ずしもそのままでは，裁判規範として適合する
わけではない．それというのは，内部秩序の規範は，元来自主的に遵守され，平和に
行われている常態において見られるのに対し，裁判規範は紛争を予定し，その解決の
ための規準でなければならないからである」とする．彼は円満平和な生活関係で行わ
れているところを，裁判規範化する失敗を犯した例として，ドイツ民法の夫婦財産制
に関する規定が，管理共同制(Verwaltungsgemeinschaft)を原則としたことを挙げて
いる．けだし，夫婦が円満に生活する場合は，相互の愛情と信頼で自然に管理共同が
うまく行われるであろうが，その場合には裁判官は不要なのであつて，これを必要と

第3節　判決と法規範　　127

するのは，夫の管理権の乱用によつて妻が不利益を受けることが問題となる場合であ
るから，裁判規範としては，独立管理制を原則として採用すべきであつたというので
ある．このことから逆に，裁判規範として適当なものが，生活規範として理想である
といえないことも判る．ラードブルフも，立法者は人間というものについて極端に苦
労性の悲観主義者で，常人には万が一にも起るまいと考えることでも，もし起つたら
どう裁判するかに万全を期して立法するものであると述べている．このような法規を
もし生活上でも遵守しなければならないとすれば，甚だ窮屈で煩雑に堪えないし，時
には非常識不人情とさえ感じるであろう．われわれが買物一つをするにしても，民法
の担保責任や危険負担の規定まで気をまわさなければならないとすれば，それこそノ
イローゼに罹るであろうし，又夫婦間で民法の規定通り暮さなければならないとすれ
ば，水臭いことになろう．この意味で，国家は，民法によって市民の理想的な生活態
度を要求し，これを忠実に遵守して行動することを期待しているわけではないのであ
る．民法中に解釈規定や任意規定が存在するのも，個人が日常の取引に際しては殆ど
予想しないことが，紛争の原因になる場合に備えて，これをどう裁判するかの規準を
定める趣旨なのである．

6　私法法規の実効性

　私法の規定として，「要す」とか「しなければならない」とか命じても，国家に対
する行為義務を負わせるわけではないから，その違反や不遵守があつても，その行為
を無効とするとか，相手方に対して賠償責任を生じるとかの意味をもつに過ぎない．
国家としてどんな強硬な要求を盛る趣旨で制定した強行規定であつても，当事者間の
紛争事件として，裁判所へ訴えてこない限りは，国家は積極的にその要求を貫徹する
機会を有しないのである．あくまでその要求を貫徹するには，別な面で刑事上の処罰
又は行政上の取締をするか，或は婚姻取消請求のように公益の代表者として検察官に
原告適格を与えて，出訴させる以外に方法はない．エヤリヒも，裁判規範としての私
法上の禁止規定が，彼のいわゆる国家的法としての干渉規範（Eingriffsnorm）に比して，
如何に無力であるかを述べている．これを歯がゆく思う者は，私法の存在目的が元来
自主的処分に委ねられた私人間の利益紛争の解決を，止むを得ない場合に，国家が引
受けるについての規準であるに過ぎないため，全体として——争がなければ出る幕が
なく，当事者が訴えなければ適用の場面を見出せない意味で——任意性をもつのが当
然であることを理解しないからである．この意味の私法の任意性は，更に訴訟になつ
てからでも，外国判決に基く執行判決の請求に関して（民訴 515 条1 項参照），又は被告が請求を
認諾するために，裁判官の法適用が全面的に排除される関係でも生じるのである．

（55 頁〜57 頁）

128　第2章　規範と適用

text 1-16　石田穣「スイス民法一条の法源イデオロギー」『民法学の基礎』
（有斐閣，1976，初出，1972）

α

　　さて，以上のようなスイス民法1条の制定に関する論議を概観するとき，次のような諸点が明白に浮び上ってくる．

　　第一は，スイス民法1条はエールリッヒの自由法学と同じく，法律の不可侵性の否定のうえに立つのではなく，ドイツ型法源イデオロギーを否定したものであり，この限度で，裁判官による自由な法の発見と三権分立の法ドグマに由来する法律の不可侵性との妥協，調和の産物である，ということである．スイス型法源イデオロギーの言語的結晶化にあたってこのような刻印が押されたのは，当時の自由法学の極端な主張に対する反動と反撥からであった．一部の極端な自由法論者は，裁判官の法律への服従を全く否定し，感情法学 Gefühlsjurisprudenz とかカーディ裁判 Kadi-justiz とかいう非難を受けていた．即ち，極端な自由法論者の見解は，裁判官は自由な法の発見によって単に intra und praeter legem のみでなく contra legem な裁判も認められるべきである，とする．要するに，法律の解釈のところに完全に自由な裁判官の裁量を置きかえようとする．このような極端な自由法論者の主張は，スイスにおいて特に有害な法ドグマとされた．そして，このことは，スイスの裁判官の大多数が素人であることと密接に関連している．グミュールの次の主張は，この点を鋭く衝いている．グミュールは，いう．感情法学は，我々の，少ししか，あるいは全く訓練を受けていない裁判官の人格においては全くの恣意と司法の荒廃に導くであろう，と．つまり，以上のようなグミュールの懸念によれば，素人裁判官こそ感情法学に最も毒されやすい，というのである．このような自由法論者に対する反撥が，裁判官は法律に従うという「自明の命題」をスイス民法1条に規定させた主要な原因であった．そして，スイス民法1条の以上のような妥協的性格から，この条文は contra-legem-judizieren の一般的禁止を含んでいる，即ち，内容的に不当な法律でもその適用を要請する，という信念が形成され，さらに，この条文を足場として自由と拘束の妥協的な法解釈である目的論的解釈が一般に提唱されていくのである．

　　第二は，第一の裏の結論として，ドイツの自由法学はスイス型法源イデオロギーの言語的結晶化，即ち，スイス民法1条の制定にあたって，――おそらく――あまり影響を与えなかった，ということである．既に述べたように，スイス型法源イデオロギーは，中世的社会構造が多分に残存するスイスの国家構造に適合するゲルマニステンの歴史法学を介してその言語的結晶化に到達した．これに対し，自由法学は，そも

そも高度な国家的法律観との熾烈な対決を通して生成された法学方法論であり，まさにそれゆえに高度な国家的法律観の生じなかったスイスにおいて流布することができず，逆に，第一で述べたように有害な法ドグマとして排斥すらされたのであった．従って，自由法学は，スイス型法源イデオロギーの言語的結晶化にほとんど寄与するところがなかった，といって大過ないであろう．

　第三は，スイスにおいて裁判規範の明確な概念が成立していない，ということである．このことは，スイス民法 1 条の傍注が Die Grundlagen der Rechtsprechung から Anwendung des Rechts と改められ，この改められた理由として，法は民衆によって任意にかつ当然のこととして適用されているため Die Grundlagen der Rechtsprechung というのは正当でない，とされたところに明白にあらわれている．グミュールは，さらに徹底して次のような見解を述べる．彼は，いう．Grundlagen der Rechtsprechung という傍注は，いささか狭い．裁判官のみに法律が適用されるのではない．多くの場合は，むしろ，裁判官には間接に，行政庁の役人や市民には直接に適用される．それゆえ，スイス民法 1 条 2 項によって定立される規則も裁判官によってはじめて法秩序の構成部分になるのでもなければ，この規則が裁判官のみによって定立されるものでもない．行政庁の役人も法の欠缺に遭遇した場合は，スイス民法 1 条 2 項に準じて規則を定立しうるのである．さらに，スイス民法 1 条 2 項は，間接的に私人にも適用がある．即ち，実定法の条文に欠缺がある場合，私人は，世間一般に行なわれているやり方，行儀のよいやり方で行動しなければならない，と．以上のような法典編纂者やグミュールの見解は，裁判制度の民衆性，司法部と民衆の同質性から出てきている．即ち，法のアドレサートを裁判官にすることは，つまりは民衆にすることなのである．そして，スイスの行政庁の役人の大多数が素人であるがゆえに行政庁と民衆も同質化され，やはり，双方とも法のアドレサートとみなされるわけである．このような裁判制度の強力な民衆性＝スイスの市民社会と国家の不透明な分化の裁判制度による発現は，まさに，スイス民法典の冒頭のそれまた冒頭である傍注（法典の一部として法的拘束力がある）に極めて明確に表現され，民衆的なスイス民法典全体の性格を象徴することになったのである．　　　　　　　　（77 頁〜79 頁）

β　　それでは，法律の欠缺を国家が公認したスイス民法 1 条の制定目的は，どこにあったのであろうか．ここで，既に引用したライヘルの言葉を再び掲げなければならない．ライヘルは，いう．スイス民法 1 条は，二つの方向の妥協の産物である．即ち，一方では法律の不可侵性を規定すると共に，他方では法律の欠缺を公認している．このように，スイス民法 1 条は，保守的であると同時に進歩的であり，法の歴史上賞賛すべき出来事である．このライヘルの言葉からも明らかなように，スイス民法 1

130 第2章 規範と適用

条は，三権分立の法ドグマに由来する法律の不可侵性と裁判官による創造的な法形成の理念の間の妥協の産物であった．そして，スイス民法1条の制定目的は，この妥協的な性質に対応して二つの面で考えることができる．まず，法律の欠缺の公認の面である．この面での目的は，ドイツ型法源イデオロギーからの自由である．これは，さらに，三つに分けるのが適当であろう．（イ）法的構成の否定．まず，ドイツ型法源イデオロギーからの自由は，エールリッヒの法解釈方法論と同じく法的構成を介しての法律の貫徹からの自由を意味する．これを明確に示すのが，フーバーの次の言葉である．フーバーは，いう．司法の過程において，スイス民法1条の内容は，実際には常に行なわれていた．裁判官は，疑わしい技術でもって法律からすべてを引き出すことを要求されているところよりはこの条文によって自由になろう．彼は，そのような手品が要求されない時の方がより評価的に職務を行なうであろう．もしも，裁判官が法律の無欠缺性を基礎にすることを強要されるならば，人は，彼に現存する欠缺のある法律から一定の結論を演繹することを期待することになり，これは，当然，最も疑わしい解釈的技術をもってなされることになろう．人は，裁判官に詭弁的才能と論理的鋭敏さのみに訴える手続を指示することになる．人は，裁判官に，法律の無欠缺性の幻影を維持するためにある法文に公平な吟味においては到底発見しえないような意味を附与することを強要する．これに対し，裁判官が法律の欠缺の存在を認めてよいならば，人は，彼を以上のような危険なしかも全く恣意的な解釈の必要性から解放することになろう．以上のフーバーの主張から明らかなように，彼もエールリッヒと同じく法的構成に消極的な態度をとり，その論理的結論として法的構成を必要ならしめるドイツ型法源イデオロギーを排斥したのであった．この結果，フーバーは，やはりエールリッヒと同じように，裁判官をみせかけの拘束におくよりも真の自由にまかせた方が司法の適正化に役立つという信念に立脚しつつ，これをスイス民法1条に体現したのである．（ロ）法典の文言の過大評価の排斥．既に検討したように，ドイツ民法典を中心とする近代ヨーロッパの諸法典は，19世紀のドイツ古典法律学により完成されたドイツ型法源イデオロギーの直接の継承者でありその自己実現である．スイス民法典も，いかに不完全主義の原則に基づき起草されているとはいえ国家により編纂された包括的，統一的法典である以上，ドイツ型法源イデオロギーの絶好の基盤になりうることは明らかである．そして，このことは，まず，法典の文言の過大評価となってあらわれるであろう．このような法典編纂自体に伴う危険を未然に防止しようとしたのが，スイス民法1条の規定である．これを明確に指摘するのが，エガーである．エガーは，いう．近代の法典編纂に常に伴う危険は，スイス民法典の編纂と共にスイスにおいても刻々と生じつつあり，又，大きさを増しつつある．その危険とは，法典の文言が過大に評価され，法律学および裁判が生活に直面することを忘れて

第 3 節 判決と法規範 131

法典の文言ばかりが目につくという状態である．こうなっては，法律学および裁判は化石化し，形式的な活字法学 Buchstabenjurisprudenz に堕落してしまうであろう．これをおそれて，立法者は，法典の冒頭にスイス民法 1 条を設置したのである．即ち，エガーによれば，スイス民法 1 条は，裁判官が法典の文言の過大評価を行なって法典を化石化させることなく，常に生活に直面しそこから法典の文言を生々と把握すべき道を示したのであった．（ハ）真実への忠誠．ドイツ型法源イデオロギーからの自由は，裁判官に真実への忠誠 Wahrheitstreu を義務づける．このことは，前述のフーバーの主張から容易に看取しうるところであろう．スイス民法 1 条は，実際に裁判官が考えた理由と判決理由に示された外観との一致を要求する．　　　　　　　（94 頁〜95 頁）

γ 　最後に，スイス民法 1 条は，法律の欠缺のカズイスティシュな方法による補充を排斥する．スイス民法 1 条は，裁判官は法律の欠缺の補充に際して立法者ならば設定するであろう規則 Regel を定立しこの規則に従って裁判しなければならない，と規定する．即ち，スイス民法 1 条は，裁判官に，一回限りの個々的事件のみを念頭におくのでなく，類似の事件も考慮に入れて一般的，抽象的規則を定立し，その規則に基づき法律の欠缺の補充をすることを義務づけているのである．ここから，あらゆる種類のカズイスティシュな補充方法が排斥される，という結論が導かれる．そして，さらには，このような規則定立の結果として，法律の欠缺の補充は，具体的事件における妥当な解決ということよりも，一般的，抽象的規範の正しい形成に重点がおかれなければならない，とされている．

　それでは，一般的，抽象的規則の定立の理由はどこにあるのであろうか．第一は，裁判官に一般的，抽象的な規則を定立させることにより主観的，恣意的な法律の欠缺の補充を防止する，ということであろう．第二は，同じような事件は同じように取り扱われるべきである，という社会的要請の実現にあるであろう．そして，この限度で，法的安定性や将来の裁判の予見可能性に関する社会的要請も満たされるであろう．このような理由により規則の定立が求められるのであるから，この規則は，明確かつ簡潔でなければならないのは当然である．規則定立によって排斥される代表的なカズイスティシュな方法は，衡平裁判 Billigkeitsjustiz と感情法学である．この両者は，通常，具体的な諸事情と個々的な関係から出発して定型的，一般的な規準から出発しない，という点で共通している．両者の差異は，衡平裁判は主として理性的要素によって操作されるが，感情法学は主として感情的要素によって操作される，という点にある．しかし，両者とも，客観的な規準の裏付けを欠いた裁判官の個人的な直観的な判断による裁判であることにかわりはない．それゆえ，このようなカズイスティシュな方法を放置するならば，法的安定性や裁判の予見可能性はそこなわれ，裁判官の恣意

が大手を振ってまかり通る危険がある．まさに，これを排除しようとしたのが，スイス民法1条2項にいう規則定立の趣旨である．

　ところで，カズイスティシュな方法は，スイス民法典において全面的に排除されているのではない，それは，スイス民法1条による法律の欠缺の補充方法として排斥されるにとどまる．というのは，スイス民法4条は，Recht und Billigkeit というカズイスティシュな方法による裁判を裁判官に義務づけているからである．スイス民法4条にいう Recht und Billigkeit は，二つの概念を指すのでなく，要するに衡平 Billigkeit を意味する．それゆえ，文言通りに受け取れば，スイス民法4条は，衡平裁判を規定していることになる．しかし，学説は，このような受け取り方をしていない．即ち，学説は，スイス民法4条はカズイスティシュな方法による裁判に重点をおいているのでなく，一般的，定型的裁判を指向している，と主張するのである．つまり，裁判官は，スイス民法4条においても一般的，定型的な判断に努力しなければならない，とされる．この意味で，スイス民法4条の同法1条への同化が目指されている．その理由は，二つある．第一は，裁判は客観的な規準に基づかなければならない，という信念である．もっとも，この信念は，裁判は法規に基づかなければならない，というドイツ的法的イデオロギーと同一ではない．右の信念によれば，立法者は，スイス民法1条と同法4条の双方において，恣意や主観的な意見によってではなく，sachlich な原則的な考え方から裁判すべきことを裁判官に命じている，ということになろう．第二は，スイス民法4条のフランス語のテクスト règles du droit et de l'équité から明らかなように，同条の文言上からも，裁判官は，スイス民法1条と同じように一定の規則を定立しなければならない，というのである．そして，スイス民法4条は，いわゆる隠れた法律の欠缺，即ち，条文の白地的な規定の仕方により裁判官に具体的な法的規律をまかせたものであるから，学説の見解は，要するに，立法者が故意に定立することを放置した規則の定立を裁判官が行なう，ということになるであろう．しかも，ここで特に注意しておかなければならないことは，スイス民法4条の場合でさえ，同法1条の場合と同じく，具体的事件における妥当な解決よりも一般化，定型化の要素が強く前面に出され，一般的，抽象的規範の正しい形成に重点がおかれている，ということである．

　それでは，判例は，カズイスティシュな補充方法をどのように取り扱っているのであろうか．まず，判例は，法律の欠缺の補充に際して，一定の定立すべき規則を明示しこれによって補充する，ということを全く行なっていない．このことは，既に紹介した法律の欠缺の補充に関する数々の判例によって明らかである．もっとも，規則の定立ということは，法律の欠缺に関するどのような判例においても，あるいは法律の解釈に関する判例においてさえも，程度の差こそあれ実質的に行なわれていることに

第 3 節　判決と法規範　　133

注意しなければならない．次に，これも既に紹介した判例から容易にうかがわれるように，法律の欠缺の補充に際して，一般的，抽象的な法規範の獲得ということよりも，具体的に妥当な解決が目指されている．即ち，判例においては，学説におけるスイス民法 4 条の同法 1 条への同化とはむしろ逆に，スイス民法 1 条の同法 4 条への同化という現象がみられる．

(144 頁〜146 頁)

II　テクストの背景

　text 1-15 の著者の兼子一(1906-1973)は日本の法学者であり民事訴訟法学の基礎を築いた．元東京大学教授．体系書『新修民事訴訟法体系』(酒井書店，増訂版，1965)は今日でもなお実務に対する影響力を保持していると言われる．text 1-15『実体法と訴訟法』は前後二編からなる．前編は「対立的静態的考察」と題して，実体私法と訴訟法とを体系的に対立させながら，その分離と照応とを考察している．後編は「関係的動態的考察」と題して，実体法と訴訟法の機能を，具体的な訴訟の場面において相関的に，また訴訟の進行に応じて発展的に考察している．全体を通じて兼子は，民事訴訟の目的は私人間の紛争解決にあるとし(紛争解決説)，実体法に規定される権利関係の存否は裁判所での訴訟を通じて初めて明らかになるという考え方を提示した．

　text 1-16 の著者の石田穣(1940-)は日本の法学者，元東京大学助教授．民法と民事訴訟法の交点にある問題に関心を寄せ，特に，通説である法律要件分類説に対する批判は証明責任論争を巻き起こした[77]．text 1-16「スイス民法一条の法源イデオロギー」は石田の助手論文であり，研究者としての出発点となった．「国家は一切の法規の源泉である」というドイツの国家的法律観・法源イデオロギーにスイス型法源イデオロギーを対置し，スイス民法制定の目的はどこにあったのかについて考察している．石田は，地方自治を基軸とする連邦国家スイスにおける非国家的法律観ともいうべき法源イデオロギーは，国家

---

77)　石田『民法と民事訴訟法の交錯』(東京大学出版会，1979)．これに対する通説側の反論として，倉田卓次「証明責任分配における通説の擁護——石田説の批判」同『民事実務と証明論』(日本評論社，2008，初出，1975)．

134   第2章　規範と適用

法が法律に欠缺のあることを認めたスイス民法1条に端的に現れているとする.

III　テクストの分析

1　はじめに法典ありき？

　民法典はすべての法的問題に解答を与えているはずである．一見して明確な解答が導けない場合にも，解釈を通じて解答を得ることができるはずであり，この意味において法典は完結性を有している．別の言い方をすれば，すべての法的結論は法規から導くことができるのであり，裁判とは法規を適用して法的結論を導くことにほかならない．こうした見方は概念法学と呼ばれ，戦後日本の民法学はこのような見方に立たないことを共通の前提としてきた.

　しかしながらその場合にも，民法典は完結したものであり，裁判官はこれを適用するに過ぎないという考え方が，少なくともかつては支配的であったことを前提としてきた．これに対して，歴史を繙けば，そもそもはじめに法典があったわけではない，あるいは，世界を見渡せば，法典が完結性を有しているという考え方は普遍的に存在するわけではない．こうした見方も提示されている．前者は text 1-15 の見方であり，後者は text 1-16 の見方である.

2　紛争と裁判の優位

　text 1-15 の引用部分 α では，裁判基準としての抽象的な法規の存在を前提に，それを具体化しその要求を貫徹するために裁判が行われるのではなく，訴訟制度を通じて法規が生成されるとの指摘がなされている．これは民事裁判が，法規がなくとも「訴訟制度の自己決定に基いて行われる超法規的なもの」であることに由来するとしている.

　引用部分 β1 では私法法規の存在理由は，民事裁判の明確な基準を成し，訴訟制度を効果的に機能させる点にあることが指摘されている．私人間の生活関係には原則として国家は介入しないが，私人間の紛争が深刻化して第三者へも拡大することで社会の秩序を乱すおそれがある場合には，国家は民事訴訟制度を設け裁判権を行使することで解決調整を行うと述べている．そのために裁判

基準として私法法規を制定するのであって，人民に対して生活態度を命令するために私法法規が存在するのではないことが強調されている．引用部分 β2 では私法の任意性が述べられている．私法は国家に対して義務を負わせるものではなく，本来は自主的処分に委ねられる私人間の紛争解決に止むを得ず国家が介入する際の基準であるから，当事者が紛争事件を裁判所に訴えてこない限りは，国家は私法規定の要求を貫徹させる機会を持たず私法の適用は行われない．この意味で私法は任意性を持つとされている．

引用部分 α を含む前編第 2 章では，ローマ法の発展を手掛かりに，私法の生成発展の過程が訴訟制度が取り上げる事件の類型によって規定されたものであることを示している．引用部分 β1・2 を含む第 3 章では，外見上訴訟と離れた権利体系の体裁を備えているかのように見える近代私法も，国家が裁判によって私人間の紛争を解決するという訴訟制度を目標とした裁判規範の体系にほかならないことが強調されている．

3 欠缺の承認と補充の方法

text 1-16 の引用部分 α では，スイス民法 1 条に関する 3 点が指摘されている[78]．第一に，スイス民法 1 条はドイツ型法源イデオロギーを否定したものであり，裁判官による自由な法形成の理念と法律の不可侵性との間の妥協の産物であること．第二に，ドイツ型法源イデオロギーは，スイス民法 1 条の制定にあたってほとんど寄与するところがなかったこと．第三に，スイス民法第 1 条 2 項は裁判官だけでなく，行政庁の役人や私人にも適用される点であり，このためスイスの裁判制度は強力な民衆性を持つこと．

引用部分 β では，重ねてスイス民法 1 条は妥協の産物だと述べたうえで，その制定目的を法律の欠缺の公認という観点から考察している．石田によれば，その目的はドイツ型法源イデオロギーからの自由（解放）であり，それは法的構成の否定，法典の文言の過大評価の排斥，真実への忠誠に分節化される．引用部分 γ では，法律の欠缺の補充に当たって，裁判官は個々の事例に当てはまる

---

78) 日本におけるスイス民法研究につき，小沢奈々『大正期日本法学とスイス法』（慶應義塾大学出版会，2015）．

136 第2章 規範と適用

ように補充するのでなく，類似の事件も考慮に入れて一般的規則を定立することで欠缺を補充する義務を負うと指摘している．

4 裁判の法創造作用

兼子は，訴訟を通じて生成した法規が，訴訟に先行して存在するように見えるに至った経緯を次のように説明している．「裁判によつて形成される権利の姿における法も，裁判がくり返えされることによつて，それから抽象化と帰納によつて次第に訴訟外に法規範が生成することになる．いわば，法の世界が暗闇の時代は，訴訟制度の窓口で点滅する裁判の燈だけが僅かに法であつたが，その燈光が継続的につき放しになると，窓口から外界が照されて明るくなり，更には照された部分が自ら発光して逆に窓口を照し返すようになつてくるのである．……現在では，訴訟制度は全部開放された唯一の大きな窓口をもち，それだけに外界の実体法は四方一帯に生成してしまつており，周囲から逆に訴訟制度を照し出している．そのためにあたかも白昼の燈台のように，裁判はただ外部の実体法の光線を受けて輝く反射鏡の役を果すだけで充分のように見えるに至つている．」[79]

この部分は，その卓抜な比喩により，裁判こそが法規範を創出することを説く部分としてよく知られている．兼子は「現在では……のように見える」と述べて，裁判の創造性が見えにくくなっていることを指摘しているが，石田によれば「現在でも」，スイス法は少なくとも部分的に，裁判が法規範を創ることを承認している．そのことを宣言するのがスイス民法1条であるというわけである．

5 裁判規範か行為規範か

兼子は，私法はあくまでも裁判規範であるとする．ただし，裁判規範のほかに社会規範は存在しないと言っているわけではない．「社会規範は必ずしもそのままでは，裁判規範として適合するわけではない」というエールリッヒの叙述を引き，反対に，「裁判規範として適当なものが，生活規範として理想であ

---

79) ローマ法(契約法)の発展につき，広中・前出注71(1974).

るといえない」としている．兼子においては社会規範(生活規範)の存在は認められつつも，裁判規範とは区別されているのである．

　これに対して，石田はスイス民法の民衆性を強調する．「スイスにおいて裁判規範の明確な概念が成立していない」として，民法の名宛人は裁判官だけでなく，行政庁の役人や市民でもあるとする．「スイス民法1条2項によって定立される規則も裁判官によってはじめて法秩序の構成部分になるのでもなければ，この規則が裁判官のみによって定立されるものでもない」のである[80]．

　石田の見方は，加藤や星野の利益衡量論と適合的な法思想を(ドイツ民法にではなく)スイス民法に見出し，利益衡量論を理論的にサポートするものとなる契機を含んでいた．そうであるがゆえに，登場直後の石田には利益衡量論を継承・発展させる役割が期待されていた[81]．

6　衡平の居所は？

　ところで，石田はスイス民法1条2項と4条との関係についても興味ある見方を提示していることに注意が必要である．石田によれば少なくとも学説レベルでは，「スイス民法1条は，法律の欠缺のカズイスティシュな方法による補充を排斥する」ばかりでなく，衡平による裁判を義務づける「スイス民法4条の場合でさえ，同法1条の場合と同じく……一般的，抽象的規範の正しい形成に重点がおかれている」という．しかし，判例においては，反対に1条も含めて具体的に妥当な解決が目指されていることも指摘されている．

　この点については，兼子も一定の言及をしていた．兼子によれば，原始的な国家は「当初は必要止むを得ない最小限度の事件を取上げたのである．しかし，取上げると決めた以上は，手続の準則も解決の規準も決まっていなくとも，裁判はしなければならない．したがつて裁判の規準として法規を前提とし，これを適用して裁判したのではなく，裁判そのものが端的に具体的な法実在の形成

---

80)　この問題は，実体法と訴訟法の関係にかかわるだけでなく，実定法と自然法の関係にもかかわる(大村「損害賠償から制度設計へ――『制度＝規範＝社会』の基礎理論のために」平井追悼『民事責任のフロンティア』〔有斐閣，近刊〕)．

81)　石田理論はその後法解釈の方法の定式化に向うが(同『法解釈学の方法』〔青林書院新社，1976〕)，スイス民法が持っている柔軟さからは遠ざかることになったように思われる．

として行われた」という．続けて兼子は次のように述べている．「この場合は
法規範（Rechtsnorm）はなしに，具体的な法（Recht）だけ存在し，個別的主観的
な権利の姿においてのみ法があつたのである」と．兼子においては，はじめに
あったのは「具体的な法」であり，法規範が現れるのはその後においてなので
ある．

　法の現れる場としての裁判，そこで現れる個別具体的な法──．これは来栖
三郎が強調した法の見方であるが，兼子の見方はこれと親和的である．これに
対して，石田の見方は必ずしも来栖のそれとは一致しない．

7　裁判か社会か，判決か法規範か

　図式化するならば，兼子が裁判（法の強制の側面）を重視するのに対して石田
は社会（法の自発性の側面）に留意する．兼子が判決の具体性から出発するのに
対して，石田は法規範の一般性を指向する．しかし，両者を組み合わせるなら
ば，次のような配置図を描くことができる（k は兼子，i は石田を示す）．

　　　　法典（法源）　　　　　　→　　法規範（裁判規範）
　　　　 i ↕　　　　　　　　　　　　　　↕ i/k
　　　　社会規範（行為規範）　（→）　判決（出来事）

第 4 節　法規範の形成　　139

第 4 節　　法規範の形成──立法学・法政策学の系譜

I　テクストの提示

text 1-17　平井宜雄『法政策学──法制度設計の理論と技法』(有斐閣，第 2 版，1995，初版，1987)

α
1.12　独自のディシプリンとしての法政策学

　法政策学は法律学(以下，法哲学や法史学を含まない，もっぱら実定法学を指す語として用いる)を基礎としており，したがって法律家(以下，法律学的知識をバックグラウンドとして仕事に携わる人々，というように広い意味で用いる)を対象として構想されたものである．ここに，法政策学がこれまでの政策学の伝統と異ならざるを得ない第 1 の理由がある．

　すなわち，法律家および法律家の依拠する思考様式は，理念型としてこれを見るならば，「法」特有のものであり，後に詳述するように(→ 2.2)，これまでの政策学の依拠する思考様式と基本的に異なるものである．したがって，法政策学をもって従来の政策学を受けつぐものと位置づけることはできず，また従来の政策学の遺産がそのままの形で利用可能であるわけではなく，これらを「法」的な視角から再構成し，または新たに独自の理論枠組みを作り出さなければならない．

　第 2 の理由は，もっと重要である．すなわち，法律学の第一次的任務は，実定法の解釈および運用の研究教育であるが，これはつまり制度または法制度の研究教育にほかならない．ところが，制度または法制度(後に定義するが，さしあたり互換的に用いる)が一般に社会現象を対象とする学問(広く社会理論と呼ぶ)の対象としてとりあげられることは，少なくとも第二次大戦後の社会理論においては稀であった．このことは，近時，経済学や政治学において「新制度学派」とか，「制度論的アプローチ」という語が，それ自体既成の思考方法に対する反抗的意味をもって主張されることを考えれば，明らかであろう．すなわち，たとえば，経済学においては，経済的合理人の効用最大化行動がもっぱら興味の中心でありつづけ，市場や企業という制度的要因は，与件として対象外においやられるか，合理人の行動に分解されて扱われるにすぎなかった．政治学・社会学においては，個人の現実の行動心理・選好・機能が分析の対象であり，「制度」は機能的側面からのみとらえられるか，少なくとも現実を反映するものではないと前提された．要するに，「制度」ではなくて，現実の行動の重要

140 　第2章　規範と適用

性が強調されてきたのである．また，歴史学におけるように法則主義的発展史観が採
用されるならば，社会は「土台」の変化によって発展するものであるから，「制度」
は「上部構造」として一括され，従属的地位にとどまることになる．したがって，
「制度」を扱うほとんど唯一の社会理論（制度の記述から出発した行政学はやや例外的
存在である）は，これまで法律学であった．しかし，「制度」の社会現象における意味
がこれほどまでに小さいということは，多くの日本人の直観に合致しないであろう．
明治維新・国家総動員体制や戦後の占領軍による制度改革を挙げるまでもなく，日本
人の現実の行動を変え，日本の社会のすべてにわたって決定的な影響を及ぼしてきた
ものは，「歴史の発展法則」というよりも，まさに国家主導の制度の設計の結果（その
是非はともかく）であったと思われるからである．終始一貫して制度を扱ってきたほ
とんど唯一の学問分野が法律学であるとすれば，そこから出発して法政策学を構想す
ることは，日本の社会理論において，とくに重要な企てなのである．　　　（3頁〜4頁）

β1　**1.22　現代における法現象の変化**

初版で述べた「現代における法現象の変化」を要約すれば，次のとおりである．

(1)　「法現象」という語は不明確なので，民事訴訟（刑事訴訟を除いたのは，それ
が社会の変化を必ずしも直接に反映するものではないからである）・法律（制定法）・
法律家のあり方の3つの局面をさす，と定義する．

(2)　民事訴訟の面にあらわれた変化は，在来の訴訟（これを次の「政策志向型訴
訟」との対比で「紛争志向型訴訟」と呼ぶ）に加えて，「政策志向型訴訟」と呼ぶ新た
な訴訟の類型が登場するようになったことである．政策志向型訴訟の理念型は，紛争
志向型訴訟との対比で，次のように概念化される．①紛争志向型訴訟は，法律的には
もちろん，社会学的事実としても，訴訟当事者限りでの権利義務の存否に関する争い
である．これに対して政策志向型訴訟は，社会学的には（法律的には当事者間の権利
義務関係をめぐる争いとして定式化されても）訴訟当事者間ではなくして，当事者に
代表される複数人間の利害関係をめぐる争いである．②紛争志向型訴訟における裁判
は，過去の紛争に対する判断であるから，裁判官は訴訟法規に従って過去の事実を認
定し，それに実体法を適用して権利義務を判断すれば足りる．これに対して政策志向
型訴訟における裁判は，将来において生じるであろう多数の潜在的当事者の利害に関
わる判断であるから，「正しい」または「望ましい」制度または政策のあり方を判断
しなければならない．政策または制度は一定の目標を達成するために採用されるもの
であるから，このことは，目標を達成するのに「望ましい」権利義務の配分は何か，
という判断を要求する．③紛争志向型訴訟における裁判官は，当事者の主張・立証を
基礎として判断するいわば受動的な判定者である．これに対して，政策志向型訴訟に

おける裁判官は，②で述べたように「正しい」または「望ましい」政策・法制度のあり方を構想し，選択し，かつ判断する政策決定者であり，法制度の設計者である．

（3）　制定法の局面にあらわれた変化は，これまでと性格を異にする制定法が登場するようになったことである．すなわち，権利義務関係を定め，権利侵害に対して救済を与え，義務違反に対しては制裁を科す，という種類の制定法(これを「権利義務規範」と呼ぶ)に加えて，国家や地方公共団体のなすべき一定の政策を達成するために必要な資源の調達・配分に関する計画・手続を定める技術的な法律(これを「資源配分規範」と呼ぶ)が登場し，現在の制定法のイメージは権利義務規範よりもむしろこの資源配分規範によって代表されるようになったことである．

（4）　上記(2)および(3)に対応して，法律家(前述した広い意味で用いる)の役割もまた変化する．社会の変化が激しく，したがって「時間のコスト」が高価となるに従って訴訟による紛争解決は好まれなくなり，紛争志向型訴訟となるべき紛争は，取引・和解による解決を志向する(原因は「根回し」型紛争解決にもある．→ 2.34)．その結果，法律家は訴訟の専門家であるよりも，計画の実現を法的にチェックしたり，交渉によって紛争を予防し，解決する専門家としての役割を期待されるようになる．他方で，政策志向型訴訟は，費用便益の計算にもとづいて提起されるわけのものでないから(提起される原因は，ヒエラルヒー的構造にあるかもしれない．→ 2.33)，取引・交渉によってではなく訴訟によってしか解決が得られず，したがって訴訟の専門家としての法律家は，政策決定者または法制度設計者たる役割を期待される．また，資源配分規範を立法または運用しようとするならば，法律家は，一定の目的を達成するために稀少な資源をどのように配分すればよいのか，という点から権利義務関係を定めなければならず，しかも技術的性格を有するこれらの資源配分規範は，裁判所により審査される機会が少ないだけに，「正義」または「公平」の理念に適った運用を要求される．同様に，訴訟外での紛争解決を行う交渉者としての法律家は，交渉を有利に導く能力だけでなくて，法律家である以上，「正義」または「公平」に適った紛争解決をすることが要請される．こうして，稀少資源の配分に関する理論的知識および交渉理論に加えて，「正義」または「公平」とは何かが，哲学上の観念的論議においてではなく，実際の行為規範として法律家が考えるべき問題となる．

　以上のような変化は，要するに，政策決定者または法制度設計者としての法律家が要求されていることを示すものである．
(6頁〜7頁)

β2　（3）　法的思考様式は，「あれかこれか」という二項対立的な形をとらざるを得ない．つまり，「価値紛争」における判断であるから，妥協によって解決する「利益紛争」と異なり，ある事実があったかなかったか，ある権利義務が存在するのか否か，

という形をとることになる．この特質は，因果法則的・目的＝手段思考様式が確率や蓋然性にもとづく思考様式であるのと対照的である．

（4）　法的思考様式は，過去に志向する．それは，紛争当事者の相互の比較に基礎をおくので，必然的に，当該当事者がこれまで「なしたこと」を比較対照することになるからである．「将来なすであろうこと」の比較は，因果法則を前提とし，何らかの目的（たとえば犯罪の予防）に照らして評価を加えることであるから，排除される．これに対して，目的＝手段思考様式は，将来生じうべき事態を因果法則に従って予測し，それに対してとるべき手段を示すことを任務とするものである．

（5）　法的思考様式は，紛争当事者すなわち人と人との比較から出発するから，これを応用するには，紛争を中心とした人と人との関係に社会現象を還元しなければならない．逆に，法的思考様式を人間関係以外の現象に応用するときは，擬人的思考あるいは比喩的な表現を用いることになる（これはしばしば「非科学的」と受けとられる）．これに対して，目的＝手段思考様式は，因果法則を探究する「科学（典型的には自然科学）」の思考様式である．社会現象の探究もこの意味での「科学」であるべきだと考えるならば，法的思考様式は，社会理論からも排斥されるべき対象となる．

（6）　法的思考様式のもつ非因果法則的特質は，その思考様式に従って処理できるように対象を定式化するかぎりにおいて，あらゆる問題を取り扱うことを可能とする．たとえば，業績の評価や採点といったような高度に主観的・裁量的な問題も，それが紛争となるかぎり，「合理的な裁量権の範囲を逸脱したか否か」という定式化によって法的思考様式によるアプローチを応用できる．宗教上の教義に関する争いでさえも，司法審査の対象になるか否かという形におきなおせば法的思考様式の扱う問題となる．原子力発電所が安全か否かという高度に科学的・技術的知識を要求する問題も，安全性を審査する手続を踏んだか否かというように定式化すれば，法的思考様式を応用できる．これに対して，因果法則は特定の問題に限局して調査研究を行ってはじめて得られるものであるから，因果法則的・目的＝手段思考様式は，特定の分野においてのみ可能であり，法的思考様式と同じ意味でおよそ一般的に事態を予測したり，コントロールする手段を考え出すことはできない．

（7）　法的思考様式は，記号の使用（とくに高度に分化した言語の使用）と不可分の関係にある．紛争当事者同士の関係は必ずしも言語によって概念化される必要はない．当事者はその関係を自ら経験によって知っているからである．しかし，「資源なき第三者」は，紛争を経験したわけではなく，「中立」であるから，当事者はこの第三者に対して紛争がどのようなものであるかを言語によって伝達しなければならず，第三者も自らが経験しない紛争当事者の関係を概念化しなければならないからである．これに対して，因果法則的思考様式は，言語の使用と論理必然的な関係に立つわけでは

ない(現在では，物理学におけるように因果法則は精密な記号によって伝達可能な形で表現されているが)．因果法則的知識は経験によって伝達することも不可能ではないからである(たとえば，オーストラリア先住民のブーメランの製作技術)．しかも，因果法則的思考様式が言語を使用した場合であっても，法的思考様式と次の点で対照的である．法的思考様式は，紛争を媒介とする社会関係であるから，法的思考様式における言語は紛争を概念化して伝達するための道具であり，したがって，紛争当事者の主張とそれに対する反論という表現の構造がその根本をなしている(「資源なき第三者」の判断はそれに拘束されるのが原則である)．これに対して，因果法則的思考における言語表現はさまざまの形態をとるけれども，主張・反論という構造が決定的重要性をもつことはない．

(8)　法的思考様式は，人間と人間の関係についての規範的判断に関わっている．「判断」ということの意味を明らかにするのは困難であるが，さしあたり Kant にしたがって，「特殊な事例を一般原則と関係づけて扱うこと」という定義を採用しておこう(カント 1963)．法的思考様式が，或る具体的な事例を規範に包摂されると考えるべきか否かという形で表現されるのはこのためである．したがって，具体的事例から一般原則を抽出したり，それらを一般化して考えることのできる経験豊かな人であれば，法的思考様式による判断の過程に参加できる(陪審制を考えよ)．(18頁〜19頁)

γ　　　(3)　両者の決定が行われる場である市場と組織との区別は，取引費用の概念に関連してすでに述べたように(→3.22)，截然と区別されるわけのものではない．市場がヒエラルヒー的な構造をもち，「組織化された市場」になっている場合もあれば，組織のヒエラルヒー的性格が弱く，組織の中に市場が出現している場合もある．さらにこのような市場と組織の中間形態も，程度の差にすぎず，市場に近いものから組織に近いものまで，連続系列をなして存在しうる．したがってこの2つの類型は，いずれもその特徴を概念化して構成された理念型である．ところが，すでに一言したように(→2.37)，日本では，市場と組織の中間形態(後述のようにこれを「中間組織」と呼ぶ．市場の側からみて「中間市場」と呼んでもよいが，前者の呼び方が一般的なので〔たとえば，今井他 1981，伊藤他 1993〕これに従う)の存在が広く認められ，それが特徴であると考えられているので(ただし，すでに述べたように〔→2.35〕一定の社会学的条件の下に生じる現象であるから，これをもって日本社会の「特殊性」に還元してはならない)，本書はこれを理念型として概念化し，中間組織における決定類型を手続的決定と呼び，市場的決定・権威的決定と並ぶものとして位置づけている．したがって本章は，この3つの決定類型が展開される社会関係である市場・組織・中間組織およびそれにもとづく法制度設計の基礎理論とその評価(長所・短所)を明らか

144　第2章　規範と適用

にし，法制度設計のガイドラインを示すことを目的とする．この3つの決定類型は理念型であるから，社会学的にはそれぞれ連続系列をなしており，さらにそれらの中間形態を考えることができる点に注意されなければならない．

　（4）　以上に述べたとおり，法制度を設計するには，解決すべき問題を，市場的決定・権威的決定・手続的決定の3種の決定によってアプローチできるように定式化しなおし，効率性基準と正義性基準とを用いてそれぞれの決定類型の長所および短所を見出し，問題解決にとって最も適切な決定（または各決定の組合わせ）を考え出す，という作業から出発する．ところが，すでに述べたように（→ 3.27, 3.34），効率性基準も正義性基準も，考え方の大まかな指針というにとどまり，それらを応用すれば一義的に結論が導かれる，というようなものではなく，かつ両者の関係も入り組んでいて，応用すること自体が新たに問題を生じさせる，という性質を持っている（→ 3.4）．また，いま述べたように，3つの決定類型も理念型であるから，無限の偏差を持って存在する具体的問題の解決に当たって市場・組織・中間組織のいずれによって対処すべきか，という「解釈」の問題が常に生じる．そうだとすると，法制度設計において最も重要なのは，すべての知的作業に共通するところの，「問題」の発見またはその定式化の能力である，という，理論化できない一般論に帰着してしまう危険がある（問題解決の手法一般については，→ 5）．それを避けつつ，できるだけ理論的（したがって実用的）たらしめるには，「解決すべき問題がこれこれの性質を持つならば」というような各種の仮定をおき，その仮定の下に，法制度設計の手掛かりとなる命題を提示するほかない．本章が列挙する諸ガイドラインはこのような性質のものであることを，ことわっておかなければならない．

（120頁～121頁）

text 1-18　山崎亮『コミュニティデザイン』(学芸出版社，2011)

α　**ディズニーランドに学ぶ公園のもてなし**

　マネジメントの世界では常識だったのかもしれないが，僕はそのとき初めてディズニーランドのマネジメントについて勉強した．当時は，ディズニーランドのマネジメントがなぜ成功しているのかということが話題になり，ディズニーランド関連の本が一通り出版されて，それらを多くの人が読み，読み終わった本を古本屋に売ってしばらく経った頃だった．時代の波に乗り遅れていることを実感しながら，100円均一の棚でたくさんのディズニーランド関連本を買ったことを覚えている．

　ディズニーランドのマネジメントにはいろんな仕掛けがあるものの，公園との比較で特筆すべきなのは「キャスト」の存在である．キャストとは，歌ったり踊ったりす

るミッキーマウスやドナルドダック，音楽を演奏する人たち，あるいは掃除をする人たちである．この人たちがゲストである来園者の僕たちを夢の世界へと連れて行ってくれる．管理者であるオリエンタルランドという会社の人たちとは会うことはないけれど，キャストの存在がディズニーランドを楽しいものにしているのである．余談だが，この計画づくりのために何度かディズニーランドへ視察に行った．遊びに行くわけではないので，すべての乗り物がフリーになる「パスポート」を購入せず，単に「入場券」だけ購入して園内に入ることが多かったのだが，一度だけ「トムソーヤ島」という島へ渡りたくなったことがある．パスポートを持っていない僕は，園内で乗り物券を買わなければならなかったのだが，ほとんどの人がパスポートを持っているためか「乗り物券売り場」が見つからなかった．どうしても見つからないので，掃除している人に「乗り物券はどこで買えばいいのでしょうか？」と尋ねてみると，その人は神妙な顔で「道順がややこしいのでしっかり覚えてくださいね」と言うと，僕の背後を指差して「目の前です」と笑った．振り返ると，木の茂みに隠れるようにして乗り物券売り場があった．掃除の人までもがキャストとしての役割を意識しており，道案内を通じてでも来園者を楽しませることに注力していることに感動したことを覚えている．

市民参加型のパークマネジメント

普通の公園にはキャストがいない．ゲストとして公園を訪れた人は，管理者と会うこともなく勝手に遊んで帰ることになる．管理者はゲストに迷惑がかからないように花を植えたり芝生を刈ったりしているだけだ．ならば，有馬富士公園にはキャストの存在が欠かせないのではないか．ディズニーランドのように，管理者とゲストの間に入って歌って踊るキャスト．ディズニーランドのキャストはお金をもらいながら歌って踊っている一方，有馬富士公園は県立公園なので入場料を取るわけにはいかない．となれば，キャストは無給であるにも拘わらず歌って踊る人たちでなければならない．つまり，ゲストもキャストも公園利用者だと考えるしかないという結論に達した．プログラムを提供するキャストも，プログラムを享受するゲストも，ともに公園を利用して楽しんでいる人たちだと考えることにした．

有馬富士公園におけるキャストは，博物館を通じて関係団体に声をかけることによって公園に関わってもらうことになった．関わってもらうにあたって，まずはいくつかの団体にヒアリングを行った．活動の内容について語ってもらい，そのなかで困っていることを聞き出した．「会議室を借りる費用がかさむ」「チラシのコピー代がかかる」「活動のための道具を置いておく場所がない」「若い人が団体に入ってきてくれない」「発表の場が少ない」など，活動する上でネックになっていることが整理できた．こうした課題をパークマネジメントの中で解決できないか考え，行政の担当者や博物

146　　第 2 章　規範と適用

館の研究者と相談しながら運営計画を策定した.　　　　　　　　　　　　（30 頁〜33 頁）

β1　キャメロン・シンクレアとの出会い

　何気なく眺めていた雑誌(『Pen』2004 年 6 月 15 日号)の 1 ページに目がとまった.「住む家のない人にこそ建築デザインが必要だ」というタイトルで紹介されていたのは,「人道支援のための建築(Architecture for Humanity)」という NPO を主宰するキャメロン・シンクレア. 災害や戦争で家を失った人たちに対して, 建築家のネットワークを通じて適切なデザインを募集し, それを現地に建てていくという活動をしている. 単なる避難所や難民キャンプではなく, 快適に過ごせるようなデザイン的工夫が随所に見られる. 本人は建築の力を信じている建築家だが, 自分で設計するのではなく世界中の建築家からアイデアを募集して現地に建物を建てることに専念している.

　社会的な課題に対してデザインは何が可能なのか. 漠然と考えていたテーマが, このとき明確になった. デザインはデコレーションではない. おしゃれに飾り立てることがデザインなのではなく, 課題の本質を掴み, それを美しく解決することこそがデザインなのである. デザインは design と書く. design という言葉の原義には諸説あるが, 僕は de-sign が単に記号的な美しさとしてのサイン(sign)から抜け出し(de), 課題の本質を美しく解決する行為だと理解したい. 僕が取り組みたいと思っていたデザインは, まさにそういうデザインである. 人口減少, 少子高齢化, 中心市街地の衰退, 限界集落, 森林問題, 無縁社会など, 社会的な課題を美と共感の力で解決する. そのために重要なのは, 課題に直面している本人たちが力を合わせること. そのきっかけをつくりだすのがコミュニティデザインの仕事だと考えるようになった.

　　　　　　　　　　　　　　　　　　　　　　　　　　　　　　（234 頁〜235 頁）

β2　ソーシャルなデザインへ

　社会の課題を解決するためのデザインについて考えるとき, 2 つのアプローチがあるような気がする. ひとつは直接課題にアプローチする方法. 困っていることをモノのデザインで解決しようとする方法である. 例えばアフリカの水道が整備されていない村に対して, 手で押して転がすことのできるローラー状のタンクをデザインすること. 水瓶を頭の上に載せて運ぶよりも多くの水を短時間で運ぶことができる. これは課題に直接アプローチするデザインだといえよう.

　一方, 課題を解決するためにコミュニティの力を高めるようなデザインを提供するというアプローチもある. 同じくアフリカの村で, こどもたちが回転遊具で遊ぶことによって地下水が上空のタンクに貯められて, 蛇口をひねると水が出てくるという仕組みをデザインした例がある. これはこどものコミュニティが集まって遊ぶことを促

すデザインであり，これによって水が手に入るようになるという解決方法である．

　コミュニティデザインに携わる場合，後者のアプローチを取ることが多い．コミュニティの力を高めるためのデザインはどうあるべきか．無理なく人々が協働する機会をどう生み出すべきか．地域の人間関係を観察し，地域資源を見つけ出し，課題の構成を読み取り，何をどう組み合わせれば地域に住む人たち自身が課題を乗り越えるような力を発揮するようになるのか，それをどう持続させていけばいいのかを考える．いずれも地域社会が抱える個別の課題を解決するためのデザインであり，この方法論は世界における課題と共通する部分がたくさんあることがわかった．今後も，ソーシャルなデザインについて世界中で活動するキャメロン・シンクレアと情報交換しつつ，日本国内の課題を解決するデザインについて検討し続けたい（現在，東北地方の復旧復興に対して Architecture for Humanity と協働する枠組みをつくるべくキャメロンと検討している）．

（246 頁〜247 頁）

II　テクストの背景

　text **1-17** の著者・平井宜雄(1937-2013)については，text **1-12** の著者としてすでに説明ずみ．平井は「『議論』の法律学」によって，伝統的な法律学の伝統（と平井が考えるもの）を復権させようと試みたが，同時に，「法解釈学」と並ぶものとして「法政策学」を構想していた．その試みは 1970 年代前半に始まったが，最終的な成果は text **1-17**『**法政策学**』に結実した[82]．1970 年代後半に政策形成を志向する訴訟が目立つようになったことに伴い，裁判官の思考様式も変化を見せるようになったが，平井は裁判官にとどまらず政策決定者としての法律家の役割に着目し，政策決定を法的な観点から評価する枠組を提示しようとした[83]．

　text **1-18** の著者・山崎亮(1973-　)はランドスケープ・デザイナー．大学で

---

82)　平井「法政策学序説」(前出注 46)に始まり，『法政策学』初版を経て，同第 2 版に至った．平井自身は，初版では経済学的視点に依拠しすぎたが，第 2 版では組織的観点を加味したとしている．ジュリスト論文の意義も含めて，平井の法政策学につき，大村「紛争解決の民法学から制度構築の民法学へ――平井宜雄『法政策学序説』を繙く」同『新しい日本の民法学へ』(東京大学出版会，2009)を参照．

83)　平井の構想は，一般論としては関心を集めたが（「特集・法社会学的法律学の可能性」ジュリスト 1010 号〔1992〕など），積極的な追随者は必ずしも多くない．

も教鞭をとる．従来の建築やランドスケープによるデザインに限界を感じ，次第に「人のつながりのデザイン」(コミュニティデザイン)へと関心を移す．text 1-18『コミュニティデザイン』では，山崎自身が関わったプロジェクトなどの実体験をふまえてコミュニティデザインの必要性が主張されている．そこでは，当事者の主体性を重視しつつコミュニティの発展を図る中で問題を解決するという手法が示されている[84]．また，デザイナーは異なる意見を持つ関係者と意見を交換しつつ，妥協点を見出す役割を担うことも示されている．

III　テクストの分析

1　運用から設計へ

日本の民法学は 20 世紀を通じて，民法典の解釈・適用につとめてきた．これはある意味では当然のことで，日本の民法学に限ったことではない．法学が「法解釈学」と呼ばれるゆえんである．このことは，法の形成に関する学問が不要であることを意味するわけではない．「立法学」と呼ばれる試みは，やはり世界各国で行われてきた．しかし，民法に関する限り，解釈・適用が主，立法は従というのは，ほぼ動かないところであった．その理由は，社会の基本部分を定める民法典はそう頻繁に改正されない(されるべきではない)という点に求められる．

ところが状況は変わりつつある．20 世紀の末年以降，民法改正は，規模においても速度においても従来とは異質のものとなりつつある．これもまた世界的な傾向である．そうであるとすれば，改めて立法のあり方を見直す必要があるのではないか[85]．こう考えたときに，日本民法学には出発点とすべきものがあるし，それを展開していくために参照しうる法学外の試みもある．そしてそこには，これからの民法学の進むべき方向と連動するものが含まれているのではないか．

---

84)　特に，東日本大震災後のコミュニティ指向の流れのなかで注目を集めた．山崎の他の著書として，『コミュニティデザインの時代』(中公新書，2012)，『コミュニティデザインの源流──イギリス編』(太田出版，2016)など．

85)　立法学の再構築への関心を示すものとして，井上ほか編・前出注 23 がある．

2 対象としての制度

text 1-17 の引用部分 α は，法律学を基礎とする政策学の必要性を説く．とりわけ，制度を対象とする社会理論が欠けていたことを指摘し，制度を対象とする社会理論を提供してきたのは，法律学のみであったとする．すなわち，経済学や政治学・社会学は個人を出発点としており，他方，歴史学においては制度は上部構造として扱われるにとどまっていたというのである．

この点において，text 1-17 は text 1-4 と呼応しうる．むしろ歴史的な経緯をふまえるならば，text 1-17 を先駆的な研究と位置づけたうえ，text 1-4 に代表される現代の研究潮流をこれに接続させていくことが今後の課題となる[86]．なお，平井は制度を「(非公式的行動とも連続する)パタン化された行動」と定義しているが，平井の定義はパタンとして制度をとらえる点では青木の定義と共通しているが，その実効性・正統性をどこにもとめるかにおいて両者は異なっている．

3 基本概念としての思考様式と決定方法

text 1-17 の引用部分 β1 では，すでに触れた法政策学の必要性につき，民事訴訟(紛争志向型訴訟から政策志向型訴訟へ)・法律(権利義務規範から資源配分規範へ)・法律家(訴訟の専門家から政策決定者・法制度設計者へ)の三つの側面から検討されている．引用部分 β2 では，(紛争当事者の相互の比較を基礎に置く)「法的思考様式」と(目的＝手段思考や因果法則の探究を基礎とする)「目的＝手段思考様式」とを対比しつつ説明する．その上で，「資源なき第三者」による裁定を想定する「法的思考様式」においては言語による主張・反論が重要であるのに対して[87]，「目的＝手段思考様式」では必ずしもそうではないことが指摘される．

引用部分 γ では平井は，私法(市場)に対応する「市場的決定」と公法(国家)に対応する「権威的決定」を区別し，前者の決定は市場で，後者の決定は組織で行われるものであるとしている．さらにこれらを両極として(日本で特徴的

---

86) 大村・前出注 80 で，この点を展開する．
87) ここにすでに，「法律学基礎論覚書」の基本思想が現れている(⇒text 1-12)．

150　第2章　規範と適用

な)中間形態としての「中間組織」を概念化し，法制度設計の基本的概念とし
て，三つの決定類型をあげている．

4　コミュニティの活性化・創出をめざすデザイン

text 1-18 の引用部分 α で，山崎は，兵庫県三田市の有馬富士公園における
「パークマネジメント」(来園者を積極的に招くためのプログラム作成)の経験を
語る．その際には，来園者と管理者の間に「キャスト」をもうけているディズ
ニーランドのマネジメント手法を参考に，関係団体に公園内のキャストとして
の役割を積極的・自発的に担ってもらえる工夫をしたことが示されている．

引用部分 β1 では，デザインとは結果の美しさのみを求めるものではなく，
社会の中の課題を美しく解決する行為であるという山崎の発想が示されている．
引用部分 β2 は，山崎の主張を要約した部分である．当事者が連携し，主体的
に問題解決にあたるためのデザインが強調されている．それは直接に問題を解
決するデザインというよりも，問題解決への環境整備をするメタ・デザインで
ある点が興味深い．

5　理論性と実践性

text 1-17 は多くの既存のモデルを素材として法政策学を確立することを目
的としているため，その内容は理論的・一般的なものとなっており，実践的・
具体的な展開は乏しい．また，決定の当否を判断する基準として「正義性基
準」や「効率性基準」が導入されているが，評価規範としての側面が前面に現
れており，行為規範としての利用可能性には疑問が残る．text 1-18 はエッセ
イではあるものの，そこに示されている議論は，コミュニティにおける政策構
想を促し，非特権化された制度設計者(デザイナー)が果たすべき役割について
実践的な提言がされている点で刺激的である．このようなボトム・アップの手
法でなしうることは，法制度の設計(デザイン)に関しても少なくないと思われ
る[88]．しかし同時に，より広い範囲での制度設計(デザイン)を考えるにあたっ
ては，立法や裁判と国民を繋ぐメディアに求められる役割を含めて，トップ・

---

88)　大村『生活のための制度を創る』(有斐閣，2005)は，このような考え方に立脚する．

ダウンの手法を開発することも必要であろう.

6　設計からデザインへ

　平井と山崎との対比からは,制度のとらえ方の違いも浮かび上がる.(その制度の定義にもかかわらず)平井は制度を設計すれば,人々はこれに従って行動すると仮定しているかのようであるのに対し,山崎はデザイナーのセッティングのもとでコミュニティが具体的な決定を行っていくと考えている.山崎は,制度設計の枠組を超えて人々は行動するのではないかということを示唆している.平井も法規範の実効性を無視しているわけではなかろうが,彼の法政策学の理論枠組はこの点を重視したものとなっていない.

　この点は「制度」の定義にもかかわる.設計者は制度(①)そのものを設計するのではなく,制度(②)をデザインして社会に働きかける,その結果として制度(③)が立ち現れると考える.①は不変であるが,②と③とは必ずしも一致しない.言い換えると,③にむけて②を構想することはできるが,それがそのまま実現するとは限らない.このような議論を山崎の議論から引き出すならば,「デザイン」という用語は山崎が想定した以上の含意を有することになる[89].

7　法律の役割・法学の役割

　このように考えるとしても,トップ・ダウンの制度構想の意義が失われるわけではない.むしろ,そのための実践的方法論が求められていることは前述した通りである.その際には,様々な方法の中で立法(より広くは規範の制定)が持つ意味を明らかにしていくことが必要となろう.このような規範に関する事実的な議論と,(平井が展開した)規範に関する価値的な議論とをいかに総合していくか,というのが,今後の法学(規範学)に求められることであろう.

---

89)　大村・前出注 88 では,「シビル・ロー・エンジニアリング」という用語を採用していたが,これは制度設計によって社会の基盤整備を行う側面を強調するためであった.しかし,本文で述べた観点からは,「エンジニアリング」よりも「デザイン」という用語を用いた方がよい.現在では,ボトム・アップの基盤整備のための主たる道具は契約であることに鑑み,「コントラクト・デザイン」という用語を用いている.この考え方については,大村『広がる民法 2 市民社会編』(有斐閣,未刊)でその概要を説明する予定である.

結　章

再び，いま，なぜ民法学か？
── 環境の変化と目的の再定位

第 1 節　社会学・マネジメントとの関係
── 新しい科学学派は必要か？

I　テクストの提示

text 1-19　武川正吾『政策志向の社会学 ── 福祉国家と市民社会』(有斐閣，
　2012)

α1

4　公共政策の循環と社会学 ── 公共政策への接近(1)

　以上で述べた理想主義，価値中立，批判主義といった三つのバイアスは，それ自体が公共政策への拒絶反応を生み出すわけではない．しかし一定の条件の下では，社会学者を「公共政策からの逃走」へと誘い，その結果として，社会学者は，公共政策に関与することを踏みとどまることになる．政策志向の社会学を確立するためには，これら三つのバイアスを克服する必要があるだろう．

　それでは，このような三つのバイアスを克服できたとして，社会学者は公共政策に対してどのような関与をすることができるのだろうか．あるいは，どのように関与すべきであろうか．

　公共政策は，一般に，企画(plan)・実施(do)・評価(see)の循環（サイクル）として把握されることが多い．ここでは，この循環過程を「公共政策の循環」ないし「政策循環」と呼ぶことにする．そして，公共政策の循環における社会学の役割について，最初に考えてみよう．

　政策循環の三つの局面のそれぞれにおいて，社会学の知識を動員することは，権利上，可能である．たとえば，スラム・クリアランスに関する公共政策について考えてみると，企画・実施・評価のそれぞれの段階で，コミュニティに関する知識を(明示的か暗示的かは別として)前提にしなければ，この政策を首尾よく遂行することはできない．また，企画や実施の段階では，合意形成や交渉などの過程で，組織社会学の

154　結章　再び，いま，なぜ民法学か？

知見が力を発揮するかもしれない．さらに評価の段階では，社会指標に関する既存の知識の体系を活用することができるだろう．

　しかし，権利として可能であるということと，事実としてそれが実現されているということは別のことがらである．日本の場合，公共政策の，企画・実施・評価といった循環の過程で，社会学が一定の役割を果たすことは，これまできわめて稀であったように思われる．家族や労働やコミュニティといった社会学の研究が最も得意とする分野においてすら，家族社会学や労働社会学や地域社会学が，家族政策や労働政策や地域政策の企画・実施・評価の基礎として活用されたという話を聞くことは非常に少ない．

　その一つの原因は，日本の社会や官僚制のなかに存在する一種の反知性主義とシニシズムにあると思われる（これは社会学に固有の問題というよりは，すべての日本の学問が直面する課題であろう）．たとえば，少年非行の予防に関する何らかの仮説がデータによって確認されたとしても，この仮説に基づいて少年非行を予防するための公共政策が策定される可能性は乏しい．日本の社会では，官僚の「現実主義」や現場の「常識」や「勘」の方が，社会学の知識よりも優先されるからである．

　しかし，それ以上に重要な原因は，社会学者の方で，政策提言につながるような，根拠に基づいた研究を，これまで十分に行ってこなかったというところにあると思われる．これは「公共政策からの逃走」の結果でもあり原因でもある．また，反知性主義やシニシズムの結果であるとともに原因でもある．このため社会学者の知見が社会の側から求められているときでも，社会学者はそれに対して気づかない（ふりをしている）か，あるいは（気づいたとしても）それに応えることを躊躇することが多かった．
（14頁〜15頁）

α2

5　公共政策の革新と社会学──公共政策への接近(2)

　公共政策の世界では，前節で見たような企画・実施・評価といった日常的な循環とは別に，ときたま革新（イノベーション）が生じる．たとえば，厚生年金の定額部分を国民年金の基礎年金に変更して，既存の国民年金の制度に「統合」するというのは相当大きな制度変更であって，日常的な公共政策の循環の枠組みを超えている（ただしひとたび革新が起こると，その後の公共政策は，当分の間循環の過程のなかに置かれる）．また男女雇用機会均等法や男女共同参画社会基本法の成立といった新しい制度の創設も，日常的なルーティンを超えた公共政策の革新と言える．

　このように，すでに存在する制度の大きな変更や，それまで存在していなかった新しい制度の導入を，ここでは「公共政策の革新」ないし「政策革新」と呼ぶことにしよう．このような政策革新の過程において，社会学はどのような役割を果たすことが

第1節　社会学・マネジメントとの関係　　155

できるのだろうか．最後に，この点について考えてみたい．

　この問いに対しては，あらかじめ一定の公準を示して，そこからの演繹によって答えることもできるし観察に基づいて経験的事実のなかに答えを見出すこともできる．前者は発見学（ヒューリスティック）的な意義をもつが，実現可能性（フィージビリティ）に対して無関心となる可能性がある．後者によって得られた結論は，現状の追認に終わる可能性がある．そこで，ここでは二つの方法を結びつけながら，この問題を考えていきたい．まず，経験的一般化によって公共政策の革新に関するモデルを構築し，次に，これに基づいて，社会学者が何をなしうるかという点について考察を試みる．

　公共政策の革新は，公共政策の当局が単独で行うことはできない．その過程には，学界（アカデミズム），言論界（ジャーナリズム），官僚制（ビューロクラシー），政界，社会運動などにおけるさまざまな主体（エージェント）が登場するが，ここでは，さしあたり解明を試みている問いとの関係で，学界（アカデミズム），すなわち社会学者をはじめとする研究者の役割に焦点を当てながら，この問題を考えてみたい．

（17頁〜18頁）

β　　研究者（したがって社会学者）は，公共政策の革新の各段階において，一定の役割を果たすことができる．しかし，それらのなかには，研究者でなくとも十分に担うことのできる役割がある．あるいは他の主体の方が，研究者よりも効果的に担うことのできる役割もある．反対に，研究者に固有の，あるいは研究者が優位な立場にある役割もある．

　○社会学者に固有の役割

　以上の検討から明らかなように，IV〜VIに関しては，とくに社会学者が研究者として関与する必然性は乏しい．これに対して，Iの社会問題の認知の段階では，社会学者による経験的調査の役割は大きい．一般に社会問題として認知されていない潜在的な問題を発掘する作業は，社会学者が研究者として行うべき仕事である．しかし，発掘した問題を世論に訴えかけるうえで研究者は無力であり，そこではジャーナリストの役割の方が圧倒的に重要である．ただし，メディアが発信する情報の原材料を生産することは，（加工するのはジャーナリストの役割であるとはいえ）社会学者に固有の仕事である．

　IIの問題解決を模索する過程で研究者が果たす役割も大きい（この場合は社会学者に限らない）．社会問題の解決に関するアイデアを提出して，それをデータや思考実験によって吟味することは研究者が得意とする仕事であろう．政策サークルのなかの官僚がこれを行う場合もあるが，それは官僚が自らの固有の役割として行うというよりは，研究者として行うと見るべきである（たとえば，介護保険に関する初期の議論では，官僚によるコミットメントも大きく，現役の官僚である西川[1987]の影響は

156 結 章 再び，いま，なぜ民法学か？

大きかったが，この論文の発表にはペンネームが使われた）．このように考えてくると，問題解決のためのアイデアを自由に発想するという作業には，研究者（したがって社会学者）も参加してしかるべきである．

Ⅲの合意形成の過程のなかでは，政策サークルのなかでの合意形成が一つの重要な鍵となる．政策サークルのなかの専門家の間で，ある程度の意見の収斂が見られないと（反対論も含めて問題解決策に関する意見の構図が明確になっていないと），世論を動かすことができない．この合意形成の過程のなかでは，データに基づいた論点整理や事前評価が重要な役割を果たすことになる．ここにも研究者（したがって社会学者）が活躍しうる場がある．

社会学の限られた資源を有効に活用するため，公共政策の革新へアプローチする社会学は，他の主体に比べて比較優位の位置にある，以上の三つの領域に重点を置くべきではないだろうか．
（26頁～27頁）

2 社会政策への規範的接近
○臨床哲学・応用倫理・公共哲学

ひるがえって価値や規範の問題を正面から取り上げるべき（と部外者からは考えられている）哲学や倫理学に目を移すと，そこには従来とは異なる新しいタイプの研究が生まれつつあることがわかる．これまでは過去の偉大な哲学者の学説をどう読み解くかということが哲学アカデミズムの主流を占めていた．学説研究から離れた探求がなされる場合でも，存在論や認識論が——いわゆる「言語論的転回」のあとでは言語論が——哲学者の思索の中心であって，価値論は研究の主流ではなかった．価値が論じられる場合でも，それは原理論の水準においてであって，これを社会的現実にどう生かすかといった問題意識は稀薄だった．つまり社会政策学との間には断絶があった．これに対して今日の日本の哲学界における（社会政策研究者の目から見て）注目すべき動きは，価値の問題が私たちの日々の生活との関係で具体的に取り上げられるようになったということである．

近年，「臨床哲学」という言葉が生まれ，カントやヘーゲルだけではなく，介護や看護や子どもの不登校などの問題を論じる哲学者が出現しつつある．たとえば，大阪大学は，1998年に，それまでの倫理学研究室を臨床哲学研究室へと改組し，これを機に『臨床哲学』という紀要の刊行を開始した．同研究室のホームページによれば，「臨床哲学」（clinical philosophy）とは，「もっと問題発生の現場に即応した哲学の語り口を探ろう」という川本隆史の問題提起に応えるものであって，「臨床」（klinikos）という「ひとびとが苦しみ，横たわっているその場所」に「哲学的思考を差し込む試み」である．雑誌『臨床哲学』に寄稿されている論攷は，失語症，生と死，セクシュ

アリティ，ケア，不登校，障害，食，等々を取り上げ，今日の哲学が社会問題の現場へと近づきつつあること，すなわち臨床哲学が社会政策学の領域と接しつつあることを示している．

倫理学でも同様の状況が生まれつつある．科学技術の発達にともなって出現した新たな問題群に取り組むため，近年，「応用倫理」の構想が語られるようになった．生殖技術の発達や臓器移植は医の現場に「生命倫理」の問題を提起する．地域環境問題への関心の高まりは「環境倫理」の問題を私たちに突きつける．IT 技術の発達は，情報の操作が容易になった分，現代社会では従来以上に「情報倫理」への配慮が求められる．これらは新しく生まれた状況に対する倫理学の側からの主体的な取組みであると同時に，科学者や政治家など現場で問題と格闘している人びとから提出される現実的要請に対する回答でもある．応用倫理の企ては，いまのところ理科系の先端科学で発生する倫理的問題の解明に主力が注がれているが，その定義上，労働や社会保障における倫理的問題の解明とも関係してくるはずである．

社会政策学の立場から見た現代哲学におけるもう一つの重要な動きは，社会科学者をも巻き込みながら繰り広げられつつある「公共哲学」の体系化の運動であろう．公共哲学という概念自体はウォルター・リップマンの 1950 年の著書に由来するというが，近年の日本では，これが一般社会や学問の私事化に対抗して公共性を回復するための学として考えられるようになっている．その成果は，2002 年 7 月に完結した講座『公共哲学』(佐々木毅・金泰昌編，東京大学出版会)全 10 巻に結実している．

(40 頁〜41 頁)

text 1-20　フィリップ・コトラー，エデュアルド・L・ロベルト(井関利明監訳)『ソーシャル・マーケティング——行動変革のための戦略』(ダイヤモンド社，1995，原著，1989)

α　**スウェーデンにおける道路交通規則の変更キャンペーン**

1967 年 9 月 3 日午前 5 時，スウェーデンでは，左側通行から右側通行へと自動車交通規則が変更になった．この新しい法律の施行によって，800 万人のスウェーデン人がそれまで慣れ親しんだ伝統的な行動パターンを変更しなければならなくなった．200 万台の自動車とその他の 100 万台の車両は，道路の左側ではなく右側を走らなければならなくなったのである．そのうえ，多くの大都市の道路は双方向通行から一方

通行に変更された.

これまでの運転習慣を大きく変えさせることができるかどうかは,新しい交通パターンや運転規則についての情報キャンペーンが成功するかどうかにかかっていた.そこで過去に例を見ないほど大規模な情報キャンペーンが二週間にわたって展開された.毎日3〜4本のテレビ番組,二つのラジオ番組,32ページのパンフレットの全戸配布など,あらゆるメディアを動員したキャンペーンを実施したのである.パンフレットは,スウェーデン在住の外国人のために,9か国語に翻訳された.また,目や耳の不自由な人々や,それ以外の身体障害者のために特別なパンフレットも作成された.

キャンペーン・メッセージは,対象をしぼって配布されることもあった(たとえば生徒).生徒たちは学年別に作成された教材を与えられた.全国のポスターと看板の掲示場所が利用された.高速道路沿いには,3〜5キロごとに法規変更の案内が表示された.日刊と週刊をあわせて130の一般紙と専門紙に広告が出された.ドナルド・ダックが活躍する漫画本にも広告が掲載された.映画館ではキャンペーン用フィルムが上映され,映画館を出ていく観客には交通規則変更の案内が聞かされた.スポーツ観戦の客も同じような広告を聞かされた.キャンペーン情報は,牛乳パック,ソフトドリンクのびんや缶,プラスチックカップ,コーヒーの缶,スーパーマーケットの袋にも記載された.民間企業は,右側交通ゲームや,交通規則変更についてのメッセージを記載した男性用下着などを提供した.

新しい交通規則が施行されたあと,交通事故について詳細な分析が行なわれた.それによると,初期の段階では,自転車と小型オートバイの事故が多く発生し,正面衝突事故が通常の2〜3倍,発生していることが判明した.そこで,補完的な情報伝達手段が実施され,効果をあげた.その結果,時間とともに事故発生率は低下した.このスウェーデンのキャンペーンから得られた結論は,周到に計画され効果的に実行された社会的キャンペーンは人々の行動を変えることができる,ということである.

キャンペーンが成功するための条件

社会科学者は,社会変革キャンペーンを成功に導くための条件を分析した.ここでその結論のいくつかを見てみよう.

ラザースフェルドとマートンは,マス・メディア主導型の情報キャンペーンが成功する条件として,次のような項目をあげている.

(1)独占——情報キャンペーンは,キャンペーンの目的に反するメッセージが存在しないように,メディアのなかで独占的な位置を確保しなければならない.しかし,自由社会で行なわれるキャンペーンの大半は競争(同じ目的を追求する他のキャ

ンペーン，あるいは対立的な他のキャンペーン）に直面するのが普通で，メディアを独占することはできない．

(2)水路づけ——マス・メディア主導型・情報主導型の社会的キャンペーンの成否は，人々のあいだに好意的態度があるかないかに大きく左右される．商業広告に効果があるのは，その役割が根本的に新しい態度を植えつけたり，新しい行動パターンをつくりあげることではなく，すでに存在する態度ないし行動を一定の方向に向けることにあるからである．たとえば，練り歯磨メーカーは人々に歯を磨くことを教える必要はない．自社ブランドの練り歯磨を使用するように方向づければいいのである．すでに定着している習慣を強化することは，変更させることよりも容易である．

(3)補完——マス・メディア主導型コミュニケーションが対面的コミュニケーションによって補完される場合，社会的キャンペーンはもっとも効果的になる．人々は，自分が聞いたことを他人と話し合うことができて，はじめて情報を有効に処理し，変革を受け入れることができる．

　ウィーブは，社会的キャンペーンに関して，「なぜせっけんを売るように，友愛の精神を広めることができないのだろう」と問いかけた．さらに彼は，商品の売り手は通常成果をあげることができるが，社会的キャンペーンの"売り手"は一般に成果をあげていない，と述べている．ウィーブは四つの社会変革キャンペーンを検討して，成功の条件を探った．社会変革キャンペーンが商品販売キャンペーンに似れば似るほど，そのキャンペーンは成功する確率が高くなる，というのが結論である．彼は標的採用者の立場から，次の五つの要因を取り上げた．

(1)強さ——メッセージに接する前から持っている先有傾向と，メッセージが持つ刺激レベルの相互作用から発生する，目標に対する個人の動機づけの強さ．

(2)方向性——キャンペーンの意図に沿って，どこでどのように反応したらいいかを個人が知っていること．すなわち，目的を達成する手段が存在していること．

(3)組織機構——個人が動機づけられたことを行動に移せるような機関，オフィス，販売ルートなどがあること．

(4)十分性と適合性——当該の課業を達成していくための機関・活動主体の能力と有効性．

(5)距離——期待できる報酬(結果)に照らして，態度または行動を変えるのに必要な労力とコストについての個人的評価．

160 結章 再び，いま，なぜ民法学か？

　ウィーブは第二次大戦中，アメリカの国債販売のために行なわれた「ケイト・スミス・キャンペーン」を分析した．ケイト・スミスは当時の人気歌手でありエンターテイナーであった．ウィーブによれば，このキャンペーンが成功したのは，強さ(祖国愛)，方向性(購入対象としての国債)，組織機構(国債購入のための銀行，郵便局，電話注文システム)，十分性と適合性(国債を購入できる場所が数多く存在していた)，距離(国債は容易に買えた)の面で条件が満たされていたからである．また，キャンペーンが実施された夜，134 のラジオおよびテレビ局で電話回線が増設され，人々がケイト・スミスの呼びかけに応えることが容易になった．ある調査が次のように記している．

　　聴取者が国債を買うためになすべきことは，電話に手を伸ばすだけだった．そこまで距離が縮められたのだった．心理的距離もこれ以上ないほど短くされた．聴取者は家から出る必要がなく，見知らぬ人に会う必要もなかった．慣れない手続きも，書き込まねばならない書類も，説明を受ける必要も，待たされることも，一切なかった．

(10 頁〜13 頁)

β　社会運動と社会変革キャンペーンの諸段階

　社会運動が成功しうることはわかったが，運動は持続しうるのだろうか．社会運動や社会的キャンペーンは発展的なものである．すなわち，運動やキャンペーンはいくつかの変化の段階を通る．しかし，カメロンが指摘しているように，社会運動が多様であるように，ライフサイクル・パターンにも多くのかたちがある．

　　社会運動に特徴的なライフサイクルというものはない．組織の人数，収入と支出，必要な外部の人数，広告宣伝物の数などによって運動の発展を数量化したとしても，それらは運動によってまちまちである．ゆっくりと発展する運動もあれば，雨後のたけのこのように活力と再生力に恵まれ，迅速に人員と資金を集める運動もある．かと思えば，ロケットのように急上昇して，あっという間に消えてしまう運動もある．

　　成長と衰退のカーブはさまざまだが，社会運動の多くは明確に区別される諸段階を通過する．各段階は，運動が抱える問題，戦略的選択肢，リーダーシップ・スタイルの組み合わせによって特徴づけられる．コトラーが提示した一つのパターンは四つの段階——改革運動段階，普及段階，管理段階，官僚制的段階——から構成されている．多くの社会運動は，社会的悪弊を劇的に指し示す能力とカリスマ性を備えた，少数

の熱心な個人によって指導される改革運動として出発する．彼らの訴えに影響力があれば，新しい支持者が運動に参加し，運動は広範かつ大衆的なキャンペーンの段階へと到達する．この段階では，運動はまだ最初のリーダーに指導されており，熱心な参加者とリーダーのカリスマ性に支えられている．

　運動に参加する人の数が増えてくるにつれて，各自の役割と責任を明確にする必要性や，運動を持続させるための財源を確保する必要性など，新しい問題が発生してくる．組織運営の技能を持っている新しいタイプの指導者が望まれるようになる．この段階で，運動は管理段階へと移行する．リーダーシップが強化され，目標設定や計画や調整の機能が運動に加えられる．新しい指導者が運動開始時の情熱をいくぶんでも持ちあわせていれば，幸運といえるだろう．

　最終的には，運動は官僚制的段階を迎える．最初の情熱が失われ，運動が官僚的な職員の手にゆだねられ，運動の主たる関心が組織の維持に向かうことになる．この最終段階では，社会運動は製品を売り込む企業活動と同じように運営されている．すなわち，厳格な組織階層が形成され，専門機能と統制を維持していくための確立された方法を持つようになる．広く支持を維持していくことさえも，カリスマ的なリーダーではなく，メディア専門家の仕事になっていくのである．

　これらの社会変革の諸段階は，不可避のものではないし，不可逆的なものでもない．たとえば，崩壊しそうな社会運動を生き返らせる新しいリーダーが出現するなど，展開のパターンには多くのバリエーションがある．重要なことは，社会変革の推進者が各段階でキャンペーンを最適化する能力を持つことであり，運動を衰退させる勢力を抑止することであり，メッセージを再活性化して広く人々にアピールすることである．社会運動には，その段階ごとに固有の問題が存在していることを認識していれば，適切な対応をすることができるだろう．　　　　　　　　　　　　　　　　（18頁〜19頁）

γ | ### 社会的プロダクトと市場を適合的に組み合わせる

　ソーシャル・マーケティングを成功させるためには，まず現在満たされていないニーズに適合するような新しい社会的プロダクトを創造するか，すでに流通しているものよりもすぐれたプロダクトを企画するかのいずれかが必要である（図2-2参照）．これはまさに，マーケティング関連の文献がマーケティング・コンセプトと呼んでいるものの本質である．コトラーによれば，「組織の目標を達成するための重要な要素は，標的市場のニーズとウォンツを見きわめ，競合相手よりも効果的かつ効率的に，期待される満足を提供していくことにある，という考え方が，まさにマーケティング・コンセプトに包摂されている」．

　プロダクトと市場の組み合わせがどれほど適合的かによって，そのプロダクトの標

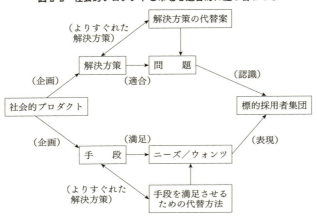

図 2-2 社会的プロダクトと市場を適合的に組み合わせる

的採用者にとっての価値が決まる．したがって，この組み合わせが，標的採用者グループの認知，態度，動機に影響を与える．この組み合わせが悪ければ，標的採用者は不十分な反応しか示さないか，あるいは全く反対の反応をしかねない．

　どうすればソーシャル・マーケターは適切な組み合わせを選択できるのだろうか．それは，標的採用者集団を徹底的に理解することによってである．このように，ソーシャル・マーケターは，自分が介在したいと考えている状況について，標的採用者集団がどう考えているのか，なぜそう考えているのかを調査しなければならない．そうするとたいていの場合，標的採用者集団が解決したい問題を抱えているか，達成したい目標(ニーズもしくはウォンツ)を持っているかのいずれかであることがわかってくる．章末の事例 2-1 は，社会変革キャンペーンが問題とニーズをどのように規定しているかを示している． (32 頁～33 頁)

II　テクストの背景

　text 1-19 の筆者の**武川正吾**(1955- 　)は社会学者，東京大学教授．福祉国家について戦後日本における社会政策，それを支える人々の価値意識などの側面から研究している．初期の著作として『地域社会計画と住民生活』や『福祉国家と市民社会』があり，近時は text 1-19『**政策志向の社会学——福祉国家と市民社会**』のほかに，編著として『公共社会学』や『公共性の福祉社会学』な

どがある．text 1-19 の副題「福祉国家と市民社会」は初期の著作以来のものであり，武川の問題意識を集約するものであると言えるが，それが「政策志向の社会学」として押し出されている点に，最近の展開が見られる．

text 1-19 は武川の論文集であるが，専門外の読者をも想定したものとなっている．この点は，「社会政策は学際的な領域であるから，本書を，社会学者以外の研究者にも読んでもらいたいと思い，また，研究者以外の読者にも読んでもらいたい」と説明している．

text 1-20 の著者のフィリップ・コトラー(Philip Kotler, 1931-)はアメリカ合衆国の経営学者で，専門はマーケティング論．現代マーケティングの第一人者であり，マーケティング論の体系化を行うとともに，ソーシャル・マーケティングの概念を確立した．共著者のエデュアルド・L・ロベルト(Eduardo L. Roberto)はフィリピンの経営学者で，アジアにおけるマーケティング論の権威の一人．

text 1-20『ソーシャル・マーケティング』はソーシャル・マーケティングの体系書であるが，非営利組織にはマーケティングが必要ないというそれまでの認識を覆し，社会・文化的福祉の改善をめざし，よりよい社会づくりに貢献する手段としてのソーシャル・マーケティングの重要性を提唱した．

III　テクストの分析

1　社会学・経営学からのチャレンジ

text 1-17 で平井は，制度設計における法律学の優位を指摘したが，今日，これに対するチャレンジが目立つようになっている．一つは，社会学からのチャレンジである．従来，経験科学あるいは批判理論を標榜し，体制内での制度の改革に関与する姿勢が希薄であった社会学が，このところ変貌を見せているからである．やや次元が異なるが，1990 年代になって表れたハーバーマスの憲法体制へのコミットメントやブルデューの社会問題へのコミットメントなども広い意味では，同じ大きな流れの中にあると言えそうである[90]．もう一つは，

---

90)　その過程で彼らが法に関心を寄せたことも注目に値する．P. Guibentif, *Foucault, Luhmann,*

164 結章 再び，いま，なぜ民法学か？

経営学(マネジメント)からのチャレンジである．その影響は非常に深刻であり，アメリカでもビジネス・スクールの繁栄とロー・スクールの衰退という現象が生じているようである．しかも，その射程は狭義のビジネスのみならずソーシャル・ビジネスにも及びつつあるが，そうなると法学(あるいは他の社会科学)との競合は必至である．

もっとも，この状況は民法学にとっては危機であるだけでなく，好機であるともいえる．19世紀末年にフランス科学学派が誕生したのは，まさに新しい学問からのチャレンジに応えるためであった[91]．21世紀の日本民法学は，新しい科学学派の誕生に向かう契機を秘めているのである．

2 公共政策への社会学の参与

text 1-19 の引用部分 α1 は日本において公共政策の循環の過程で社会学の知見が生かされてこなかったことを指摘し，三つのバイアス——理想主義・価値中立・批判主義——が社会学者を「公共政策からの逃走」へと誘導してきたとしている．その結果，日本社会や官僚制の反知性主義が結びついて，現場主義が社会学の知識を退けている状況を明らかにする．引用部分 α2 では続いて，特に「公共政策の革新」において社会学はどのような役割を果たせるかを論じようとしているが，ここで注目されるのは，「公共政策の革新は，公共政策の当局が単独で行うことはできない」という認識に立ち，「言論界，官僚制，政界，社会運動」などの他の「エージェント」との関係で「学界」は何ができるかという問題を提起している点である．

引用部分 β はこの問題提起に答えた部分である．公共政策の革新を 6 段階に分け，どの段階においても社会学の研究者は一定の役割を果たせるとしながらも，限られた資源を有効に活用するためには固有のあるいは優位な立場にある「社会問題の認知の段階」，「問題解決を模索する過程」，「合意形成の過程」に注力すべきであるとしている．

引用部分 γ では，価値や規範の問題を正面から取り上げるべきと考えられて

Habermas, Bourdieu, Une génération repense le droit, LGDJ, 2010 を参照.

91)　大村「共和国の民法学」同『20世紀フランス民法から』(東京大学出版会，2009).

第 1 節　社会学・マネジメントとの関係　　165

いる哲学や倫理学においても，社会政策が論じられるようになっていること，また，公共哲学が社会科学者をも巻き込みながら体系化を進めていることが指摘され，これらが社会政策学に接近しているとしている．

3　よりよい社会のためのマネジメント

text 1-20 の引用部分 α ではスウェーデンにおける自動車交通規則の変更とそれに伴う国家主導の大規模な情報キャンペーンを例にあげて，周到に計画され効果的に実行された社会的キャンペーンは人々の行動を変えられることが示されている．その上で，学説を取り上げ，社会変革キャンペーンを成功させるための要件として「独占」「水路づけ」「補完」，あるいは「強さ」「方向性」「組織機構」「十分性と適合性」「距離」が重要であるという見方を示している．

引用部分 β では社会運動の持続可能性につき，社会運動を改革運動段階，普及段階，管理段階，官僚制的段階の 4 段階に分け，各段階で持続のために取られるべき行動をしめしている．引用部分 γ ではソーシャル・マーケティングを成功させるためには，標的採用者集団が解決したい問題あるいは達成したい目標を見定めて「社会的プロダクト」を企画することが必要であるとしている．

4　認識のための社会学から問題解決に貢献する社会学

ウェーバー流の価値中立にせよ，フランクフルト学派風の批判理論[92]にせよ，いずれも社会に対して政策的に働きかけていくことにはなりにくい．しかしながら，今日では NPM(New Policy Management)のように，新自由主義的な色彩を帯びた政策学が影響力を持ちつつある．このような状況において，切り崩されつつある福祉国家を新たな形で支えるために社会学はどのような貢献をなしうるのか．また，ここで貢献がなしえないのであれば，社会学の存在意義は失われるのではないか．現代日本の社会学全体にこのような問題意識があらわれつつあることは，武川の最近の編著を見ても理解される．武川はこの動きをリードする立場にあるが，それは彼の専門とする福祉社会学が社会政策学[93]の

---

92)　現代では，たとえば，ホネット『承認をめぐる闘争』(法政大学出版局，2014)など．
93)　その歴史につき，『社会政策学会 100 年――百年の歩みと来世紀にむかって』(啓文社，1998)．

166 結章 再び，いま，なぜ民法学か？

流れを汲むことによるのだろう．

　いずれにしても，社会学が政策科学としての側面を重視するようになっていることは注目に値する．法学は，事実の調査・意味づけにつき学問的な蓄積のある社会学と競争しなければならない状況に置かれつつあるのだが，見方を変えれば，社会学と協働する余地も生まれてきている．

5　企業のマネジメントから公共問題のマネジメントへ

　企業だけでなく非営利組織もマネジメントの対象となる．このことは，ドラッカーの『非営利組織の経営』によっても示されている．ドラッカーは非営利組織も組織である以上，目的の達成にはガバナンスやマネジメントが必要不可欠であるとしている．これに対してコトラーは組織内部ではなく外部とのかかわり・外部への働きかけを重視している．

　法・法学と対比していえば，前者は会社法や非営利法人法などの組織規範に対応するのに対して，後者は契約法などの行為規範に対応する．ただし，法・法学はすでに組織なり行為なりが存在するところからスタートするが，経営学はそれらをいかに創出するかに関心を寄せる．コトラーに即していえば，次に掲げるキャンペーンをめぐる議論がそれである．

6　キャンペーンに関する検討

　キャンペーンをめぐる問題は，法にかかわる問題としても登場する．たとえば，裁判員制度の導入は官民挙げてのキャンペーンが行われ，それが一定の成功を収めた例である．これに対して，債権法改正はキャンペーンに成功しなかった例である．マクロ的視点で見ると，世界的な契約法改正競争が生じており，その中で債権法改正を行わないことは日本法のアジアにおけるプレゼンスを低下させるといった事情は，十分に伝わらなかった．

　こうした相違を分析するための枠組が，従来の法学には十分に備わっていなかったが，経営学の分析は少なくとも問題の所在を知らせ，かつ，解決の筋道を示す意味を持っている．もっとも，問題先行型ではなく構想提示型の立法を行うのに必要な条件の探究は，法学に求められる部分であろう．今後の立法学は，この点に答えなければならない．

7 法学とそのほかの学問

　新たな社会学の潮流が生まれる一方で，ソーシャル・マーケティングが浸透する中で，法学が独自性を示せるのはどのような場面においてであろうか．この点こそが今後考えられるべき問題である．その手掛かりは，法社会学が明らかにしたように，法は意識された法（制定法・学識法）と無意識の法（生きた法・卑俗法）の二重性を本来的に含んでいる点に求められるだろう．

　この二重性から二つのことが言える．第一に，そもそも制定法が世界を覆っているという認識が広まる以前には，二つの法の差異は明確に意識されていた．つまり規範形成には，立法というマクロな規範形成と裁判という個別具体的な規範形成という二重の回路があるということである．これらをどのように組み合わせ，相互に関連づけていくか．この点につきより立ち入った分析ができるかどうかが，他の政策学と対抗していくうえでは重要になる．第二に，法学そのものが歴史的に見て，観察される法や制度に働きかけるという性質を含んでいる．法学は法の世界に半ば取り込まれており，その営みは自己言及的な性質を有する．これは社会科学者が外部の観察者であったのとは対照的である．法学としては，この半内部性を意識的に取り出して利用していくことが必要であろう．ここに「人間＝社会」を「分析する民法学」の将来の可能性が存在する．

168　結 章　再び，いま，なぜ民法学か？

第2節　「人間＝社会」と民法学——誰のための民法学か？

I　テクストの提示

text 1-21　ジャン・カルボニエ(野上博義・金山直樹訳)「コード・シヴィル」
石井三記編『コード・シヴィルの200年』(創文社，2007，原著，1986)

α　　　記憶の場が過去を忘れさせないこと，近いにしろ遠いにしろ過去の法文を記憶に留めて蓄積することであるなら，コード・シヴィルは，誕生した当初から記憶の場になっている．コード・シヴィルの中には，コード・シヴィル自身が廃止した法が沈殿し，地層を作り上げているからであり，歴史家の目からすれば，その地層を識別することは難しくはない．そしてその地層を通して，かすかな糸ではあるが，貴重な筋道が保たれているのであり，この筋道は，人類が誕生して以来，疑いもなく法が一つであることを示している．言うまでもなく，このことは語り尽くされてきたことであり，私も繰り返し語ることになると思う．とはいうものの，フランス人にとって，コード・シヴィルが表象したものの本質とは，これに尽きるのだろうか．私は，コード・シヴィルは過ぎ去った歴史を想起させるというよりもむしろ，きたるべき歴史を告げるものであったと考えている．消え去ろうとしている歴史素材が保存されたというよりも，むしろ忘れ去られることのない象徴体系が創造されたのである．未来に向かっていること，それは記憶の場であることの別のあり方である．すなわち，記憶を保持することではなく，記憶を作り上げていくこと，これがコード・シヴィルの宿命であった．法典編纂において，コード・シヴィルだけがそう運命づけられたのである．実際，ナポレオンの五法典の中にあって，コード・シヴィルは母たる法典，この上ない法典，まさに法典そのものである．この法典だけで，集団的記憶における法の存在が確かなものになっている．刑法典には特筆すべきものが多くあるが，それでさえ，この特権をコード・シヴィルから奪うことはできなかった．

　　ずっと後の別の法典は，幾つかの社会的カテゴリーの人々を取り込むことになる．農事法典や労働法典である．特に労働法典は貴重な獲得物のような外観をもち，そして賃金労働者は多数いるからである．交通法典も同様である．追突や衝突への強迫観念があり，この法典がそれに対処しているからである．しかし国民の記憶において，それでもやはりコード・シヴィルが絶対的な典拠でありつづける理由は何だろうか．それは，この法典が歴史に彩られ，象徴を担っているからである．　　　　(168頁～169頁)

第 2 節　「人間＝社会」と民法学　　169

β1　　それにも拘わらず，この社会主義の拠って立つ歴史主義は，カール・マルクスをして，民法典に対する自分の反対姿勢を明らかにするにあたって，回りまわっての非難という性格を刻印させることになった．いわく，ナポレオン法典は勝利したブルジョワジーの法的表現であり，反封建制という意味において，フランス社会の発展における，必要で，客観的にはありうべき歴史的段階に対応している．そして，法典が害悪になりえたのはその後のことにすぎず，それは，その硬直さが次に進歩を担う社会階級であるプロレタリアートの上昇の桎梏となったからである，と．

　　しかし，より漠然とした社会主義からくるにも拘わらず，結果的にはより辛辣で，コード・シヴィルへの悪意を掻きたてる別のやり方があった．それはコード・シヴィルを金持ちの法典として表現することである．蒸気機関を考えもせず，従って大規模産業など想像もしなかったのだから，コード・シヴィルが労働者階級を無視したということはまあ良しとしよう．結局，民法典がほとんど触れなかったので，労働法典の余地が残されたのである．この点は譲歩するとして，それでは法典の考える貧乏人はどこにいるのだろうか．コード・シヴィルでは，女性には嫁資があり，孤児には相続財産があった．時として，法典は少しばかりの慈悲を表わすことがあるが——不運な債務者，売却を余儀なくされた土地所有者——，それを見ると，コード・シヴィルが心を動かされたのは貧者ではなく，むしろ貧しくなった者，嵐に巻き込まれた者，落伍した者のようである．相続財産が何もない無産者には，不幸なことに，国民的書物から手が差し延べられることはない．

　　それでもなお，貧しい人々は身分証書を通して法典に馴染んでいった，と答える人がいるだろう．間違いなくナポレオン法典は，年月を重ねる内に，各人とその身近な者の関係に区切りをつけるこの証書によって人々に記憶され，思い起こされるようになる．ありきたりの市井の人にとって，この有名な書物が，その厚さによって，エリート主義の大学と同じように近づきがたいものと思われるとしても，民事身分はまさに公立学校に少し似た姿をしている．義務的で，無償で，そして非宗教的だからである．しかしながら，まさにこの点が絶対自由主義からの抗議を受けることになる．すなわち，国家によるこの登録，そして私的生活の最も内面的な事柄，特に男女の愛に対するこの暗黙裡の統制は，いかなる上級の権利からくるのか，というわけである．このロマンティックな反コード・シヴィルの抗議では，役場での結婚が主要なターゲットになっているのだが，これは単に知識人だけのものではなかった．第二帝政期，パリの労働者地区における非嫡出親子関係の比率の高さは，プロレタリアートの先鋭的部分が民事的な儀式を軽んじていたことを証明している．しかし 1914 年の前夜には，不思議なことに，規範への回帰が勝ち取られたように見えた．1968 年の五月革

170 結章 再び，いま，なぜ民法学か？

命が勃発するまではそうであった．68 年の騒動が敷石をはがしたあげくに我々に残
したものといえば，恐らく若者の同棲関係だろう．広がりは相対的であり，拡大の可
能性も誇張されたものであるとしても，歴史的に見れば，この現象は最も注目すべき
ことの一つである．こうしてコード・シヴィルの基本的なメッセージに，集団的忘却
という覆いがかけられたのである．

　右からくる打撃があれば，左からくる打撃もある．そこで，しばしばコード・シヴ
ィルは中道であると特徴づけられている．だが，訳知り顔の解釈には注意しよう．両
極から等距離にあるとしても，そこに「政治と関わりのない」コード・シヴィルの印
を見出したりしてはならない．1789 年以来，政治しかしない国に産み落とされたの
に，コード・シヴィルが政治と無縁であるなどということがありえようか．同様に，
あたかも二つの党派の間を，両方ともその前では屈服せざるをえない理想的な正義で
もって仲裁することが使命であるかのように，天使のような公平さというものに与し
ないようにしよう．コード・シヴィルは地上に足を置き，フランスの大地の分割と不
公平の上に立っているのである．
（176 頁～178 頁）

β2 　コード・シヴィルが初等教育を介して，共和制と強く結ばれていたということがあ
る（言うまでもなく，初等教育は 1880 年代に始まるものではない．しかし，その栄
光はまさに 80 年代に始まる）．まず公民教育のお陰で，当時，例のほんの小さな民
法──役場が担当する民法，正確には，民事身分の法──が若い頭脳に注入されたこ
とを無視しないようにしよう．しかし，そこで止まってはならない．法典が収められ
た書物と，子供たちが読み書き計算を覚えるために通うこの施設の間には，ある種の
精神的な補完性が存在していた．民主的に機能するために，法典は学校を必要として
いたからである．勉強して何になるのかという疑問に，先生はこう答えた．「これか
らは，訳のわからない書類，貸し借りや仕事の契約の書類を誰かが君のために用意す
る時，何も分からずにばっ点をつけたり，もたもたしたサインをしないようにするた
めだよ．文字を知ることで，君は自分の権利の主人になるわけだ」．確かに，既に 16
世紀に慣習は編纂され，「文書は証人に優る」という原理が確立していたのであり，
コード・シヴィルがそれを発明したのではない．けれども，それ自身書かれたもので
あるコード・シヴィルは，権利を書き記すという文明を強固にし，高めた．書かれた
ものは残るのである．
　我々の時代までには，さらに一世紀が流れることになる．コード・シヴィルは歴史
という自らの資産を増やしながら，その一世紀を渡りきった．ただし，新しい共和制
が生まれるたびに加速する変化を被り，姿を変えながらであった．少なくとも，その

幾つかの章について——たとえば，離婚，親子関係，養子制度を誰もが考えることだろう——，我々が現在コード・シヴィルについてもっている記憶は，ある意味で，動画のような記憶である．大理石に刻まれた不動の判決を読むというよりも，むしろスクリーンの上を行進する車列が見える．もっと静かな比喩が好まれるだろうか．もはや，コード・シヴィルという書物が，1804年にそうであった状態でないことは一見して分かることである．それは，ヴォルテールの出版社がかつて語ったのと同じように，大量に挟み込まれた「差し替えページ」によって膨らみ，形を変えた．だから背表紙は少し痛んでしまったが，幸いにして装丁はしっかりしたままであった．

（180頁～182頁）

γ1　法を全体として見た場合，大部分の規定は「道具的」(今日の用語法によれば)と呼ぶことができる．なぜなら，それらの規定は，命令という形式の下に定式化される特定の結果を達成するための道具にほかならず，それ以上のものではないからである．しかし，まったく別の本性の規定に出会うこともある．それは「象徴的」なものである．なぜなら，その規定が命じる特定の結果をまさに越えて，受け手のイマジネーションを放射させるという宿命を担っているからである．コード・シヴィルは象徴としての書物であると同時に，象徴のつまった書物なのである．象徴が消えるがままにしてはならない．それは道具的な規定の閃光が消え去った後でも長く，法律家としての我々の道を照らしてくれるからである．

この書物は未来のある日，恐らくコンピュータのメモリーの中にしまい込まれているだろうが，今のところ，法律を適用する者の本棚——ごく稀には法律が適用される者の本棚——に並べられている赤や青の表紙の書物として，我々の目に触れている．それは，ページが開かれなくても，既にそれ自体が象徴なのである．しかし，何の象徴なのか．

我々がまず考えるのは，統一の象徴，知的な統一の象徴ということである．古典精神の影響は我々の中でかくも大きい．だが，人々の生活は膨らみ，素材からすれば民法に属するはずの法律が法典から洩れたことがあった．まだしも，一時的なものと割り切って作られた法律に限られるのなら(1914年以降，ひっきりなしの「賃料」に関する法律のように)，それでもよい．けれども，永遠のものという雰囲気を醸し出していた法文が，それにも拘わらず，コード・シヴィルから独立の法文の状態に留まった例もある．居住用賃貸借に関する1982年6月22日の法律(通称キヨ法)，あるいは交通事故に関する1985年7月5日の法律がそうである．中世の教会法学者なら，かつての教令集付属書のように『エクストラヴァガンテス』，すなわち語源としては「外でさまよう」という名で呼んだことだろう．語源学は率直であり，微笑みを誘う．

172　結章　再び，いま，なぜ民法学か？

コード・シヴィルの外部にある民事立法は，記憶の外部の法律であることに不安を覚えるべきではないだろうか．

　現代の国家において，人々が法典化にうんざりしているというわけではない．逆に我々は，小さな法典，専門的で細分化し，そして可変的なくせに憲法レベルの根拠をもつ法典が急速に繁殖するのに立ち会ってきた．すなわち都市計画法典であり，貯蓄金庫法典であり，その他枚挙に暇がない．行政機関がそれぞれ自分の必要とする法文を編集し，それによって自分たちを守るテクノクラートの要塞を建築する．このせめぎ合いの中で，コード・シヴィルは自分の領域の一部を放棄しなければならなかった（たとえば，家政あるいは不動産は民法典が扱う領域ではなかっただろうか）．それでも，コード・シヴィルは根幹的な用語の範例であり，法的記憶が堆積して生まれた諸原則を蓄積したものとして，普通法たる権威は保持している．

　法文の統合者から人の統合者へ，その間には一歩しかない．百科全書派とジャコバン派を掻きたてたのは同じ統合の精神であった．共和暦12年の民法施行法がタクトを振った勝利の賛歌の中に，知的歓喜と政治的野望を見分けることは不可能である．民法施行法は「この法律が施行される日から，ローマ法，王令，一般的・地方的慣習法，局地的慣習法，条例は，本法典を構成する法律が対象とする事柄につき一般的ならびに個別的な法としての力を失う」と規定している．単一の国民には単一の法というわけである．だが，1986年において，このことはどのような意味をもちうるのだろうか．

　ここ五年間の大問題であった地方分権化も，幾つかの地方を揺り動かした文化的自立の要求も，民法に関する事柄を含んではいなかった．そして今日，あちらこちらで，たとえばアルザスやモーゼル，山岳地方で，幾つか局地法的な側面を観察することができるとしても，それらは共和暦12年の深遠な計画を否定するにはあまりに些細で，状況的なものにすぎない．

　確かに，統一の象徴にきわめて深刻なひび割れが入ったことは隠しようのない事実である．いまや，むしろ地理的な分断ではなく，職業による，あるいは階級による分裂が問題になってくる．1938年，相続財産の移転に関して自分たちだけの規則を手に入れた農民は，その後，1980年，一種の夫婦財産制の特例を自らのものにした．そして1982年，今度は職人と小商人がそれを真似た．これは1804年に支配していた権利平等と不偏中立の原則に対する，この上なく明白な反動であった．1804年において，少なくとも原則としては，どのような市民であっても，他の市民と同一であった．聖体拝領ではすべての人が神の前で一つになるが，そうなることのない集団的記憶の場など存在しうるのだろうか．

　しかしながら，奥底の部分では，法ではなく事実の点において，より大きな問題が

第2節 「人間＝社会」と民法学　173

浮かび上がる．我々は既にこの問題にすれ違っているのだが，もう避けたままでいることはできない．それは市民の法典であるコード・シヴィルは，すべての社会階級の法典なのかという問題である．民法とは，一般的には中産階級，広い意味では，ドイツ語の民法典 Bürgerliches Gesetzbuch にあるようなブルジョワジーにのみ関わるものとする考え方がある．頂点では，力のある者が巧みにそれを避け，底辺では，惨めな者がそれから逃げる．中間の者——平凡な者——がそれに縛られる．それなしでやっていくことを可能にする条件，すなわちあり余る金，あるいは絶対的な窮乏がないのでそうせざるをえないというわけである．けれども，この考え方は簡単に逆転しうるということが分かるだろう．両極にある者，特に底辺にいる者は民法を自分のために用いることができるようになり，それが頻繁になると，それにつれ自らを中産階級と考えるようにはならないだろうか．破毀院の三つの民事部を水没させる程の上訴の殺到を見て，多分にせっかちな社会学者なら，コード・シヴィルが大衆化したというよりも，その使用によって下層階級が中産階級化したという結論を喜んで出すに違いない．

(182 頁〜185 頁)

γ2　最初の方法の魅力，新しいものを建てる者に約束された喜びと栄誉にも拘わらず，勝利したのは第二の方法であった．コード・シヴィル，すなわち，未来の「新しいコード・シヴィル」との対比で言えば，現に存在するコード・シヴィルに準拠することは，それ自体に評価を越えた価値があると思われたからである．それは，ユスティニアヌスの法におけるインテルポラティオ〔修正〕という，外見的にはきわめて奇妙な現象を説明するものと同じ心理的メカニズムである．有名な法律家，あるいは悪評にまみれてはいない皇帝の名の下に，トリボニアヌスは，新しい，異なった，さらには彼らが考えたこととは正反対の見解を潜り込ませた．ユスティニアヌスが，自らの法制長官〔トリボニアヌスのこと〕にこの一連の偽造を犯させたのは，偉大な法律家や皇帝の名前に伴う権威を横取りし，自分のために使いたかったからなどとは言わないでもらいたい．間違いなく，彼のヴィジョンは計算高いものではなく，より形而上学的であった．そのまなざしの下では，自分が創造する法と，それ以前の者が創造した法は，時間の流れの外にあって，単一の同じ法を形成していた．

停止した時間の象徴であるコード・シヴィルは，かくして，万人の暗黙の同意によって，フランスの法体系において並ぶもののない地位を獲得した．ナポレオンの五法典の中で，時代に彩られた建築工法を伝えている唯一のものであり，もっと遠く，我々のコルポラ・ユリス（法的身体）の最も古いものである．このことがそれに永遠というオーラをあたえ，それとの対比で，私法・公法を問わず，残りのすべてのものに束の間の法という刻印をあたえているように見える．二世紀足らずの間に，10 以上

174　結章　再び，いま，なぜ民法学か？

の憲法(元老院議決，憲法附加法，臨時政府宣言を計算に入れなくても)が砕け散るのをフランスは冷ややかに見てきた．フランスの真の憲法，それはコード・シヴィルなのである．もちろん，真の，といっても形式的な意味ではなく，公法学者の慣用的な区分法から借用した実質的な意味であることは言うまでもない．　　　　　　　(188頁)

II　テクストの背景

text 1-21 の著者ジャン・カルボニエ(Jean Carbonnier, 1908-2003)[94]は，フランスの民法学者であるが[95]，日本の民法学にも影響をあたえてきた．法社会学者としても著名であり，1965 年から 75 年までに行われた家族法改正にあたっては，法社会学的調査の結果を活用したことで知られる[96]．text 1-21「コード・シヴィル」は，フランス民法典の存在がフランス社会において有する意味について論じている．

翻訳で 35 頁ほどの論文であるが，全体は二つに分かれる．前半の「歴史としてのコード・シヴィル」では，民法の統一(南部慣習法地域と北部制定法地域)による国家統一や対外的な政治利用を図ったナポレオンの強力な意思によって法典が成立した背景が述べられている．また，ナポレオンが権力を失ったあとも数々の批判にさらされつつ民法典がフランス社会に浸透していった理由について，それが「妥協の法律」であったことなどが指摘されている．後半の「象徴としてのコード・シヴィル」では，国民の民法典に対する意識に目が向けられ，文化差や階級差に関わらず一律に適用され民法典が統一の象徴であり続けたことや宗教に対する言及がない非宗教的象徴であることが指摘されている．

---

94)　北村一郎「追悼ジャン・カルボニエ学長(1908-2003)」日仏法学 23 号(2004)を参照．

95)　現在では，社会科学の古典のシリーズに 2 巻本として収められた *Droit civil*, 2003 は，簡潔で個性的な実定法の説明に，多面的で詳細な周辺情報を付すという独自のスタイルを持つ．実定法を説明する体系書としてはより詳細でより新しいものがあるが，学際的な注の部分は他の追従を許さない．

96)　自身が立法について語ったものとして，Carbonnier, *Essai sur les lois*, 2ᵉ éd., 1995, 1ʳᵉ éd., 1979, Id., *Droit et passion de droit*, 1996 がある．大村「フランス家族法改革と立法学」同『法源・解釈・民法学』(有斐閣，1995，初出，1992)も参照．

第 2 節 「人間＝社会」と民法学 175

III　テクストの分析

1　社会統合の象徴としての民法典

　text 1-21「コード・シヴィル」はもともとは，ピエール・ノラ編の『記憶の場』[97)] に収録されたが，後に『民法典 200 周年記念論文集』に再録された．『記憶の場』はフランス人の集合心性の拠りどころであるシンボルが取り上げられ検討に付されている論集である．たとえば，「三色旗」「ラ・マルセイユーズ」「マリアンヌ像」などとともに「コード・シヴィル」[98)] が取り上げられている．カルボニエの叙述を見ると，第 3 共和制期においてコード・シヴィルが統合のシンボルとして「再発見」(再構成)された様子が理解される．さらに，民法典 200 周年記念式典の少し前にカルボニエが逝去したため，同式典ではカルボニエおよび text 1-21 中の「民法典はフランス社会の構成原理であった」という有名な一文に対して，繰り返し言及がなされることになった．その上，text 1-21 は『民法典 200 周年記念論文集』に収録されたことによって，民法典の現状を表すテクストとして特別の地位を占めることとなった．text 1-21 は発表後 20 年を経て聖別されたのである．

2　民法典＝ザ・コード＝社会の構成原理

　text 1-21 の引用部分 α では，コード・シヴィルは「母たる法典」「法典そのもの」であるとされ，それが「集合的記憶の場」であり「象徴体系」であることにその理由が求められている．
　引用部分 β 1 では，コード・シヴィルの「ブルジョワの法的表現」としての側面には無産者から，あるいは「民事身分」の共和国による管理には絶対自由主義から批判が寄せられてきたが，コード・シヴィルは中道であると言われることもある，しかし，中道であるとされること自体がすぐれて政治的なことであるとの指摘がなされている．引用部分 β 2 ではコード・シヴィルは公民教育

---

97)　岩波書店から 3 巻本の翻訳が出版されているが抄訳であるため，「コード・シヴィル」は訳出されていない．
98)　Le Code civil は，第 3 巻 *La Nation* の第 2 分冊 *Le territoire, l'Etat, le patrimoine* に収録．

176 結章 再び，いま，なぜ民法学か？

と結びついたこと，すなわち，法典と同様に権利もまた書き残されなければならないという観念を強化したことが指摘されている．その内容は変化したものの，法典そのものは維持されていることの意義も付言されている．

引用部分γ1では，特別法によってその内容は浸食されつつあるとしても，「根幹的な用語の範例」「諸原則を蓄積したもの」であることは変わらないとされている．つまり，そこには基本概念と基本原則が集約されている．カルボニエはこのこととの関係で象徴的な規定と道具的な規定とを区別している．また，中産階級だけを対象にするように見えるが，「民法を自分のために用いることができる」者は「自らを中産階級と考えるようにはならないだろうか」と述べている．そして最後の引用部分γ2では，「永遠というオーラ」を帯びたコード・シヴィルにつき，「フランスの真の憲法，それはコード・シヴィルなのである」としている．

3 社会の変化と法典の変化

カルボニエは，民法典200周年に寄せた一文を用意していた[99]．そこでカルボニエは，1904年の階級闘争に代わるものは2004年の「排除」であるとしていた．フランス人であるイスラム教徒をどのように扱うか．コード・シヴィルは200年を経ても，政治的な難問に遭遇している．また，EU法との関係も困難な問題となっている．単一にして不可分の共和国は揺らぎつつある．他方，2004年当時は，違憲審査も民法典には事実上及ばず，Code civil は憲法上は規則事項ではあるが慣行上立法によって改正されてきたという事情がなお存在していたが，今日では状況は変わりつつある．事後的な違憲審査(QPC)が導入されるとともに，オルドナンスを用いることによって議会のコントロールが及びにくい民法改正[100]が目立つようになってきている．民法典こそが一般意思の現れである，と言いにくい状況が生じているのである．

---

99) Carbonnier, Le Code civil français dans la mémoire collective, *in* Université Panthéon-Assas (Paris II), *1804-2004, Le CODE CIVIL. Un passé, un présent, un avenir*, Dalloz, 2004, pp. 1052 et s..

100) 2006年の担保法改正も，2015年の債務法改正もオルドナンスによって行われた．

4 コード・シヴィルは日本に根づいたか

　明治日本は「民法典」という「かたち」をフランスから導入した．法典論争を経て民法典の内容は変化したが，「民法典」そのものは依然として存在し続けている．しかしながら，「民法典は社会の構成原理である」という思想はどの程度まで定着しているだろうか．法律家が紛争を解決するための「道具」としてではなく，国民が社会を構成するための「象徴」として，民法典は正面から受け止められてきたと言えるのだろうか．

　これまでのことはひとまず措くとして，これからのことを考えてみよう．現代日本は「第三の法制改革期」を迎えており，2017 年には民法の契約法部分の全面的見直しも実現した．いわゆる債権法改正である．また，相続法改正が進行中であり，そのあとには養子法改正が続く．これから債権法を解釈・適用していくにあたり，また，相続法・養子法を立法するにあたり，「社会を創る」という観点から民法典を見直していくことが考えられるべきだろう．

　民法典には社会の構成原理が書き込まれているが，私たちは民法典の解釈・適用を通じて，あるいは改正を通じて，これを更新していくことができる．どのような原理が望ましいのか．いま改めて，市民とともにこの点を問う民法学が求められているのではないか．それは「人間＝社会」を「分析する民法学」（⇒第 1 章）に対して，「参画する民法学」（⇒第 2 章）と呼ぶべきものである．

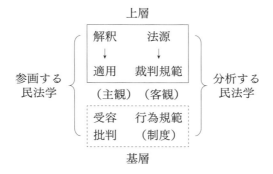

補論　教養とメチエの間で　　179

補　論

教養とメチエの間で──学際から「能際」へ

I　テクストの提示

text 1-22　吉田克己『現代市民社会と民法学』(日本評論社，1999)

α　　山本敬三の場合にも，山本顕治の場合と同様に，現在の民法学の最大の理論的課題は，法の実質化傾向をどう受けとめるか，すなわち，「私的自治や契約自由がそのままでは十全に機能せず，それを補うために介入が行われざるをえないが，しかしそれによって逆にまた私的自治や契約自由の基礎が掘り崩されるのではないかというディレンマにどう対処するか」である(1993　1・6頁)．しかし，この課題に対処する方向は両者で大きく異なる．山本顕治の場合には「法のプロセス化」による対処が図られるのに対して，山本敬三の場合には，リベラリズムを基調とするわが国の憲法との関係を踏まえた私的自治の再構築という方向が目指されるのである．

　　山本敬三によれば，憲法システムにおける国家の役割は，国家の介入禁止(国家は，それを正当化するに足りるだけの十分な理由がないかぎり，基本権を侵害してはならない)，国家の基本権保護義務(国家は，個人の基本権を他人による侵害から保護するために，積極的な措置をとらなければならない)，国家の基本権支援義務(国家は，個人の基本権がよりよく実現されるよう，積極的な措置をとらなければならない)の三点に整理される．そして，私法もまた，国家が定めた法としての性格を持つ以上，憲法が国家に対して課している右の義務は，私法に対してもあてはまるのである．したがって，私法は，公法とともに，個人の基本権の保護あるいはその支援措置を定めることをその任務とするとともに，それによって他の個人の基本権を過度に侵害することは禁止されることになる(以上について，1994・48〜49頁，1996　1・126〜129頁，1998・262〜263頁など参照)．

　　憲法システムにおける私法の役割を右のように理解した上で，契約法の領域においては，まず，私的自治と契約自由とが憲法上の自由として位置づけられる．

　　すなわち，私的自治は，山本敬三によれば，契約自由に限定されるものではなく，

180　補論　教養とメチエの間で

従来の一般的理解よりも広く「市民の生活空間を主体的に形成する自由」を意味するものと捉えられる．ここには，いわゆるライフスタイルから生死の問題に至るまで，日常生活のあらゆる場面が関係してくる．これは，私事についての自己決定権の問題として議論されているものに他ならない．ところで，憲法13条は，幸福追求権を定めることによって，リベラリズムの思想を採用していると理解することができる．リベラリズムの思想が「市民の生活空間を主体的に形成する自由」を要請することはいうまでもなく，その意味で，私的自治は，憲法上の自由なのである（1995・24頁以下．また，1993 2・5頁も参照）．

　しかし，この私的自治と自己決定権だけでは，自己の生活空間の主体的形成を積極的に図ることはむずかしい．他人に影響せざるをえないような生活空間の形成は一人ではできないからである．そこで，他人の同意を得てそのような生活空間の形成を可能にする制度が必要になる．これが契約制度である．契約自由には，その積極的側面として，国家による契約の承認と裁判所によるその強制的実現という面がある．すなわち，「契約制度とは，出発点としては私的自治と自己決定権を支援するための制度であるが，当事者間の関係が破綻した場合には，反対する者の現在の私的自治と自己決定権を無視してでもその者を拘束するという強制的性格を併せ持つ」（1993 2・6頁）．この側面では，契約自由は私的自治と断絶しているが，この強制的性格がなければ，契約を通じて自己の生活空間を主体的に形成する自由も無意味なものになってしまうから，この契約自由の積極的側面もまた，憲法13条によって要請されるものである，と把握されるのである（1995・29〜33頁．また，1993 2・5〜6頁も参照）．

　したがって，国家は，基本権である契約自由を制約することを原則として禁止される（介入禁止）．しかし，契約が個人の基本権を侵害するような場合には，国家は契約自由に介入することができるし，また，介入しなければならない（基本権保護義務）．国家は，この責務を立法を通じて果たすことを要請されるが，立法が十分な保護手段を用意していない場合には，裁判所が，立法の不備を補って自ら法形成のかたちで保護を与える憲法上の責務を負う．これを個人の側からいうと，個人は，国家に対して，基本権の保護を求める権利＝保護請求権を有するということになる．また，国家は，個人の基本権がよりよく実現されるよう，積極的な措置を講じる義務（基本権支援義務）も負うが，この場合には，各個人に保護請求権のような対国家請求権を認めるわけにはいかず，誰の基本権をどの程度支援するかは，原則として，国民の民主的決定，すなわち，立法に委ねられるべきものとされる（1993 1・17頁，1995・60〜62頁，68〜70頁，1996 1・127〜128頁など参照）．

　ところで，ある個人の基本権の保護または支援を目指した国家介入は，他方で，他の個人の基本権を侵害する可能性がある．そこで，前者の目的での介入が過剰介入と

なって後者の基本権を過度に侵害することを防止するために,「衡量」が必要となる.このための基準として採用されるのが,原理間衡量が問題となる場合に一般的に妥当する基準と理解されている「比例原則」である.この比例原則は,より具体的には,「適合性の原則」(手段が目的の達成に適したものであること),「必要性の原則」(手段が目的の達成にとって必要不可欠であること),「均衡性の原則(狭義の比例原則)」(目的と手段が均衡を失していないこと)の三つの部分原則からなる(19961 1・129頁.また,1993 2・15頁以下も参照.アレクシーのルール・原理・手続モデルに即して同趣旨が展開されている).

もっとも,このような基準を立てても,それだけで具体的判断の不確定性が排除されるわけではない.そこで,それをどのように小さくしていくかが問題となる.山本敬三は,そのために,さまざまな原理間で抽象的な序列をつけるという方向を採用せず,論証責任の導入によるソフトな秩序形成という方向を選択する(1993 2・18頁).この点では,「法のプロセス化」と共通する志向が見出されるが,山本敬三の場合には,手続に過度の位置づけを与えることが拒否されていることにも同時に注意する必要がある.

以上に見られるように,山本敬三理論は,《国家―社会―個人》の緊張関係という本書での視角から見れば,明確にリベラリズムを基調とする個人指向型の理論である.そのような理論の性格は,個人に優越する国家(ないし社会)という理念に対する否定的評価にも明確に現れている.具体的には,公序良俗論に関連して,我妻協同体主義が批判される.次のようである.「協同体主義とは,『個人と国家とが有機的に結合された個と全との関係に』立ち,『個人の自由は,国家全体とともに文化の向上に尽くすべき責務を伴うもの』と見る考え方である.ここで前提とされているのは,個人の幸福が全体の向上発展となり,また全体の向上発展が個人の幸福にもなるという考え方にほかならない.しかし,こうした考え方がリベラリズムの思想と相いれないことは明白だろう.リベラリズムによれば,個人は,それによって全体が向上発展するから幸福を追求するのでもなければ,全体が向上発展するために幸福を追求しなければならないのでもない.何が『幸福』であるかを自分で決め,その達成を自分で追求するところに,他のものには還元できない固有の価値を認めるのである」(1995・33~35頁).

ただし,同時に留意すべきは,国家の基本権保護義務,支援義務に示されているように,山本敬三理論のもとで,国家介入がすべて否定的に評価されるわけではなく,「国家による自由」が志向されていることである.その意味で,この理論は,あくまでリベラリズム指向であって,リバタリアニズム指向ではない.たしかに,保護義務を通じた国家介入を志向する場合には,それと自己決定との間に緊張関係をもたらす

ことを否定しえない．しかし，この点に関して結論的には，本書もまた，右のような
緊張関係を自覚しつつも，現代社会において自己決定権と個人の基本権を確保するた
めには，限界を明確に画された形での国家介入は不可欠と考える．他方，山本敬三は，
「国家による自由」の正当化を，「市民相互間の平和的共存の確保」が国家の第一次的
任務であるという，多分に論理的ないし規範的な国家論の次元に求める(1993 1・17
頁．また，1995・69～70頁参照)．そのような観点を否定するものではないが，本書
は，一方での大衆たる消費者層の出現，他方での企業を始めとする強大な社会的権力
の出現という社会構造の変化に，かかる方向性の実質的な根拠を求めるという問題意
識を重視する．もっとも，この点の具体的展開は，本書全体を通じての課題であって，
ここで詳細に述べることができない．　　　　　　　　　　　　　　　　(16頁～20頁)

β　4　大村契約正義論

契約法の最後に，契約自由の原則を相対化し，約款規制や消費者保護の必要性とい
う現代的現象を背景としつつ，契約関係を貫く原理として契約正義を強調する見解を
取り上げよう．端緒的には星野英一によって提示された方向であるが，その本格的な
展開は，近時の大村敦志の諸論考によってなされたといってよいであろう．

大村は，まず，大陸法において，契約正義に立脚する契約原理である「給付の均
衡」法理が契約自由と対抗する形で根強く残存し，さらに，法典成立後，判例や特別
法によってその拡張が試みられていることを指摘する(1995第2章，第3章．まとめ
として，367～368頁)．これに対して，日本においては，旧民法の立法過程において
「給付の均衡」法理の一つの現れであるフランス法のレジオン法理の導入が試みられ
たこともあるが，結局挫折した．このようにして，日本の民法典は「給付の均衡」法
理を欠くことになった．しかし，判例は，後の展開のなかで，暴利行為法理を柔軟に
活用することによって，日本型の「給付の均衡」法理を創造している(1995・361頁)．
約款規制や消費者保護などの今日的な課題に対処するために，そのような「給付の均
衡」法理を活用するというのが，大村の基本的発想であり(1995・4頁)，ここには，
明瞭に契約正義志向を見出すことができる．

これは，契約関係における個人の自律を無条件で認めるのではなく，外在的価値基
準からする契約への介入を肯定的に評価する発想である．この介入のあり方に関して，
大村理論には次のような特徴を指摘することができる．

第一に，右の介入を国家が行う場合には，禁止規定を設けて国家のイニシアティブ
によって(行政的・刑事的手段によって)その実現を図るやり方と，基準はたてるがこ
れを一律には強制せず，当事者の要請に応じてその実現を図るというやり方がある．
民事裁判による規範実現が後者に当たるが，大村は，この方向を，「一定限度での定

型的規制と消費者のイニシアチブに基づく事後的調整」と特徴づけた上で、「自由放任と全面介入を調和させる可能性を有する」ものと積極的に評価するのである(1991b4・58, 55頁). 行政的・刑事的国家介入が否定されるわけではないであろうが, ここには, 民事裁判の利点を強調することによって国家介入の限界を画するという発想が見出される.

第二に, しかしながら, 民事裁判というチャネルを通じた国家介入についていえば, そこでは, かなり広範な介入が予定されていることも指摘する必要がある. 民事裁判において法源として機能すべき国家法の範囲が広いからである.

たとえば, 大村は, 行政上の諸法令に違反した行為の私法上の効力論(法令違反行為効力論)に関して, そのような法令を, 個々の取引において当事者の利益を保護することを目的(の一つ)とする法令(取引利益保護法令)と, 取引の環境となる市場秩序の維持を目的とする法令(経済秩序維持法令)とに分けた上で(1993 下・71頁), そのいずれにおいても, 法令違反行為の無効を広く認める. 前者については, 法令の規制目的と取引の効力否定との間には矛盾相剋が存在せず, 法令違反行為を無効とすることが, 規制目的にもかなうし, 当事者の信義・公平を実現することにもなるからであり(1993 上・86頁), 後者については, 市場の確保や競争の維持が真に追求されるべきものであるのなら, 独占禁止法などによってその実現を追求するだけでなく, 私法においてもこれらの価値の擁護が試みられるべきだからである(1993 下・68頁). 要するに, ここでは, 公法の領域に属する法令の私法上の公序への積極的な組み込みが目指されるわけである(1993 下・72頁). また, 大村は, 典型契約論に関して, その積極的意義を認めない現在の支配的見解(典型的には来栖説)を批判し, 公平な契約内容を保障するための装置として典型契約を見直そうとするが(1997・4頁以下, 42頁以下, 304頁以下など), それが意味するのは, 典型契約規定に契約当事者間に特約がない場合の補充規定としての意味を持たせるだけではなく, 場合によって契約自由を制約する効力を認めるということである. ここでも, 民事裁判において国家法が法源として果たす機能は大きくなっている.

右にまとめたように, 大村理論は, 民事裁判を通じた契約への介入と, そこでの法源としての国家法の活用を通じて, 契約正義の実現を志向する. それは, これまで見てきた諸理論との関連でいえば, 契約正義という一の実体的価値を志向するものであって, プロセス志向の理論(内田, 山本顕治)とは明確に一線を画する理論である. さらに, この理論は, 《国家―社会―個人》の緊張関係という本書の視角から見れば, 右に述べた限りでは, 国家指向型の理論といってよい. しかし, この点に関しては, さらに多少の検討が必要である. というのは, 大村契約法理論の展開にとって一つの画期をなすと目される著書『典型契約と性質決定』においては, むしろ社会指向型とも

184　補 論　教養とメチエの間で

見える議論が展開されているからである.

　すなわち,　そこでは,　まず,　個人と社会との関係について「個人と社会を対立させ
ずその二重性・相互依存性を重視する」という観点が強調され,　より具体的には,
「原子論的な個人の自由を支える共同体の価値」の模索,「個人を抑圧する固定的な実
体としてではなく,　個人を支援し個人によって更新される絆」としての共同体理解と
いう,　西欧諸国における近時の思想的試みへの共感が表明される.　そして,　典型契約
類型は,「契約において個人と社会(個と共同性)とをつなぐ輪として存在する」と把
握されるのである(350〜352頁).　ここでは,　負荷なき自我を前提とした原子論的個
人主義に対する批判が語られている.「連帯」「友愛」「アソシアシオン」などのキ
ー・ワードへの着目(328頁)とも併せて見れば,　理論の基調には,　個人の自律という
よりも,　社会(共同性)への共感があるといってよい.

　問題は,　この社会と国家との関連である.　この点に関して大村の「社会」は,　必ず
しも国家との緊張関係を孕むものではなく,　国家と社会とが一まとまりになり,　それ
と個人との相互関係が問題とされている印象が強い.　たとえば,「典型契約類型は,
契約という行為のために社会によって(国家とされていないことに注意:引用者)提供
されているカテゴリー」である(351頁)と理解され,　典型契約の二類型として,「法
律による法定類型」と「判例・慣行による非法定類型」(11〜12頁)が並列されるので
ある.　ここでは,　慣行(社会)による典型契約類型が判例ないし立法(国家)に,　あるい
は承認され,　あるいは否定されていく過程のダイナミズムは,　十分には視野に入って
きていない.

　他方,　国家と社会との緊張関係が意識されているところもある.　たとえば,　慣習に
関して,「今日では,　国際取引社会にせよ国内の取引界にせよ,　国家法とは相対的に
独立した領域で生成し通用する規範がたしかに増えてきている…….　ただし,　この自
律性は,　それぞれの領域における規範生成の担い手の公益的性格を考慮して承認され
ているのであり,　その意味では無限定の自律性が認められているわけではない……」
(290頁)と述べられ,「慣習の内容的な正当性に関する議論」の必要性が説かれると
き(296頁),　そこでは,　国家と社会との緊張関係を前提としつつ,　国家による社会規
範のコントロールの必要性が語られているものと解される.　この点は,　大村理論と国
家に対する社会の優位(裁判における社会規範の採用)を志向する内田理論との違いを
示すものとして注目されるが,　全体としては,　この観点はさほど強調されていない.

　現代における国家と社会のあり方を踏まえるならば,　個人の自由と基本権の擁護を
目指すためには,　国家と社会の緊張関係という視角を自覚的に方法化する必要がある
というのが本書の基本的立場である.　その上で,　社会(共同体)を前面に出すことによ
って国家との関係で個人の権利を擁護するという戦略(これは法多元主義に結びつく)

を選択するか，反対に，国家によって社会（共同体）を制約することを通じて個人の権利を擁護するという戦略（「国家による自由」を志向する）を選択するかは，当該社会の構造をどう認識するかにかかわってくるであろう。　　　　　　　　　（21頁〜24頁）

II　テクストの背景

　text 1-22 の著者・吉田克己（1949-　）は現代日本の民法学者，元北海道大学教授・現早稲田大学教授．フランス法研究に基づく基礎的な研究のほか，**text 1-22『現代市民社会と民法学』**に見られるように，法状況を鳥瞰しつつ大きな方向性を示す研究を展開している．吉田の表現を借りれば，「現代における民法学の理論的課題をマクロの観点から整理・検討する．あるいは，現代日本社会が提示する法的な諸問題に対応するために，民法学がどのような規範的理論枠組みを備えるべきかを全体的に検討する」ことが目指されている．また吉田は「社会を法的空間としての市民社会という観点から捉え，近代市民社会から現代市民社会への構造変容を理論化するよう努めた」とも述べている．

　このような構想は text 1-22 の出自と密接に関連する．このテクストは民科法律部会の合宿で行った報告に由来するが，確かにここでは民科法律部会において展開されてきた「市民法＝資本主義法」論が継承されている[101]．しかし同時に，「転換期の民法学——方法と課題」と題された日本私法学会シンポジウムへの言及もなされている[102]．後述するように，text 1-22 の注目すべき性質はこの両属性に求められる．

III　テクストの分析

1　内部と外部を架橋する

　研究の成果は，基本的には専門家集団の内部に向けて発信され，その当否はその集団に固有の基準によって判断される．法学の場合には，専門家集団（法

---

101)　雑誌・法の科学などにおいて展開された．
102)　その記録は，私法 60 号（1998）所収．

律家共同体とも呼ばれる)には，法学者(大学法律家・理論家)のほかに法曹(職業法律家・実務家)が含まれる点が特徴的ではあるが，発信が集団内部に向けられている点に変わりはない．本書第1部で紹介・検討してきたテクスト群も，基本的にはこのような性質を持つものであった．もっとも中には，学際的な性質を帯びたものもあったが，それもまた，集団の内部に位置する研究者が内部に向けて，外部の学問を援用するという性質のものであり，真の意味で学際的な性質を有するものは法学の領域には必ずしも多くはなかった[103]．

しかしながら，様々な意味で民法学が自閉しつつある今日，外部に向けて民法学の成果を語る試みは，かつてなく強く求められている．そして，従来の民法学を振り返ると，そうした例もないわけではなかったことに気づく．text 1-22 はその一例である．同書の第1章「民法学の新たな理論動向」においては，契約法・土地所有権法・不法行為法・家族法につき，1990年代の研究動向が総括されている．

2 契約法理論の動向

text 1-22 の引用部分 α は，山本敬三(1960-)の契約法理論(私的自治論と呼ばれている)を紹介する部分である．ここでは山本の複数の論文の内容が要約・紹介され，その理論は「リベラリズムを基調とするわが国の憲法との関係を踏まえた私的自治の再構築」を目指すものであるとされている．山本によれば，私法もまた個人の基本権の保護・支援装置を定めることを目的とするとした上で，国家は立法によってこの責務を果たせない場合には，裁判所がその不備を補う責務を負う．もっとも，山本は国家介入を否定しているわけではなく，「国家による自由」が志向されている．吉田はそのようにまとめている．

引用部分 β では，大村敦志(1958-)の契約法理論(契約正義論と呼ばれている)が紹介されている．ここでも大村の複数の論文の内容が要約・検討されて

---

103) 川島・平井のものは外部への発信をももくろむものであったと評しうるが，それはあくまでも副次的な目的であった．また，我妻のものは外部からの評価に耐えるものであったと評しうるが，少なくとも「近代法における債権の優越的地位」に関する限り，我妻本人は必ずしも意識的にそうしていたわけではない．他方で，青木やデュルケムのものは学際性(越境性・融境性)を帯びているが，これらは法学の領域に属するものではない．

いるが，その理論は「民事裁判を通じた契約への介入と，そこでの法源としての国家法の活用を通じて，契約正義の実現を志向する」ものであり，実体的価値を措定する点においてプロセス志向の諸理論とは一線を画するとされている．そこに見出されるのは国家指向型の理論であるが，同時に，大村は個人の自律よりも社会への共感を示す社会指向性をも示している．吉田はこのようにまとめている．

3　内在的な読解の試み

　吉田によれば，山本理論は個人の自己決定を国家によって実現する理論，大村理論は国家≒社会によって個人の自律を制限する理論，ということになる．このような要約は吉田自身の立場との関係で意味を持つ．すなわち，山本と同様，限界を明確に画された国家介入は必要である，大村と異なり，国家と社会の緊張関係をより明確に意識する必要があるというわけである．

　ここで留意すべきは，吉田は簡単にこのような図式化を行っているわけではない点である．吉田は，山本による「国家による自由」の正当化は「市民相互間の平和的共存の確保」が国家の第一次的任務であるという論理的・規範的な国家論に求められているとしている．同時に山本が，自己の生活空間の主体的形成を積極的に図るには，他人の同意を得てそのような空間の形成を可能にする制度が必要であるとしていることも指摘している．また吉田によれば，大村は典型契約類型は「契約という行為のために社会によって（国家とされていないことに注意：引用者）提供されているカテゴリー」であるとして，国家・社会を区別しないかのようであるが，他方で，国家法とは相対的に独立した領域で生成する取引規範の自律性につき，その「内容的な正当性に関する議論」の必要性を認めているとされている．

　ここに見られるのは，特定の図式によって諸学説を縮減するのではなく，諸学説の持つ可能性に開かれた態度を採るという慎重な姿勢である．こうした叙述があることによって，山本と大村がともに（異なる志向性を持ちつつも），「契約制度」は個人が社会関係を結ぶ上で不可欠なツールとして国家によって提供されているという観点に立っていることが覆い隠されることなく示されている．

4 内部からの架橋を企てる

　吉田がこのような姿勢をとりえたのは，吉田が民法研究者として第一線に立つからである．吉田においては，諸学説を内在的に理解した上で自己の立論の素材とする姿勢が堅持されている．この点が，吉田と同様の試みを展開するかに見えつつ，法律家共同体の内部において吉田ほどの説得力を獲得できない見解との重大な相違点である．

　従来から，法学の内部と外部を架橋する試みはなかったわけではない．しかしながら，そのなかには，外部的・超越的な観点に立って法学を説明しようとするものが少なくなかった．結果としてそれらは，同一の観点を共有するグループ内，あるいは，内的な観点を持たない一般市民に対しては，一定の説得力を持つとしても，法学の内部においては十分な支持を得ることができなかった．

5 レヴューないし総合の役割

　吉田が行っているのは，自然科学風に言えばレヴューないしサーヴェイということになる．ただし，自然科学においては，これらは新たな知見を生み出すものではなく，二次的な価値を持つに過ぎないものとされるのに対して，法学においては，このような観点に立つがゆえに見えてくるものがあることが，改めて強調されなければならない．

　むしろ吉田のいう「マクロ」の観点，あるいは総合(synthèse)の観点に立つことによってはじめて，民法学の内部において各研究者がメチエとして行っている日々の研究活動の意味が，外部に対してのみならず，内部に対しても明らかになるのである．さらに言えば，ここでの「内部」は，民法学内部であるだけでなく，（ほかの法領域の研究者を含む）法学内部，さらには（実務法律家を含む）法律家共同体内部でもある．

　すなわち，そこに現れるのは，「職能」を超えて（暫定的な）共通理解を共有するための「場」なのである．

付録
text 著者一覧

text 1-1　中島文雄(1904-1999)(英語学　東京大学)

text 1-2　フット(1954-　)(法社会学　東京大学)

text 1-3　デュルケム(1858-1917)(社会学)

text 1-4　青木昌彦(1938-2015)(制度派経済学　スタンフォード大学)

text 1-5　サヴィニー(1779-1861)(歴史法学)

text 1-6　木庭　顕(1951-　)(ローマ法　東京大学)

text 1-7　エールリッヒ(1862-1922)(法社会学)

text 1-8　ラムザイヤー(1954-　)(法の経済分析)

text 1-9　我妻 栄(1897-1973)民法　東京大学

text 1-10　川島武宜(1909-1992)民法／法社会学　東京大学

text 1-11　加藤一郎(1922-2008)民法　東京大学

text 1-12　平井宜雄(1937-2013)民法　東京大学

text 1-13　星野英一(1926-2012)民法　東京大学

text 1-14　広中俊雄(1926-2014)民法／法社会学　東北大学

text 1-15　兼子　一(1906-1973)(民事訴訟法　東京大学)

text 1-16　石田　穣(1940-　)民法　東京大学

text 1-17　平井宜雄

text 1-18　山崎　亮(1973-　)(ランドスケープ・デザイナー)

text 1-19　武川正吾(1955-　)(社会学／公共社会学　東京大学)

text 1-20　コトラー(1931-　)(経営学／マーケッティング論)

text 1-20　ロベルト(経営学／マーケッティング論)

text 1-21　カルボニエ(1908-2003)民法／法社会学　パリ大学

text 1-22　吉田克己(1949-　)民法　北海道大学

あとがき——「民法学」を諦めない

1　本書においては，第1部では主として「学際」の観点から，第2部では主として「国際」の観点から，これまでの日本民法学の「構造」と「歴史」を振り返り，これからの日本民法学を展望した．すなわち，「社会の学」としての(民)法学を展開する試みを復権させ，現代の(脳科学・認知科学，霊長類学・発達心理学などの発展を踏まえた)「社会科学」の中に位置づけ直すべきこと，また，西洋法(近代法)を継受した日本の経験を東アジア(さらには非西洋)の経験として普遍化し，西洋法のあり方を相対化する「人文学」としての日本民法学を構想すべきことを説いてきた．あわせて，全体を通じて，とりわけ補論において改めて，(職能を超えた)「能際(inter-socio-professionnel)」，(世代を超えた)「時際(inter-générationnel)」の観点にも注意を促した．(民法を学ぶ者という意味での)民法学者は市民社会の一員として，しかし，専門の法曹や一般の市民とは異なるスタンスで民法に向かう必要があるのではないか．また，現代の民法学者は，民法学というリレーのランナーとして，後続世代のためにその成果を遺すことを考える必要があるのではないか．こうしたことを付言した．

2　以上のように，本書が四つの方向での「開放」を推奨するのは，現代における日本民法学は「閉塞」の傾向を見せつつあるのではないかと危惧するからである．もちろん過去においても現在においても，個々の研究者のあり方は一様ではない．しかし全体として見るならば，たとえば30年前に比べ，日本民法学の伝統と呼ぶべき「社会法学」が退潮しつつあるように思われるのである．ここでいう「社会法学」には二つの意味がある．一つは，民法は社会に存在する，という法イメージであり，もう一つは，民法学は社会の改良を目的とする，という法学イメージである．これに対して平成日本の民法学が行き着いたのは，裁判規範としての判例重視であり，社会問題への関心の希薄化なのではないか．少なくとも，法学大学院の学生たちにはこうした見方が広がりつつあるように感じるが，意識すると否とにかかわらず，民法学者はこうした見方

を推奨することになっているのではないか．その結果として生じているのが一般市民の法離れ・法学離れである．ここで「法離れ」というのは，法は法律家のものであり，自分たちとは無縁であるという感覚であり，「法学離れ」というのは，法学は時代遅れであり，社会のあり方を理解し，変革していくには無力であるという見方である．本書を通じて私は，民法は一般市民のものであるべきこと，民法学が「社会」を理解し変革する上で一定の成果を挙げてきたことを示し，そのことを通じて，現在および将来においても民法は市民のものでありうる，社会を理解し変革する上で一定の成果を挙げうるという可能性を示唆したつもりである．

このような認識に対しては，民法は過去においてはともかく，現在および将来においてはもはやそのようなものではありえない，あるいはそもそも過去においてもそのようなものではなかったという批判がありうる．また，民法学の課題は「社会問題」に限られるわけではない，今日ではむしろ現代に適合した「経済基盤」の整備こそが重要であるという見方もありうるだろう．いずれももっともな意見であり，問われているのは，前者に関しては「市民」とは誰か，後者については「社会⊃経済」か「社会＝経済」か，という「民法＝市民法（droit civil）」の根本問題である．この点につき，私は，市民とはブルジョワだけではなく，市民社会とは経済社会に尽きるものではないという立場——従来の日本民法学が暗黙裡に前提としてきた立場——を意識的に引き受ける．その意味で，私は民法学を諦めない．

3　従前の（あるいは私がその再生を提唱する）日本民法学に対しては，別の観点からの批判もありうる．重要な批判の一つは，加毛准教授によって提出されている．加毛批判のポイントは二つに分かれる．一つ目は，比較法研究に潜む権力性の摘出であり，二つ目は，法律論による法実践の実効性に対する疑問である．誤解を恐れずに単純化すれば，前者に関する加毛准教授の批判は，（一定の立場に立った）法統一を目的とする従来の比較法研究が有する西洋中心主義に対する脱構築的な自己批判を援用するものであるように思われる．法継受から法整備支援へと広がりつつ（転じつつ）ある日本の比較法研究にも同様の批判が当たると言われれば，そうした側面が全くないわけではない．そのことを承認しつつも，東アジアの法文化の共通性を西洋法からの偏差としてではな

あとがき　193

く検出しようとする試みには，西洋の比較法研究に対する異議申立てが含まれていることにも目を向けてもらいたい．後者に関する批判は，法学の学問的な価値は法実践ではなく法認識との関連でまず評価されるべきであるとするもの，換言すれば，ヨーロッパ大陸法的な法学者像は自明ではないとするものであろう．これには半ばは同感する．解釈論・立法論を通じて法生成に直接に参与する法学者という法学者イメージは，今日ではそのままの形では妥当しにくくなっているのは確かである．しかし私自身は，この役割を放棄するのではなく，個人に代えて集団が担うべきであると考えている．他方，実定法学者も法認識についてより高度の分析を試みるべきであるという主張それ自体には全く同感であるが，問題はその方法・目的にある．特定の方法が特権化され画一的に用いられるのには賛成できない．

　　4　以上に掲げた加毛批判は，加毛准教授が従前の民法学を否定して，新しい民法学を提唱しようとしている，という見方(私の共著者である小粥太郎教授が再構成して見せたもの)に依拠している．しかし，加毛准教授は「唯一の民法学」ではなく「もう一つの民法学」を提案しているようにも見える．少なくともそう読めるようなテクスト上の工夫が施されている．この点につき，私自身が重要だと考えるのは，「複数の民法学」からなる「大きな民法学」(一にして多なる民法学)を構想することである．

　　私自身は最近，人々が自生的・非反省的に創出している不定形の法システムを「法1」，法律家によって反省的・形式的に整備された法システムを「法2」と呼んで区別し，「法2」に対象を限定してしまいがちな現代日本の民法学の「開放」をはかり，「法1」から「法2」へと向かう民法学(法3)を再定立したいと考えているが(この点につき，さしあたり，大村『広がる民法1 入門編』〔有斐閣，2017〕の「追記『(民)法とは何か』に関する覚書」を参照)，前述の通り，それは「もう一つの民法学」であり，「法2」を対象とした民法学(法3)それ自体は依然として必要であると考えており，かつ，それが従前同様に法実践を内包したものであり続けるための方策を模索している．以上のような意味でも，私は(従来の)民法学を諦めない．

　　5　本書の主たる読者として想定されているのは，①民法を学んだことのない人々(特に法学部の新入生)，そして，②日本の民法学に関心を持つ人々(特

に外国からの留学生)，であった．順序が逆になるが，まず留学生の諸君には，日本で研究論文を書くときに何を目指すのか，自国で(特に東アジアで)民法学の研究者であることは何を意味するのか，についてぜひ考えていただきたい．本書はそのための手引きとして書かれている．次に新入生の皆さんには，市民として法律家として，民法学から何を引き出しうるのかをお考えいただければと思う．さらに言えば，民法学というフォーラムに，プレイヤーとして観客として，何らかの寄与をなしうるのではないか．そう考えていただければ幸いである．

　もっとも，本書は私の「民法・民法学」観に支えられてはいるものの，収録されている諸資料はそれ自体が固有の価値を有するものであるので，私が想定するストーリーを共有しなくても，本書を読み進めることは可能なはずである．私の「民法・民法学」観を共有しない民法学者が，批判的な観点に立って，本書を使用されることを切に願っている．さらに言えば，本書とは異なる「民法・民法学」像の対置を試みる方が現れることを期待している．

　6　本書の完成までには多くの方々のお世話になった．お名前を掲げてお礼を申し上げる．まず，ある意味で本書と対になっている『民法学を語る』(有斐閣，2015)の共著者である小粥太郎さん(一橋大学)，そして，同書に対する本格的な書評を寄せて下さった加毛明さん(東京大学)．同著の執筆及び同書をめぐる意見交換(書斎の窓 2016 年 3 月号〔加毛〕，5 月号〔小粥〕，7 月号〔大村〕)は様々な意味で，本書にとって有益であった．次に，最近まで同僚として多くの刺激を与えて下さった中田裕康さん(早稲田大学)・河上正二さん(青山学院大学)．お二人のタイプの異なる概説書からは大きな刺激を受けてきた．さらに，Francois Ost さん(サン・ルイ大学)，若いころにブリュッセルを訪ねて一度(長時間にわたり)お話をしただけであるが，その著書から大きな影響を受けたことを今になって痛感している．また，恩師・星野英一先生と Jean Carbonnier 先生，そして畏友・道垣内弘人さん(東京大学)．これら 3 人の方々については，以前にもお名前を掲げてお礼を申し上げたことがあるが，あえて再記させていただきたい．これらの方々ぬきに，私の民法学者としての 30 年はあり得なかった．

　最後に，本書で引用させていただいた text の著者や訳者の方々，この場を

借りてお礼を申し上げるとともに，本書の性質上，引用部分の分量が通常よりも多くなったことをお許しいただきたい．そして，本書のもとになった二つの演習に参加した学生諸君．本書は参加者の発表・質疑や感想など演習の成果を取り込んだ形で書かれている．一つ目の演習に TA として，二つ目の演習には留学生の一人として出席して下さった張韻琪さん（東京大学大学院博士課程）の名は特に挙げておかなければならない．校正には，いつもながら秘書の伴ゆりなさんを煩わせた．また，岩波書店の伊藤耕太郎さんには『民法総論』に続き本書の企画もご担当いただいた．同書店の清水御狩さんには，実際の編集作業を行っていただいた．

　「はじめに」でも述べたが言うまでもなく，本書の表題は和辻哲郎『人間の学としての倫理学』にちなんだものである．私にとって同書はいろいろな意味で青春の書であった．本書を，国内外の若い世代の研究者たちに，そして，同時代を生きてきた懐かしい友人たちに捧げたい．

2018 年 1 月 15 日

大村敦志

索　　引

事 項 索 引

あ 行

アメリカ（法）（法学）　16-19, 68, 69, 72, 90, 91, 94-96, 98, 100, 102, 160, 163, 164
暗黙の契約　62-64, 70
生ける法　13, 56, 57, 59-61, 68-71
意識された法　167
「祈り」の心，祈りの心　108, 112, 119, 122
宇野派経済学　84
「英語」と「英語学」　3, 7-10
英文法の構造　7
オーストリア　13, 18, 59, 67, 70

か 行

「解釈」　11, 52, 144
解釈論　20, 21, 78, 82, 96, 99-101, 103, 108, 116, 117, 120, 121, 193
概念法学　89-91, 93, 94, 102-104, 106, 118, 134
科学学派　69, 153, 164
科学性　84
学際　36, 101, 163, 174, 179, 186, 191
「学説」　v, 10
価値の進化　119
価値判断　50, 108-116, 118-122
価値判断法学　117
環境　33, 34, 43, 55, 86, 100, 150, 153, 157, 183
慣行　26-28, 32, 39, 56, 176, 184
韓国　19
規範性　9
規範的事実　37, 38
キャンペーン　157-162, 165, 166
議論による問題解決　101, 103
近代主義　86
近代的所有権　77-79, 81, 83-85
近代法のあり方　108, 110, 115, 118, 121,
122
具体的な法　119, 124, 132, 137, 138
「契約」　37, 85, 186
契約制度　37, 180, 187
ゲーム理論　29, 30, 32, 35, 36, 39
権威的決定　143, 144, 149
言語学の役割　8
衡平　131, 132, 137
効率性基準　144, 150
合理的選択　68
国際　16, 184, 191
国家（の）介入　86, 179-183, 186, 187
コミュニティデザイン　144, 146-148
婚姻　44, 53, 60

さ 行

債権　20, 48, 51, 73-77, 82, 84-86, 101, 118
債権法改正　17, 18, 21, 166, 177
裁判官の思考様式　93, 103, 147
「裁判官の判断」の構造　106
裁判官への白紙委任　115, 116, 118, 121
裁判規範　68, 126, 127, 129, 135-138, 177, 191
参画する民法学　177
時際　191
市場的決定　143, 144, 149
自然権　53
自然性　9
自然法　51, 52, 55, 119, 137
実益　100
実定法学　10, 52, 55, 69, 71, 83, 122, 139, 193
指導原理　73, 74, 77, 84
司法制度　15-17
司法制度改革　12, 15-21
資本主義の発達に伴う私法の変遷　82
市民社会　83, 129, 151, 153, 162, 163, 179, 185, 191, 192

市民の法的素養　20
市民法＝資本主義法　87, 185
社会規範　32-34, 38, 39, 68, 77, 126, 136-138, 184
社会ゲーム　29-31, 38, 40
社会政策　61, 156, 157, 162, 163, 165
社会的作用　73, 84
社会の学としての民法学　viii, 21, 191
社会の構成原理　37, 175, 177
社会法学　191
社会問題　34, 39, 155, 157, 163, 164, 191, 192
習慣　39, 62, 158, 159
宗教　11, 24, 26, 28, 32, 37, 61, 69, 72, 142, 169, 174
習俗　23, 35, 37
自由法学　90, 93, 94, 102-104, 106, 128, 129
象徴としてのコード・シヴィル　174
職能　74, 188, 191
「所有権」　37, 53, 77, 79, 82-86
人為(性)・自然(性)　71
「人格」　80, 85
人体　45, 86
人文(の)学としての民法学　viii, 191
スイス　18, 125, 128-137
生活規範　127, 136, 137
正義性基準　144, 150
政策志向型訴訟　140, 141, 149
政策志向の社会学　153, 162, 163
「政治」　36, 51, 54, 72
性質決定　102, 183
聖書の解釈　52
生成変形文法　7, 8
制定法　9, 31, 39, 56, 57, 59, 60, 69, 70, 90, 91, 106, 113, 125, 140, 141, 167
「制度」　38, 39, 139, 140, 149, 151
正当化のプロセス　95, 96, 103
占有　50, 54, 74, 120
総合　50, 151, 188
ソーシャル・マーケティング　157, 161, 163, 165, 167

た 行

第三の法制改革期　177

第2次法解釈論争　101
大陸法　18, 19, 91, 182, 193
妥協の法律　174
知的財産　15, 86
テクスト　38, 46, 48, 51, 52, 54, 83, 84, 132, 175, 185, 186, 193
デザイン　31, 39, 146-148, 150, 151
典型契約　183, 184, 187

な 行

日本人の訴訟嫌い　17, 19
New Policy Management　165
「人間」　viii
認知科学　36, 72, 191
能際　179, 191

は 行

発見のプロセス　95-97, 99, 103, 104
パンデクテン法学　52, 69
非営利組織　163, 166
比較制度分析　35
比較法　10, 14, 18
比較法研究　192, 193
東アジア　191, 192, 194
批判法学　72
フォーマル・ルール　31, 38, 39
福祉国家　153, 162, 163, 165
不法行為法　100, 101, 118, 186
分析する民法学　167, 177
紛争解決説　133
紛争志向型訴訟　140, 141, 149
法1・法2　193
法解釈学　14, 77, 78, 84, 100, 101, 109, 114-117, 120, 122, 147, 148
法学教育　20, 96, 99, 101, 103
法科大学院　17, 19, 20
法教育　20
法社会学　13, 14, 16, 17, 56, 67, 69, 70, 72, 78, 83, 84, 117, 122, 147, 167, 174
法政策学　69, 101, 139, 140, 147, 149-151
法的規則と社会的規範の隔たり　71
法的三段論法　102, 106
法的思考様式　97-99, 141-143, 149
法的推論　89, 102, 104
法と経済学　14, 62, 65, 68, 69, 71

索　引　199

法の機能　18, 133
法(律)の欠缺　90, 102, 125, 129-133, 135, 137

ま 行

マーケティング　161, 163
マルクス＝ウェーバー　123
マルクス主義　72, 83, 87
「民法学」　v, vi, viii, 191
「民法学説」　v
民法研究　vi, vii, 10, 135, 188
無意識の法　167
目的＝手段思考様式　142, 149

や 行

友人関係　44, 53

ら 行

リアリズム法学　69, 90, 91, 95-97, 100, 102, 103, 107
利益考量(論)　96, 99, 101, 103, 104, 108, 119, 121-123
利益衡量(論)　89, 93, 100, 102, 114-118, 122, 137
立法学　20, 21, 139, 148, 166, 174
リベラリズム　179-181, 186
理論構成　92-94, 103, 108, 109, 111, 119, 121
ルール懐疑主義　107
レヴュー　188
歴史法学　51, 128, 189
ローマ法　10, 18, 27, 41-43, 45, 47, 48, 51-55, 135, 136, 172

わ 行

ワイマール共和国　86

人 名 索 引

あ 行

青木昌彦　29, 35, 36, 72
石田穣　128, 133
エールリッヒ　13, 56, 67, 69-71, 128, 130, 136

大塚久雄　86, 122
大村敦志　vi, x, xii, 182, 186

か 行

加毛明　192-194
加藤一郎　82, 89, 100, 102, 104, 106, 107
兼子一　124, 133, 136-138
カルボニエ，ジャン　168, 174-176
川島武宜　17, 72, 77, 83, 84, 86, 87, 96, 105, 113, 117, 186
神取道宏　38
グリーフ　38
来栖三郎　96, 101, 108, 116, 118, 121, 138, 183
小粥太郎　193, 194
コトラー，フィリップ　157, 160, 161, 163, 166
木庭顕　45, 51, 53-55

さ 行

サヴィニー　41, 51-53, 55
サミュエルソン，ポール　32, 38
末弘厳太郎　x, 70

た 行

武川正吾　153, 162, 163, 165
田中成明　17, 122
チョムスキー　7, 8
デュルケム　23, 35, 37, 38, 186
道垣内弘人　vi, 194
ドラッカー　166

な 行

中島文雄　3, 7, 8
ノース　38

は 行

ハーバーマス　163
平井宜雄　69, 94, 101-104, 106, 107, 137, 139, 147, 149, 151, 163, 186
広中俊雄　x, 87, 112, 117-123, 136
フット，ダニエル・H　12, 16
ブルデュー　x, 39, 163
星野英一　x, 82, 101, 102, 108, 114-118,

120-123, 137, 182
穂積重遠　viii

ま 行

丸山眞男　84, 86, 96
森田宏樹　vi

や 行

山崎亮　144, 147, 148, 150, 151
山本敬三　vi, 102, 179, 181, 182, 186, 187
吉田克己　86, 179, 185-188

ら 行

ラムザイヤー, マーク　62, 68, 70, 71
リペール　72
ロベルト, エデュアルド・L　157, 163

わ 行

我妻栄　73, 82-84, 86, 87, 181
ワッサーストローム　95, 103
和辻哲郎　vii, viii, 195

大村敦志
1958 年千葉県生まれ
1982 年東京大学法学部卒業
現在―東京大学法学部教授
専攻―民法
著書―『民法総論』(岩波書店)
　　　『父と娘の法入門』(岩波ジュニア新書)
　　　『ルールはなぜあるのだろう――スポーツから法を
　　　考える』(岩波ジュニア新書)
　　　『民法改正を考える』(岩波新書)
　　　『穂積重遠　社会教育と社会事業とを両翼として』
　　　(ミネルヴァ書房)
　　　『民法学を語る』(有斐閣, 共著)
　　　『広がる民法 1 入門編』(有斐閣)
　　　ほか多数

人間の学としての民法学
　1 構造編：規範の基層と上層

2018 年 7 月 27 日　第 1 刷発行

著　者　大村敦志

発行者　岡本　厚

発行所　株式会社 岩波書店
　　　　〒101-8002 東京都千代田区一ツ橋 2-5-5
　　　　電話案内 03-5210-4000
　　　　http://www.iwanami.co.jp/

印刷・三陽社　カバー・半七印刷　製本・松岳社

© Atsushi Ohmura 2018
ISBN 978-4-00-061280-7　Printed in Japan

父と娘の 法 入 門	大 村 敦 志	ジュニア新書 本体820円

ルールはなぜあるのだろう ──スポーツから法を考える──	大 村 敦 志	ジュニア新書 本体840円

ロースクール生と学ぶ 法ってどんなもの?	東大大村ゼミ 著 大村敦志 監修	ジュニア新書 本体840円

民 法 の す す め	星 野 英 一	岩 波 新 書 本体800円

民法の基礎から学ぶ 民 法 改 正	山 本 敬 三	A5判184頁 本体1200円

〈岩波講座〉

現 代 法 の 動 態 〔全6巻〕

長谷部恭男, 佐伯仁志, 荒木尚志, 道垣内弘人, 大村敦志, 亀本洋 編

第1巻 法の生成／創設	第2巻 法の実現手法
第3巻 社会変化と法	第4巻 国際社会の変動と法
第5巻 法の変動の担い手	第6巻 法と科学の交錯

A5判平均300頁
1巻・2巻・3巻・6巻＝各3600円
4巻＝3700円　5巻＝3800円

──────── 岩波書店刊 ────────
定価は表示価格に消費税が加算されます
2018年7月現在